企业员工职业生涯管理研究

段 炜 刘佳丽 梁宁宁 著

中国商业出版社

图书在版编目（CIP）数据

企业员工职业生涯管理研究／段炜，刘佳丽，梁宁宁著. -- 北京：中国商业出版社，2022.6
ISBN 978-7-5208-2087-5

Ⅰ.①企… Ⅱ.①段… ②刘… ③梁… Ⅲ.①企业管理-人力资源管理-研究-中国 Ⅳ.①F279.23

中国版本图书馆CIP数据核字（2022）第107229号

责任编辑：黄世嘉

中国商业出版社出版发行

（www.zgsycb.com　100053　北京广安门内报国寺1号）
总编室：010-63180647　编辑室：010-63033100
发行部：010-83120835/8286
新华书店经销
北京虎彩文化传播有限公司印刷
＊
710毫米×1000毫米　16开　15印张　248千字
2022年6月第1版　2022年6月第1次印刷
定价：50.00元
＊＊＊＊
（如有印装质量问题可更换）

前言

职业,是指个人所从事的服务于社会并作为主要生活来源的工作。它是人们生活方式、经济状况、行为模式、思想情操的综合反映,是一个人的权利、义务、职责的集中体现,也是一个人的社会地位的一般性表征。职业是参与社会分工,利用专门的知识和技能,为社会创造物质财富和精神财富,获取合理报酬,作为物质生活来源,并满足精神需求的工作。

大学毕业生是我国实现"科教兴国"和"人才强国"战略发展的重要力量。随着大学入学率的逐年攀升,大学生的就业压力迅速凸现出来。大学毕业生是否能够充分就业,是否能够顺利完成职业角色的转换,真正实现"人尽其才,才尽其用",不仅关系到他们的切身利益,同时也关系到我国高等教育的稳步发展、经济社会的可持续发展以及社会的和谐与稳定。因此,高校开设大学生职业生涯与发展规划课程尤为重要。

对于员工来说,职业生涯管理就是指通过有效管理自身能力、兴趣和发展目标的方式实现个人发展愿望,最终达到个人成就最大化的动态管理过程。有了职业生涯管理,我们便有了明确的职业目标;有了职业生涯管理,我们便能更好地发挥自己的优势和专长,继而强化优势、补齐不足;有了职业生涯管理,我们便能更有效地调动自己的积极性和热情;有了职业生涯管理,我们才能增强对工作的把控能力,以最小的代价获取最大的职业发展;有了职业生涯管理,我们便可以实现自我价值的不断提升和超越,最终逐步迈向卓越。

职业生涯管理是一个长期的过程,甚至贯穿我们整个职业生涯的始终。它容不得丝毫疏忽,更容不得纸上谈兵,我们必须用心揣摩、长久坚持,直至获得真正的成功。

本书在写作过程中,借鉴了一些学者的研究成果,在此一并表示感谢。由于作者的水平有限,书中难免存在不妥之处,敬请读者批评指正。

作者

2021 年 12 月

第一章 企业员工职业生涯管理的基础认知	1
第一节 职业生涯管理的内涵	1
第二节 职业生涯管理的理论演进	21
第三节 职业生涯管理的研究内容与作用	25
第四节 职业生涯管理的研究方法	30

第二章 企业员工职业发展的前提	45
第一节 企业员工气质与职业的关系	45
第二节 企业员工性格与职业的关系	48
第三节 企业员工能力与职业的关系	53
第四节 企业员工价值观与职业的关系	57
第五节 企业员工兴趣与职业的关系	63

第三章 企业员工组织职业生涯管理	71
第一节 组织职业生涯管理系统	71
第二节 组织职业生涯发展阶梯管理	76
第三节 组织职业生涯开发与管理活动	80
第四节 知识经济时代组织职业生涯管理的新趋势	106

第四章 企业员工自我职业生涯管理	112
第一节 企业员工职业生涯中的自我探索	112
第二节 企业员工提高自我情绪管理	124
第三节 企业员工培养吃苦耐劳精神	127

第四节　企业员工塑造个人品牌 …………………………………… 129

第五章　企业员工形象塑造 …………………………………………… 132
　　第一节　企业员工的自我定位 ……………………………………… 132
　　第二节　企业员工良好心态与工作的投入 ………………………… 134
　　第三节　企业员工良好工作习惯的养成 …………………………… 137
　　第四节　企业员工构建职业化精神 ………………………………… 139

第六章　企业员工职业成长期的能力提升 …………………………… 142
　　第一节　企业员工学习能力的提升 ………………………………… 142
　　第二节　企业员工团队合作能力的加强 …………………………… 145
　　第三节　企业员工时间管理能力的培养 …………………………… 147
　　第四节　企业员工解决问题能力的提高 …………………………… 150
　　第五节　企业员工抗挫折能力的提高 ……………………………… 153

第七章　企业员工职业生涯管理的问题与挑战 ……………………… 156
　　第一节　工作与家庭角色的冲突与平衡 …………………………… 156
　　第二节　企业员工工作压力 ………………………………………… 167
　　第三节　企业员工工作倦怠 ………………………………………… 177
　　第四节　企业员工职业生涯高原 …………………………………… 186

第八章　企业员工职业境界的提升 …………………………………… 194
　　第一节　企业员工职业道德 ………………………………………… 194
　　第二节　企业员工职业理想 ………………………………………… 204

第九章　企业员工职业适应与创业 …………………………………… 209
　　第一节　企业员工职业适应与发展 ………………………………… 209
　　第二节　企业员工的自我创业 ……………………………………… 216

参考文献 ………………………………………………………………… 230

第一章

企业员工职业生涯管理的基础认知

第一节 职业生涯管理的内涵

一、职业

关于职业的含义，我们首先看看中英文词典中的解释。《现代汉语词典》将职业解释为个人在社会中所从事的作为主要生活来源的工作。可见，职业在这里反映着个人和社会两个方面的内容，是个人与社会互动的范畴。在英文词典中，Occupation 和 Vocation 都可以译成"职业"，但二者的含义并不完全相同。Occupation 是一个比较宏观的概念，在社会制度或社会分工的意义上使用，如职业分类等；而 Vocation 是一个比较微观的概念，在个人层面和心理方面使用，如职业兴趣和职业能力等。

对于职业的学术定义，学者们从不同的角度有不同的阐释，其中具有代表性的是社会学家和经济学家的观点。

从社会学角度，职业是指一个人为了不断地取得个人的收入而从事的具有市场价值的特殊活动，这种活动决定着从业者的社会地位。日本社会学家尾高邦雄认为，职业是指某种一定的社会分工或社会角色的持续实现，因此，职业也包括工作、工作场所和社会地位。

从经济学角度，职业是指有劳动能力的人为了生活而连续从事的活动，认为职业具有以下五个特性：（1）经济性，即人们可以从职业中获得收入；（2）社会性，即人们在职业中承担为社会作贡献的责任；（3）技术性，即人们在职业中可以发挥个人的才能和专长；（4）伦理性，即人们所从事的职业要符合社会的需要，为社会提供有用的产品或服务；（5）连续性，即人们在职业中所从事的劳动相对稳定，是非中断性的。

概括以上特征，笔者认为，职业是指人们从事相对稳定的、有收入的、专门类别的工作。

二、与职业相关的几个概念

与职业相关的几个概念如下。

（一）职位

职位（Position）是指承担一系列工作职责的某一任职者所对应的组织位置，它是组织的基本构成单位，职位与任职者是一一对应的。

（二）工作

工作（Work）是指由一系列相似的职位所组成的一个特定的专业领域。

（三）职业声望

职业声望（Occupational Prestige）是指人们对职业社会地位的主观评价。

（四）职业地位

职业地位（Occupational Status）是指某项职业在人们心目中的位置。它由不同的职业所拥有的社会地位决定，但是它往往通过职业声望的形式表现出来。因此，人们通过职业声望调查来确定职业地位。

（五）职业期望

职业期望（Career Aspirations）又叫职业意向，是指劳动者自己希望从事的某项职业的态度倾向，即个人对某一项职业的希望、愿望和向往。

（六）职业价值观

职业价值观（Occupational Values）是指个人对某一职业的价值判断，职业期望是个人职业价值观的直接反映。职业价值观是人生目标和人生态度在职业选择方向上的具体表现。由于每个人的职业价值观不同，因此，对某一职业的评价和取向也会不同。

三、职业分层和职业分类

职业分层是指按照职业的社会地位和社会对职业的价值取向所作的职业等级

排位。它以人们所从事职业的社会地位和职业声望为标准,为社会公众所认可。

职业分类是指特定的国家采用一定的标准和方法依据一定的分类原则,对从业人员所从事的各种专门化社会职业进行全面、系统的划分与归类。

职业分层与职业分类是两个不同性质的概念。职业分类是社会劳动分工的记录,是横向社会职业类别的划分,是以社会劳动分工为基础的;而职业分层是职业地位的反映,是纵向社会职业等级层次的排序,是以劳动者所从事职业的社会地位为基础。职业分类往往由政府制定,具有权威性和法律性,其本身并不具有高低等级差异之分;而职业分层则是由社会制定,是社会的价值取向,虽然不具有权威性和法律性,但是为社会公众所认可,所遵循的职业地位高低次序排列却表现出明显的一致性,并直接反映了不同职业社会地位的高低差异。

(一) 西方职业的划分

根据西方国家的一些学者提出的理论,在国外一般有以下三种分类方式。

1. 按脑力劳动和体力劳动的性质、层次进行分类

这种分类方法把工作人员划分为白领工作人员和蓝领工作人员两大类。白领工作人员包括:专业性和技术性的工作人员,农场以外的经理和行政管理人员、销售人员、办公室人员。蓝领工作人员包括:手工艺及类似的工人、非运输性的技工、运输装置机工人、农场以外的工人、服务性行业工人。这种分类方法明显表现出职业的等级性。

2. 按心理的个别差异进行分类

这种分类方法是根据"人格—职业"类型匹配理论,把人格类型划分为六种:现实型、研究型、艺术型、社会型、企业型和常规型。与其相对应的是六种职业类型。

3. 按各个职业的主要职责或从事的工作进行分类

这种分类方法较为普遍,以两种代表示例。其一是国际标准职业分类,它把职业由粗到细分为四个层次,即8个大类、83个小类、284个细类、1506个职业项目,总共列出职业1881个。其中8个大类是:①专家、技术人员及有关工作者;②政府官员和企业经理;③事务工作者和有关工作者;④销售工作者;⑤服务工作者;⑥农业、牧业、林业工作者及渔民、猎人;⑦生产和有关工作者、运输设备操作者和劳动者;⑧不能按职业分类的劳动者。这种分类方法便于提高国际职业统计资料的可比性和国际交流。其二是加拿大《职业岗位分类词典》的分类,它把分属于国民经济中主要行业的职业划分为23个主类,主类下分81个子类,489个细类,7200多个职业。这种分类方法对每种职业都有定义,逐一说明了各种职业的内容及从业人员在普通教育程度、职业培训、能力倾向、兴趣、性格以及体质等方面的要求，有较高的参考价值。

（二）我国职业分类

在我国，由原劳动和社会保障部、原国家质量技术监督局、国家统计局联合组织编制的《中华人民共和国职业分类大典》（以下简称《职业分类大典》）是我国第一部具有国家标准性质的职业分类大全。随着经济社会的发展、科技的进步和产业结构的调整升级，我国的社会职业构成和内涵发生了很大变化，一是一些传统职业开始衰落甚至消失，如"餐具清洗保管员""唱片工""拷贝字幕员"等；二是一些新的职业不断涌现并迅速发展，如"信息通信信息化系统管理员""基金发行员""期货交易员""光伏组件制造工"等；三是还有一些职业为适应新形势开始调整和转化，如"光盘复制工""市话测量员""话务员"等职业由于社会发展和科技进步等原因，相应调整和转化为"音像制品复制工""信息通信网络测量员""呼叫中心服务员"。

目前我国分类标准和具体情况以官方公布的为准。

四、职业生涯

职业生涯（Career）这个概念随着时间的推移发生过很多变化。在 20 世纪 70 年代，职业生涯专指个人生活中与工作相关的各个方面。随后，又有很多新的含义被纳入职业生涯的概念中，甚至包含了生活中关于个人、集体以及经济生活的方方面面。

学者们对职业生涯概念的理解有多种观点。职业生涯是指一个人在工作生活中所经历的职业或职位的总称，是指一个人依据理想的长期目标所形成的一系列工作选择，以及相关的教育或者训练活动，是有计划的职业发展历程。一个人终生经历的所有职位的整体。职业生涯是生活中各种事件的演进方向与历程，统合了个人一生中各种职业与生活的角色，由此表现出个人独特的自我发展组合。职业生涯是人生自青春直到退休之后，一连串有酬或无酬职位的综合，除了职位之外，还包括任何与工作有关的角色，如副业、家庭和公民的角色等。

传统的观点有两种：一种观点是将职业生涯理解为一种职业或者一个组织的有结构的属性。例如，在法律这个职业中，可以认为职业生涯是典型的从业者所具有的一系列职位：法学专业的学生、法律专员、律师事务所的初级成员、律师事务所的高级成员、法官直到最终退休。职业生涯也可以被认为在一个组织中升迁的路径，如销售代表、产品经理、区域市场经理、地区市场经理、市场副总经理。另一种观点是将职业生涯看成一种个人的而不是一个职位或一个组织的特性，然而，同样持有这种观点的人对职业生涯的定义也不尽相同。第一种定义是"提升的职业生涯观"，主张只有当一个人展现出在地位、金钱等方面有稳定或者快速的提高时才构成其职业生涯。这个定义表明，如果人们没有经历提升就取得其他实质性的成就也不能算是真正具有职业生涯。第二种定义是"专业的职业生涯观"，它强调职业生涯必须具有专业化的特点，必须获得一个确定的职业或是达到某种社会地位才能构成一个人的职业生涯。例如，医师和律师就被认为具有职业生涯，而文员和机械工就没有。第三种定义是"稳定的职业生涯观"，强调在某一职业领域或紧密相关的领域从事一种稳定的职业才算得上是职业生涯。在这种情景下，我们经常听到职业士兵或职业警官的说法。类似地，如果人们从事一系列具有内在联系的工作（如教师、指导顾问、家教等），则被认为代表一种职业生涯，而从事明显不相关的工作（如小说家、政治家、广告编写人员等），违反了工作内容的完美一致性，则不能构成一种职业生涯。

以上各种定义对职业生涯的内涵都作了很严格的限制，它们都强调职业生涯是一个稳定的、长期的、可预测的和组织驱动的纵向移动系列。笔者认为，这些定义过于狭窄，缺乏弹性，只注意到了职业生涯的客观性和稳定性特点，却忽略了其主观性和变动性特点，使许多人的工作经历和对职业生涯的主观感受被排除在了职业生涯研究领域之外，从而也限制了职业生涯这一概念的概括性和解释力。

与上述观点不同，美国心理学博士格林豪斯认为职业生涯是贯穿于个人整个生命周期的、与工作相关的经历的组合，他强调职业生涯的定义既包括客观部分（工作职位、工作职责、工作活动以及与工作相关的决策），也包括对工作相关事件的主观知觉（个人的态度、需要、价值观和期望等）。一个人的职业生涯通常包括一系列客观事件的变化以及主观知觉的变化，一个人可以通过改变客观的环境（转换工作）或者改变对工作的主观评价（调整期望）来管理自己的职业生涯。因此，与工作相关的个人活动及其对这些活动所作出的主观反映都是其职业生涯的组成部分，必须把两者结合起来，才能充分理解一个人的职业生涯。同时，这个定义也包含着这样一个意思：随着时间的推移，职业生涯是不断向前发展的，并且无论从事何种职业，具有何等晋升水平，工作模式的稳定性如何，所有人都拥有自己的职业生涯。格林豪斯还强调了个人、组织和环境对个人的工作生命周期的影响和重要性。个人在职业生涯过程中所作出的关于工作和职业方面的选择，在很大程度上取决于个人以及组织内部的力量，当然，其他外部力量

（家庭、社会和教育体系）也起到了很重要的作用。一方面，个人受其技能、知识、能力、态度、价值观、个性和生活环境等的影响而作出特定的工作选择；另一方面，组织为个人提供工作及相关信息，以及个人可以在将来谋求其他工作的机会和条件也影响着个人的职业选择和职业生涯的发展。

格林豪斯的职业生涯定义全面深刻，具有很强的灵活性，它不仅把传统职业生涯的内涵囊括其中，而且其开放性也与现代职场的变化相适应。尤其是当前科技的迅猛发展、全球经济的一体化，给组织带来了巨大的挑战。组织应对变化措施是缩小规模、减少层级、兼并、裁员等，这些都对个人职业生涯产生了极大的影响。无边界职业生涯强调打破组织界限和组织内部职位界限的职业转换和职业流动；易变性职业生涯借助于能够随意改变形状的希腊神"Protean"的名字，来强调驾驭自己职业生涯的是自己而不是组织，个人在需要时可以随时重新创立其职业，一个人可以在不同的产品领域、技术领域、组织和其他工作环境中出入自由。这些新概念的内涵都可以通过格林豪斯的职业生涯定义得到解释。

在现实生活中，一个人选择一种职业后也许会终生从事，也许一生中转换几种职业，但无论怎样，一旦开始进入职业角色，其职业生涯就开始了，并且随着时间的流逝而延续。职业生涯就是表示这样一个动态过程，是指一个人一生在职业岗位上度过的、与工作活动相关的连续经历，并不包含在职业上成功与失败或进步快与慢的含义内。也就是说，无论职位高低，无论成功与否，每个工作着的人都有自己的职业生涯。职业生涯不仅表示职业工作时间的长短，而且还表示职业发展、变更的经历和过程，包括从事何种职业的工作、职业发展的阶段、由一种职业向另一种职业转换等具体内容。

职业生涯是一种复杂的现象，由行为和态度两个方面组成。要充分地了解一个人的职业生涯必须从主观和客观两个方面进行考察。表示一个人职业生涯的主观内在特征是价值观念、态度、需要、动机、气质、能力、性格等；表示一个人职业生涯的客观外在特征是职业活动中的各种工作行为。一个人的职业生涯受各方面的影响，如本人对自己职业生涯的设想与计划、家庭中父母的意见、配偶的理解与支持、组织的需要与人事计划、社会环境的变化等都会对职业生涯有所影响。

职业生涯中与工作相关的经历既包括客观事件或情景，又包括与工作有关的事件的主观解释。

五、内职业生涯和外职业生涯

内职业生涯是指在职业生涯发展中通过提升自身素质与职业技能而获取的个

人综合能力、社会地位及荣誉的总和，它是别人无法替代和窃取的人生财富。

外职业生涯是指在职业生涯过程中所经历的职业角色（职位）及获取的物质财富的总和，它是依赖于内职业生涯的发展而增长的。

内职业生涯的发展是外职业生涯的前提，其可以带动外职业生涯的发展；如果内职业生涯匮乏，外职业生涯就会停滞或失败；而当外职业生涯遭遇寒流时，则应该加强内职业生涯的修炼。一个人最重要的是关注内职业生涯的成长，如果内职业生涯足够强大，外职业生涯的成功就是水到渠成的事。而如果太注重外职业生涯，当能力不够时，有可能会采取一些不正当的手段，以求保住职位，结果不是损害组织就是损害他人，最终实际是损害了自己。

一个人的内职业生涯和外职业生涯在大多数时候是不一致的，但差别不会太大。如果差别太大，就会出现要么内在能力达不到外在岗位的要求，会产生压力，甚至被降职、辞退；要么外在岗位无法满足内在成长的需要，结果就会产生工作消极，严重时甚至会"跳槽"，寻找更好的外职业生涯平台。

六、职业生涯管理

职业生涯管理是个人对职业生涯目标与战略的开发、实施以及监督的过程，是一个持续的过程。在这个过程中，个人要做到以下几点：收集自身的信息和各行各业的情况；摸清自己的能力、兴趣、价值和所喜欢的生活方式，以及希望选择哪些职位、工作和组织；以这些信息为基础，提出现实的职业生涯目标；制定并实施为达成此目标而设计的战略；获得战略有效性和目标相关性的反馈。可见，强调职业生涯管理是个人的活动，而不是组织的活动。

职业生涯管理是一个持续的过程准备、实施与追踪个人执行的职业生涯设计与组织职业生涯制度的配合活动。职业生涯管理是整合性的人力资源活动，也就是以人力资源管理措施来配合个人的职业生涯发展。职业生涯管理是一个过程，通过这个过程，组织为满足未来需求，甄选、评估、指派与发展员工，以提供一群合格者去完成未来需要的程序。这些学者的定义更侧重于组织，即认为职业生涯管理是组织的一项活动。

职业生涯管理就是企业帮助员工确定个人在本企业的职业发展目标，并提供员工在工作中增长职业素质机会的人力资源管理方法，它使企业的发展目标与员工个人的发展目标相联系并协调一致，以建立企业与员工间的双赢关系，进而结成紧密的利益共同体。

职业生涯管理不仅包括员工个人职业生涯管理，同时也包括组织职业生涯管理,是由员工和组织两个方面共同参与的一项活动。

七、职业基本素养

(一) 职业素养概述

1. 什么是职业素养

很多企业界人士认为,职业素养至少包含两个重要因素:敬业精神和合作的态度。敬业精神就是在工作中要将自己作为公司的一部分,不管做什么工作一定要做到最好,发挥出实力,对于一些细小的错误一定要及时地更正,敬业不仅仅是吃苦耐劳,更重要的是"用心"去做好公司分配的每一份工作。态度是职业素养的核心,好的态度比如负责的、积极的、自信的、建设性的、欣赏的等都是决定成败的关键因素。

职业素养是人类在社会活动中需要遵守的行为规范。个体行为的总和构成了自身的职业素养,职业素养是内涵,个体行为是外在表象。

素养首先是教化的结果。它是在先天素质的基础上,通过教育和社会环境影响逐步形成和发展起来的。素养是自身努力的结果,一个人素养的高低是通过自己的努力学习、实践,获得一定知识并把它变成自觉行为的结果。素养是一种比较稳定的身心发展的基本品质。这种品质一旦形成,就相对稳定。比如,一个品质好的学生,由于品质稳定,他总是能正确地对待别人,对待自己。

所以,职业素养是一个人职业生涯成败的关键因素。职业素养量化而成为"职商",英文简称 CQ(careerquotient),它是个体素质的主体和核心内容。

(1) 素质

素质一词本是生理学概念,是指人的先天生理解剖特点,主要是指神经系统、脑的特性及感觉器官和运动器官的特点,素质是心理活动发展的前提,离开这个物质基础谈不上心理发展。各门学科对素质的解释不同,但有一点是共同的,即素质是以人的生理和心理实际做基础,以其自然属性为基本前提的。也就是说,个体生理的、心理的成熟水平的不同决定着个体素质的差异,因此,对人的素质的理解要以人的身心组织结构及其质量水平为前提。

(2) 素质包括先天素质和后天素质

先天素质是通过父母遗传因素而获得的素质,主要包括感觉器官、神经系统和身体其他方面的一些生理特点;后天素质是通过环境和教育而获得的。因此,可以说素质是在人的先天生理的基础上,受后天的教育训练和社会环境的影响,通过自身的认识和社会实践逐步养成的比较稳定的身心发展的基本品质。

（3）职业素养

职业素养是从业者在一定生理和心理条件的基础上，通过教育培训、职业实践、自我修炼等途径形成和发展起来的，职业素养是在职业活动中起决定性作用的、内在的、相对稳定的基本品质。由于职业是人生意义和价值的根本所在，职业生涯既是人生历程中的主体部分，又是最具价值的部分。因此，职业素养是素质的主体和核心，它囊括了素质的各个类型，只是侧重点不同而已。其主要表现为职业兴趣、职业能力、职业个性及职业情绪等方面。影响和制约职业素养的因素很多，主要包括受教育程度、实践经验、社会环境、工作经历及自身的一些基本状况（如身体状况）等。大学毕业生能否顺利就业并取得成就，在很大程度上取决于本人的职业素养。人的职业素养越高，获得就业和成功的机会就越多。但是职业素养并非与生俱来，也难以一蹴而就，需要在大学期间不断地接受系统的学习和训练，经过长期的积累才能形成。

2. 职业素养的五个特征

（1）专业性

职业素养的专业性是指劳动者具有专门的业务能力，具体表现在业务工作中的知识、能力和方法上。职业素养的专业性源于扎实的科学基础理论知识、深厚的专业基础知识、广博的专业科技知识以及专业技能。大凡在职业领域有所建树的人，都是有很强的专业知识和技能的，在当今社会更是如此。要从事某种社会职业必须经过专门的职业训练，这个训练过程就是职业素养养成过程。因此，劳动者要勤奋踏实地学习，努力培养获取知识、运用知识和创造知识的能力，以适应时代和社会的发展。

不同的职业，对职业素养的要求是不同的。对建筑工人的素养要求，不同于对护士职业的素养要求；对商业服务人员的素养要求，不同于对教师职业的素养要求。

（2）稳定性

职业素养是在长期工作中日积月累形成的，一经形成，便产生相对的稳定性，便会将劳动者的个性品质稳定地表现出来。比如，一位教师，经过三年五载的教学生涯，就逐渐形成了怎样备课、怎样讲课、怎样热爱学生、怎样为人师表等一系列教师职业素养。当然，随着他继续学习，以及工作和环境的影响，这种素养还可继续提高。

扎实的理论知识和专业技能一经形成，便以某种机能固定下来，形成概括化了的东西，并在相当长的一段时间内保持下去。如军人的气质、警察的风度等，没有特殊原因不会自动丧失。

(3) 内在性

职业从业人员在长期的职业活动中,经过自己学习、认识和亲身体验,知道怎样做是对的,怎样做是不对的。这样,有意识地内化、积淀和升华的这一心理品质,就是职业素养的内在性。比如,我们说:"把这件事交给小张师傅去做,我们放心。"我们之所以放心,就是因为他的内在素养好。

(4) 整体性

职业素养的整体性是指劳动者的知识、能力和其他个性品质在职业活动中的全面表现。一个劳动者在职业中要有所成就,不仅要具备一定的知识、技能,而且还要具有一定的信念、社会责任感及良好的自我控制能力、人际沟通能力和抗挫折能力等。这些因素之间相互作用、相互制约,形成完整、协调的统一体。

一个从业人员的职业素养是和他的整个素养有关的。我们说某某人的职业素养好,不仅指他的思想政治素养、职业道德素养好,而且还包括他的科学文化素养、专业技能素养好,甚至还包括身体心理素养好。一个从业人员,虽然思想道德素养好,但科学文化素养、专业技能素养差,我们就不能说这个人整体素养好。相反,一个从业人员科学文化素养、专业技能素养都不错,但思想道德素养比较差,同样,我们也不能说这个人整体素养好。因此,职业素养一个很重要的特点就是整体性。

(5) 发展性

职业素养的发展性是指随着社会的发展和科技的进步,不同的社会历史发展时期,对劳动者的职业素养会提出不同的要求。如果一个劳动者不具备符合时代要求的职业素养,就有可能失业。因此,劳动者必须从时代发展的需要出发,不断地提高和完善自身的职业素养。只有如此,才能在竞争激烈的社会中获得可持续的发展。

一个人的素养是通过教育、自身社会实践和社会影响逐步形成的,它具有相对性和稳定性。但是,随着社会发展对人们不断提出新的要求,人们为了更好地适应、满足、促进社会的发展和需要,总是不断地提高自己的素养。因此,素养具有发展性。

3. 职业素养的分类

职业素养的分类包括以下十个方面。

(1) 身体素质

身体素质是指体质和健康(主要指生理)方面的素质。

(2) 心理素养

心理素养是指认知、感知、记忆、想象、情感、意志、态度、个性特征（兴趣、能力、气质、性格、习惯）等方面的素养。拓展训练可以提高心理素养，很多知名企业都通过拓展训练来提高员工的心理素养以及团队信任关系。

(3) 政治素养

政治素养是指政治立场、政治观点、政治信念与信仰等方面的素养。

(4) 思想素养

思想素养是指思想认识、思想觉悟、思想方法、价值观念等方面的素养。思想素养受客观环境等因素的影响，例如家庭、社会、环境等。

(5) 道德素养

道德素养是指道德认识、道德情感、道德意志、道德行为、道德修养、组织纪律、观念方面的素养。

(6) 科技文化素养

科技文化素养是指科学知识、技术知识、文化知识、文化修养方面的素养。

(7) 审美素养

审美素养是指美感、审美意识、审美观、审美情趣、审美能力方面的素养。

(8) 专业素养

专业素养是指专业知识、专业理论、专业技能、必要的组织管理能力等。

(9) 社会交往和适应素养

社会交往和适应素养主要是指语言表达能力、社交活动能力、社会适应能力等。社交适应是后天培养的个人能力，是职业素养的核心之一，可以从侧面反映一个人的能力。

(10) 学习和创新方面的素养

学习和创新方面的素养主要是指学习能力、信息能力、创新意识、创新精神、创新能力、创业意识与创业能力等。学习和创新是个人价值的另一种形式，能体现个人的发展潜力以及对企业的价值。

4. 职业素养的三大核心

(1) 职业信念

职业信念是职业素养的核心。职业信念包括良好的职业道德、正面积极的职业心态和正确的职业价值观，这些是一个成功职业人必须具备的核心素养。良好的职业信念应该是由爱岗、敬业、忠诚、奉献、正面、乐观、用心、开放、合作及始终如一等这些关键词组成的。

(2) 职业知识技能

职业知识技能是做好一个职业应该具备的专业知识和能力。俗话说,"三百六十行,行行出状元"。没有过硬的专业知识,没有精湛的职业技能,就无法把一件事情做好,更不可能成为"状元"。

要把一件事情做好,就必须不断地关注行业的发展动态及未来的趋势走向;要有良好的沟通协调能力,懂得上传下达,左右协调,从而做到事半功倍;要有高效的执行力。研究发现,一个企业的成功30%靠战略,60%靠企业各层的执行力,只有10%靠其他因素。执行能力是每个成功职业人必须修炼的一种基本职业技能。此外,还有很多需要修炼的基本技能,如职场礼仪、时间管理、情绪管控等。

每个职业有每个职业的知识技能,每个行业有每个行业的知识技能。总之,学习、提升职业知识技能是为了把事情做得更好。

(3) 职业行为习惯

职业行为习惯就是在职场上通过长时间的学习—改变—形成,最后成为习惯的一种职场综合素质。

信念可以调整,技能可以提升。要让正确的信念、良好的技能发挥作用,就需要不断地练习,直到成为习惯。

5. 大学生职业素养

简单来讲,大学生职业素养就是一种工作状态的标准化、规范化、制度化,即在合适的时间、合适的地点,用合适的方式,说合适的话,做合适的事,使大学生在知识、技能、观念、思维、态度、心理上符合职业规范和标准。具体来说,大学生职业素养包含职业道德素养、大学生职业素养行为规范和大学生职业素养技能三个部分。

(1) 大学生职业素养是劳动者对社会职业了解与适应能力的一种综合体现

大学生职业素养主要表现在职业兴趣、职业能力、职业个性及职业情况等方面。影响和制约大学生职业素养的因素很多,主要包括受教育程度、实践经验、社会环境、工作经历以及自身的一些基本情况(身体状况等)。

(2) 大学生职业素养是个大概念

专业是第一位的,但是除了专业,敬业和道德是必备的,体现到职场上的就是大学生职业素养;体现在生活中的就是个人素养或者道德修养。大学生职业素养是指职业内在的规范和要求,是在职业过程中表现出来的综合品质,包含职业道德、职业技能、职业行为、职业作风和职业意识等方面。可以说,大学生职业素养是人才选用的第一标准;职业素养是职场制胜、事业成功的法宝。

（3）了解自己的职业素质

职业素质是大学生走向就业的基本条件，但是如何才能了解自己的职业素质呢？了解自己职业素质的办法很多，归纳起来，主要有以下三种。

（1）接受职业指导

目前，许多就业服务机构，如市、区县职业介绍服务中心、街道社会保障事务所等，都开设了职业指导服务项目，求职者可以在此接受有关这方面的指导。

（2）职业素质测试

部分职业介绍服务机构开设了职业素质测试的服务，求职者可以在此获得相关服务。

（3）自测

劳动者可以通过填答职业素质自测问卷的方式，了解自己的职业素质状况。

6. 培养职业素养的意义

培养职业素养最直接的意义在于能大大提高学生的就业竞争力。职业素养中的职业道德属于人生观和价值观的范畴，其内涵是爱岗敬业、诚实守信。随着高等教育的大众化发展，用人单位对人才的选择余地渐宽，超越学历之外的劳动力职业素养问题逐渐为用人单位所关注。现在很多人缺乏对其投身职业的基本素养的了解，还不懂得学历与职业是不对称的关系。当一个人的职业素养与工作技能还不能适合用人单位的要求时，就业难的问题就难以避免。一方面，大学生感叹就业难；另一方面，许多用人单位也在四处寻觅，抱怨找一个合适的新员工难。多数企业在招聘一些重要岗位时，更多考虑的是为企业输入所需求的人才，实现合理配置，以实现企业长足发展，因此，应聘人员的职业素养尤其是道德品质就成为一个重要的录用标准。如果学生具有一定的专业水准，又能够表现良好的职业素养，就有被录用的可能。但现实是不容乐观的，大多数毕业生的基本职业能力普遍达不到雇主的要求，学生在学校的时候更多的是专注技能养成，而忽视了对基本工作能力的培养，但这恰是职场中很重要的素质。企业对一些新员工评价低，大部分原因是其工作态度，而非工作业绩和业务能力欠缺。

大学毕业生在自主择业过程中，职业素养好的学生往往会受招聘单位的欢迎，比较容易就业，而职业素养差的学生则可能面临就业难。在求职过程中，部分学生专业水平较低，不能通过专业测试；部分学生能顺利通过专业测试，但终因不善沟通、不注重细节、不讲诚信等职业素养的欠缺而失去就业机会。从个人的角度来看，适者生存，个人缺乏良好的职业素养，就很难取得突出的工作业绩，更谈不上建功立业；从企业角度来看，唯有具备较高职业素养的人员才能实现生存与发展的目的，他们可以帮助企业节省成本，提高效率，从而提高企业在市场的竞争力；从国家的角度看，国民职业素质直接影响着国家经济的发展。正因如此，职业素养教育才显得尤为重要。当前大学生群体中，有相当一部分同学对自己要求不严格，职业素养缺失，从而导致就业状况不理想。因此，着力培养大学生职业素养已成为当前高校教育的一个迫切任务。

（二）大学生职业素养的培养

对于很多毕业生来说，就业难的问题一直非常突出。高校把毕业生的就业率作为考核学校教育成果的一大指标，毕业生就业率的高低直接影响学校的声誉，同时也会影响学校以后的招生及培养计划。而从社会的角度来看，很多企业又在叹息招不到合适的人才。很多事实表明，这种现象的存在与学生的职业素养难以满足企业的要求有关。满足社会需要是高等教育的目的之一，既然社会需要具有较高的职业素养的毕业生，那么高校教育应该把培养大学生的职业素养作为其重要目标之一。因此，高校不能关起门来办教育，社会、企业也应该尽力与高校合作，共同培养大学生的职业素养。

职业内在的规范和要求，是在职业过程中表现出来的综合品质，包含职业道德、职业技能、职业行为、职业作风和职业意识等方面。很多企业界人士认为，职业素养至少包含两个重要因素：敬业精神及合作的态度。敬业精神就是在工作中将自己作为公司的一部分，不管做什么工作一定要做到最好，对于一些细小的错误一定要及时更正，敬业不仅仅是吃苦耐劳，更重要的是"用心"去做好每一份工作。态度是职业素养的核心，好的态度如负责、积极、自信、建设性、欣赏、乐于助人等是决定成败的关键因素。

1. 职业素养在工作中的地位

我们分析众多职场人的成功与失败，可以得到一个宝贵的理念：一个人，能力和专业知识固然重要，但是要想取得成功，最关键的不在于他的能力与专业知识，而在于他所具有的职业素养。

现在，很多企业之所以招不到满意人才，是因为招不到具备良好职业素养的毕业生。现在，企业已经把职业素养作为评价人的重要指标。例如，成都大翰咨询公司在招聘新人时，要综合考察毕业生的五个方面：专业素质、职业素养、协作能力、心理素质和身体素质。其中，身体素质是最基本的，好的身体是工作的物质基础；职业素养、协作能力和心理素质是最重要和必需的，而专业素质则是锦上添花。职业素养可以通过个体在工作的行为来表现，而这些行为以个体的知识、技能、价值观、态度、意志等为基础。良好的职业素养是个人事业成功的基础，也是大学生进入企业的"金钥匙"。

2. 大学生职业素养的构成

"素质冰山"理论认为，个体的素质就像水中漂浮的一座冰山，水上部分的知识、技能仅仅代表表层的特征，不能区分绩效优劣；水下部分的动机、特质、态度、责任心才是决定人的行为的关键因素，能够鉴别绩效优秀者和一般者。大学生的职业素养也可以看成一座冰山：冰山浮在水面以上的只有1/8，它代表大学生的形象、资质、知识、职业行为和职业技能等方面，是人们看得见的、显性的职业素养，这些可以通过各种学历证书、职业证书来证明，或者通过专业考试来验证；而冰山隐藏在水面以下的部分占整体的7/8，它代表大学生的职业意识、职业道德、职业作风和职业态度等方面，是人们看不见的、隐性的职业素养。显性职业素养和隐性职业素养共同构成了大学生所应具备的全部职业素养。由此可见，大部分的职业素养是人们看不见的，但正是这7/8的隐性职业素养决定、支撑着外在的显性职业素养，显性职业素养是隐性职业素养的外在表现。因此，大学生职业素养的培养应该着眼于整座"冰山"，并以培养显性职业素养为基础，重点培养隐性职业素养。当然，这个培养过程不是学校、学生、企业哪一方能够单独完成的，而应该由三方共同协作，实现三方共赢。

3. 大学生职业素养的自我培养

作为职业素养培养主体的大学生，在大学期间应该学会自我培养。

（1）培养职业意识

大学期间，每个学生应明确自己是一个什么样的人；将来想做什么，又能做什么；环境能支持自己做什么。要着重解决一个问题，就是认识自己的个性特征，包括气质、性格和能力，以及自己的个性倾向，包括兴趣、动机、需要、价值观等。据此来确定自己的个性是否与理想的职业相符，对自己的优势和不足有一个比较客观的认识，结合市场需要、社会资源等确定自己的发展方向和行业选择范围，明确职业发展目标。

（2）培养知识、技能等显性职业素养

职业行为和职业技能等显性职业素养比较容易通过教育和培训获得。学校的教学及各专业的培养方案是针对社会需要和专业需要所制定的，旨在使学生获得系统化的基础知识及专业知识，加强学生对专业的认知和知识的运用，并使学生获得学习能力，培养学习习惯。因此，大学生应该积极配合学校的培养计划，认真完成学习任务，尽可能地利用学校的教育资源获得知识和技能，作为将来职业发展所需要的储备。

（3）培养职业道德、职业态度、职业作风等隐性职业素养

隐性职业素养是大学生职业素养的核心内容。核心职业素养体现在很多方面，如独立性、责任心、敬业精神、团队意识、职业操守等。事实表明，很多大学生在这些方面存在不足。调查发现，缺乏独立性、抢风头、不愿下基层吃苦等表现容易断送大学生的前程。

据深圳某管理咨询公司的负责人介绍，在一次招聘中，一位来自上海某名牌大学的女生在中文笔试和外语口试中表现很优秀，但在最后一轮面试时被淘汰。这个负责人说："我最后不经意地问她，你可能被安排在大客户经理助理的岗位，但你的户口能否进深圳还需再争取，你愿意吗？"她犹豫片刻，回答说："先回去和父母商量再决定。"缺乏独立性使她失掉了工作机会。喜欢抢风头的人被认为没有团队合作精神，用人单位也不喜欢。如今，很多大学生生长在"6+1"的独生子女家庭，在独立性、承担责任、与人分享等方面存在不足，相反，他们爱出风头、自我意识强。因此，大学生应该有意识地在培养自己的独立性，学会分享、感恩，勇于承担责任，不要把错误和责任都归咎于他人。自己摔倒了不能怪路不好，要先检讨自己，承认自己的错误和不足。

大学生职业素养的自我培养应该加强自我修养，在思想、情操、意志、体魄等方面进行自我锻炼。同时，还要培养良好的心理素质，增强应对压力和挫折的能力，善于从逆境中寻找转机。

4. 高校对大学生职业素养的教育对策

首先，将大学生职业素养的培养纳入大学生培养的系统工程，使学生从进入大学校门的那一天起，就明白高校与社会的关系、学习与职业的关系、自己与职业的关系。全面培养大学生的显性职业素养和隐性职业素养，并把隐性职业素养的培养作为重点。

其次，成立相关的职能部门协助大学生职业素养的培养。例如，成立以就业指导部门为基础成立大学生职业发展中心，并开设相应的课程，及时向大学生提供职业教育和实际的职业指导。

再次，深入了解学生需要，改进教学方法，提升学生对专业学习的兴趣，满足学生对本专业各门课程的求知需求。

5. 社会资源与大学生职业素养的培养

大学生职业素养的培养不能仅仅依靠学校和学生本身，社会资源的支持也很重要。很多企业都想把毕业生直接投入"使用"，但是却发现很困难。要想获得较好职业素养的毕业生，企业也应该积极参与到大学生的培养中来。企业可以通

过以下方式对学生进行培育。

第一，企业与学校联合培养学生，提供实习基地以及科研实验基地。

第二，企业家、专业人士走进高校，直接提供实践知识、宣传企业文化。

第三，完善社会培训机制，对大学生进行专业的入职培训以及职业素质拓展训练等。

总之，学生职业素养的培养是目前高等教育的重要任务之一，需要大学生、高校及社会三方面协同配合才能有效完成。

(三) 优秀员工必备的职业素养

1. 胜任能力模型

现代企业在做人力资源开发时经常会提的一个词——胜任能力，就是我们所讲的职业素养的一种表现，是企业对员工职业素养的一种要求。现代企业都有自己的胜任能力模型。

胜任能力模型的应用起源于20世纪50年代初。哈佛大学的戴维·麦克兰德教授提出了"胜任能力"概念，并建立了冰山胜任能力模型，从品质和能力层面论证了个体与岗位工作绩效的关系。他认为，个体的态度、价值观和自我形象，以及动机和特质等潜在的深层次特征，将某一工作（或组织、文化）中表现优秀者和表现一般者区分开来。这些特征后来被称为胜任能力，胜任能力被认为是决定工作绩效的持久品质和特征。例如，绩效出众者具有较强的判断能力，即能够发现问题，采取行动加以解决，并设定富有挑战性的目标。

胜任能力是指根据岗位的工作要求，确保该岗位的人员能够顺利完成该岗位工作的个人能力特征结构。它可以是动机、特质、自我形象、态度或价值观，也可以是某领域的知识、认知或行为技能，这是能显著区分优秀与一般绩效的个体特征的综合表现。

一般来说，职业能力模型通常包括以下三类能力：通用能力、可转移的能力和特别能力。

通用能力是指适用于企业全体员工的工作胜任能力，它是企业文化的表现，是企业内部对员工行为的要求，体现企业公认的行为方式。

可转移的能力是指在企业内多个角色都需要的技巧和能力，但重要程度和精通程度有所不同。

特别能力是指某个特定角色和工作所需要的特殊的技能，通常情况下，特别能力大多是针对岗位来设定的。

2. 胜任能力特征

胜任能力包括以下几个方面的内容：一是知识，即某一职业领域需要的信息，如人力资源管理的专业知识；二是技能，即掌握和运用专门技术的能力，如英语读写能力、计算机操作能力；三是社会角色，即个体对于社会规范的认知与理解，如想成为工作团队中的领导；四是自我认知，即对自己身份的知觉和评价，如认为自己是某一领域的权威；五是特质，即某人所具有的特征或其典型的行为方式，如喜欢冒险；六是动机，即决定外显行为的内在稳定的想法或念头，如想获得权力、喜欢追求名誉。

3. 基本职业素养

（1）忠诚

忠诚胜于能力。忠诚既是一种品德，更是一种能力，而且是其他所有能力的统帅和核心。缺乏忠诚，其他能力就失去了用武之地。企业首先不会给你什么，但是如果你给了企业绝对的忠诚，企业绝对会回报你应得的薪水和荣誉。

（2）责任

从职业的角度来讲，责任是指从业者在享受权利和获取利益时所必须履行的义务。责任的一个特点就是它是客观存在的，不依照个人的意愿而改变。例如，如果选择了医生这个职业，那么救死扶伤就是你的责任；如果选择了警察这个职业，那么除暴安良就是你的责任。如果你在企业处于一个特定的岗位，而不能完成这个岗位所必须做的工作，那么你就不是称职的员工，更不可能是优秀的员工。作为一个职业人士，由于岗位的设置，你所拥有的利益和责任是一体的，并由权利所连接。如果只有权利和利益，那么它就不能称为工作，或者只能说那是非正常的工作。责任是客观存在的，不可以改变，除非你放弃与之同时存在的权利和利益。

责任感与责任只差了一个"感"字。何谓感？其中应当包含知觉和态度。责任感就是指对自己责任的知觉，以及自觉担负责任的一种态度。从纵向上看，责任感包含了对过去和未来的担当意识。就过去而言，责任感包括是否勇于承担对某个过失的责任；就未来而言，小到三思自己将采取的每一项行动，大到考虑自己将要选择的人生道路，并准备为这种选择承担后果。从横向上看，责任感包括一个人对自己和周围所属人群的担当意识。对自己来说，对自己角色分内的事要很明确，能按要求完成相应的任务。"中国导弹之父"钱学森这样评价自己的工作："我只是按照党的要求，做了自己该做的工作，仅此而已。"这其实就是责任感的具体体现。

(3) 进取与激情

进取心是成功的起点。有了进取心，我们才可以充分挖掘自己的潜能。企业需要具有高度进取心的人，喜欢真正干事情的人。这些人往往能自觉地、积极地工作，并能不屈不挠地把思想付诸行动，影响和带动周围的人去努力工作。一个人如果进取心不足，在工作中抱着应付态度，自然不会提出主动性建议，也就无法开拓工作的新局面。企业在招聘时，最关心的主要问题是"这个人能为我们企业做什么"。企业所寻找的，是那种有进取心、能够为企业作出贡献的人。

有两种人绝不会成大器，一种是非得别人要他做，否则绝不主动做事的人；另一种则是即使别人要他做，也做不好事情的人。那些不需要别人催促就会主动去做事，而且不会半途而废的人，必将成功。

(4) 团队精神

在今天，无论你从事什么工作、处于什么环境，都不可能脱离别人对你的支持，而独自完成所有的事情。因此，在职业生涯中，你经常会听到一个词：团队。可以说，随着竞争日趋激烈，企业和个人越来越重视团队精神，因为这是一个团队的时代。

对于一个组织而言，如果组织中的成员只考虑自己的工作，而不考虑别人，很可能因协调不善而出现问题，特别是对于流水线生产，每一个环节的员工都是联系在一起的，只有具有高度的协作精神，才能生产出高质量的产品。如果一个环节出现了问题，就有可能导致整个流水线出现问题。对于一个企业而言，这样的损失是巨大的。一个有协作精神的员工，能真正承担起自己的工作责任，也能真正做好工作。我们强调团队意识和团队精神，其实质就在于强调一种互助协作的精神，每一个人都应该充分意识到自己是团队中的成员，自己有责任为整个团队的利益而互相合作、相互支持，因为团队的胜利就是每一个成员的胜利。

(四) 社会职业所需的专业素质

1. 管理型职业应具备的专业素质

管理型职业是指企事业、机关、团体和其他组织机构中从事组织、决策、管理等事务的职业活动，主要包括国民经济管理、企业管理、金融管理、外贸管理、行政管理等工作。从事管理类型职业的人员应具备的素质结构主要包括：一是坚定贯彻党的路线方针政策，有高度的公仆意识和职业道德观念；二是具备坚实的管理专业理论和实践知识，同时掌握自然科学知识和社会科学知识的复合型知识体系结构；三是具备决策判断能力、组织实施能力、知识更新能力和效能，这是选拔、任用及培养管理人才的内在依据。

2. 科研型职业应具备的专业素质

科研型职业是指对基础理论、信息情报、学科应用技术等的研究、调查、分析以及实验等工作，包括自然科学研究、社会科学研究和软科学研究三大类。科研工作是一种创造性劳动，科研人员应该具备以创造力为核心的知识结构，应具备的素质主要包括：一是在知识结构方面，具备宽厚扎实的基础知识，既要有专长又要有博识，达到专业与广博的有效结合；二是具备创造力、熟练的基本技能和理论应用判断能力以及将这三者融会贯通、有机结合的整体素质；三是具备独立思考、勤于实践、崇尚真理、不怕挫折的良好心理素质。

3. 工程型职业应具备的专业素质

在我国高等院校中，工科院校所占比重最大，大部分工科院校毕业生走上工作岗位后，都将成为工程技术人员。从各行业的工程技术应用岗位的要求来看，工程技术人员应具备以下良好的专业素质：一是要有不辞劳苦、艰苦奋斗的创业精神和严肃认真、一丝不苟的求实态度；二是要谦虚谨慎，深入工作第一线，能和同事密切合作；三是在牢固掌握专业知识的基础上，对相近专业的知识也要比较了解，有较好的外语水平、计算机应用能力、语言表达能力和理论应用于实践的能力；四是在发展方向上，本科以下层次可向应用技术型发展，而本科以上可向技术开发型发展。

4. 事务型职业应具备的专业素质

事务型职业是指与组织机构内部日常的制度性、规范性、信息传播等与事务处理有关的职业活动，如打字员、档案管理员、办事员、秘书、图书管理员等。事务型职业对就业的专业素质要求：一是在知识方面侧重于基础文化知识，要求具有一定的学历，对于职业技术专门知识有较具体的要求，如掌握计算机、会使用办公室自动化设备，要懂得统计、档案管理知识，熟悉专门法规和规章条例，一些涉外单位对外语也有较高的要求；二是遵纪守法，严守机密，有的还有礼仪方面的特殊要求；三是具有较强的社交能力、语言表达能力和干练的办事能力等。

5. 文化型职业应具备的专业素质

文化型职业是指从事文化创作、为社会成员提供精神产品的职业活动，如作家、音乐家、舞蹈家、摄影家、书画家、雕刻家、服装设计师、广告设计师等。文化型职业在知识和能力方面对就业者的专业素质要求：一是能博采众长和广泛涉猎；二是敏锐的观察力；三是丰富的想象力；四是坚强的毅力；五是得天独厚的艺术天赋；六是创新精神，保持创作灵感。

第二节　职业生涯管理的理论演进

职业生涯管理学说最初来源于职业指导活动，始于20世纪初期的西方国家，到了20世纪60年代得到迅速发展。我国是在20世纪90年代中期开始引入职业生涯管理理论的，尽管这一学说发展历史并不长，但已经取得了丰硕的成果，并且在实践中得到了广泛的应用。

目前，关于职业生涯管理理论的发展历史阶段还没有统一的划分标准。我国学者龙立荣和李晔从职业指导的角度对职业生涯管理理论的历史变化过程进行了精辟的概括，他们认为关注职业选择和职业适应的职业指导从20世纪初诞生后，从概念到思想都发生了很大的变化，这种发展大致经历了三个阶段：职业与职业指导、职业生涯发展与职业生涯辅导、生涯发展与辅导。这一划分方法比较清晰、全面地反映了职业生涯管理理论的发展历程，因此，本书将主要依据他们的观点进行阐述。

一、职业与职业指导阶段

职业指导是伴随着西方国家经济发展和技术进步带来的职业分化而产生的一项社会活动。当时所指的职业指导是指导者根据心理学中人与事匹配的理论，对职业选择或决定有困难者进行的帮助活动。

在总结多年工作实践经验的基础上，进行职业选择需要具备的三个条件：一是必须对你自身的天赋、能力、兴趣、志向、资源和限制条件等考虑清楚；二是要对不同行业工作的要求、成功要素、薪酬水平、发展前景以及机会有较明确的认识；三是在这两组要素之间进行最佳搭配。受心理测量的影响，该理论特别强调理性的重要性，认为咨询者可能由于缺乏这种理性作用而难以作出合适的选择。在职业指导中，指导者要做的就是对职业选择困难者进行诊断，帮助其收集资料、提供各种可能的解决办法，帮助被咨询者作出最佳的选择。

按照理性的方法将职业指导具体分成六个步骤。

（一）分析

通过各种途径及主观与客观的工具，收集有关个人的兴趣、能力倾向、态度、家庭背景、受教育程度及社会经济地位等资料。

（二）整理

用测验剖析图分析个人材料，整理并综合个人资料，来显示个人的差异性和独特性。

（三）诊断

描述个人的特质或问题所在，探讨问题的原因。

（四）预测

根据各项资料来预测个人职业成功的可能性，或针对问题来判别其可能发生的后果及调适的可能性，作为选择职业及未来调适的依据。

（五）咨询

协助个人了解、运用各项有关个人与职业方面的资料，进而与被咨询者交流有关择业和调适的计划。

（六）追踪

协助被咨询者执行计划，若有新问题产生，再重复上述步骤。

人格与环境匹配的类型理论（Typology Theory），克服了以往能力测验和兴趣测验的不足，科学地将人格和职业两个方面概括为六个基本类型：现实型、研究型、艺术型、社会型、企业型和传统型，并编制了相应的测验问卷。霍兰德的理论在实践中产生了巨大的影响，他所开发的工具是迄今为止在职业选择中最具有影响力的模型。

总的来说，这个阶段有两大贡献。一是重视职业指导工作，认为人并不是生来就能够进行科学的职业选择，而是需要教育工作者、社会予以指导和帮助。这种开创性的工作开辟了一个新的研究和工作领域，为职业指导的广泛和深入开展奠定了基础。二是提出了职业指导的匹配理论，并将这种理论建立在理性、科学的方法基础之上，对职业指导的科学化作出了贡献，尽管这种方法有不完善的地方，但对后来的相关研究具有重要的指导意义。由于受当时社会发展状况的制约，当时的职业指导也存在许多不足，主要表现在以下几个方面：一是静态地看待职业，认为人的职业选择是一次完成的，这不符合客观实际。事实上，人的职业选择是一个过程，人的职业观念、职业能力、职业选择等诸方面都经历了一个漫长的发展和变化过程。二是在进行职业指导活动时，过于强调指导者的作用，将被指导者放在被动的地位上，不利于被指导者的成长，也不利于提高职业指导的效果。如果能通过职业指导调动被指导者的积极性和能动性，从长远的观点来看，效果会更好。三是在职业指导的具体活动中，运用匹配理论时，对心理学的因素考虑较多，而对经济、社会等因素考虑较少，这也是这个阶段职业指导的不足。

正因为这些问题的存在，使得学者们不断探索，进而推动了职业观和职业指导观的发展。

二、职业生涯发展与职业生涯辅导阶段

自 20 世纪 50 年代开始，职业指导经历了两个重大的转变：一是由静态的、一次完成的职业指导向发展的、多次完成的职业选择转变，导致这一转变的核心人物是舒伯；二是职业指导观念向职业辅导观念的转变，即将教导式的职业指导方式变成更加人性化的、强调发挥被指导者作用的职业辅导，导致这种转变的核心人物是罗杰斯（Rogers）。依据职业发展的顺序，将职业选择分成三个阶段：幻想期、尝试期和现实期。幻想期主要是指儿童早期，这一阶段的儿童对未来职业存在不现实的观念期待；尝试期的儿童具备对所喜欢的、能做到的活动进行分类的能力；现实期的个人能做现实的探索，并能够选择特定的职业。但金兹伯格等的理论只是注重职业生涯发展的早期，对进入职业后的发展变化考虑较少。

从人的生命周期角度提出了终生的职业生涯发展理论，人的职业发展可分成一系列生活阶段，即生理和心理成长（Growth）阶段、探索（Exploration）阶段、建立（Establishment）阶段、维持（Maintenance）阶段和衰退（Decline）阶段。职业生涯发展和选择涉及十分复杂的个人与环境因素，因此，不存在一个最合适的职业。相反，为了很好地适应工作，个人必须在人格特质、兴趣、潜能、价值观之间作出让步。

20 世纪四五十年代，职业指导的另一变化是由指导向辅导转变，推动这一转变的力量主要来自心理学领域，一批从事心理治疗研究的人本主义心理学家，尤其是罗杰斯起了重要作用。以人为中心的辅导，辅导员的职责是协助来访者将自我概念转变成相应的职业角色，而职业测验不是必需的，只有在来访者要求时才使用，但职业信息非常重要，它有助于来访者进行职业探索，并作出职业决策。

经历职业观念本身的转变和职业指导观念的变革，职业指导活动进入一个新阶段。具体地说，这一阶段有如下几个方面的贡献。

（一）用发展的职业观取代了静止的职业观，由注重职业早期发展向注重终生职业发展过渡

这种变化的优点是适应了时代的变革，使职业理论更加贴近实际生活。在 20 世纪初期，社会变革速度较慢，人们从事相对稳定的职业，职业选择可能是一次完成的，但随着社会变革的加剧，组织动荡的增多，个人主动或被动地进行

职业选择的机会增加，使职业选择呈现出多次性的特点。

（二）对职业选择过程的研究更加深入

过去的职业指导只关注职业选择的一个时间段，而对人们的职业观念、职业能力、职业价值观是如何形成、发展和稳定缺乏深入的研究。而持发展观的学者通常都十分注意这方面的研究，使人们对职业发展的动力、过程、特点的了解更加深入，为科学地进行职业辅导奠定了基础。

（三）摆正了辅导者和被辅导者的地位，使职业辅导呈现出成长性

社会变革会直接影响个人的职业生涯，快速变革的社会，需要人们适应社会的要求。因此，只管人就业，而忽视人学会如何就业的职业指导观的局限性便充分暴露出来，而以被辅导者为中心的职业辅导正好克服了传统职业指导观的不足，由"授人以鱼"向"授人以渔"的观念转变。

三、生涯发展与辅导阶段

从20世纪70年代开始，职业生涯的内涵有了进一步的发展，它不仅包含职业生涯，而且进一步扩大到家庭生活。

生活中各种事件的演变方向和历程，包括人一生中的各种职业和生活角色，由此表现出个人独特的自我发展类型；它是人自青春期至退休之后一连串的有报酬或无报酬职位的总和，甚至包含了副业、家庭和公民的角色。人生的整体发展主要由三个层面构成：一是时间，即一个人的年龄或生命历程，通常分为成长、探索、建立、维持和衰退五个阶段；二是范围，即一个人一生所扮演的各种不同的角色，如儿童、学生、公民、休闲者、工作者和持家者等；三是深度，即一个人在扮演每一个角色时所投入的程度。各种角色的消长除了与年龄的增长及社会期望有关外，还受个人所投入的时间及情绪的影响，因此，每一阶段均有特定的角色特征。比如，0~10岁的角色特征是儿童；15~20岁的角色特征是学生；30岁左右的角色特征是配偶和家长；30~35岁的角色特征是工作者；43岁左右，出现中年职业生涯危机，工作角色突然中断，学生角色又会出现，参加进修或攻读学位；45岁再度积极投入工作；48岁以后，公民与休闲者角色逐渐增加；60岁以后，工作角色减弱，而休闲者和家庭角色相对增加。生涯辅导则应根据生涯发展的规律，对不同年龄阶段实施针对性的辅导措施。个人与组织双方同处于一个社会，有同样的文化、同样的成功标准和生活道路。个人和组织是相互依存的，为了组织和雇员双方的长期利益，管理者不能只为了自己的利益而忽视甚至牺牲雇员的利益；否则，就会导致劳资冲突，使组织本身的利益和员工的利益受到伤害。招聘、挑选、培训和任务分

配、绩效评估、提升等应看成与个人匹配的过程，而不仅仅是组织为了实现自身目的而拥有的特权。如何使匹配过程合理，使组织和个人双方彼此受益，是一个核心问题，而个人受益首先要考虑的是个人的发展需求。人们在参与工作或职业的需要程度上是不同的，而这些需要既随着家庭和生命发展的阶段发生变化，也随着所追求的工作的特定内容而变化，因此，要将个人的生物社会生命周期、职业生涯周期和家庭发展周期结合在一起考虑。

生涯发展理论的贡献主要有两个方面：一是对职业生涯概念及理论的发展。随着社会生产力的发展，人们的物质生活需要基本得到了满足，在这种情况下，职业的谋生职能相应地弱化，而全面提高生活质量、实现人生价值成为人的兴奋点。因此，如何实现工作和家庭的有机统一，便成为职业心理学家和组织行为学家不得不考虑的问题。可以说，生涯发展理论的提出正是适应了这种时代需求，并丰富和发展了职业生涯的理论。二是使职业辅导进入组织的成员中，成为组织管理的一项内容，扩大了职业生涯辅导的组织机构。应该看到，人们进入职业领域后的时间占据了人生的绝大多数时间，而且这段时间正是体现人生价值的主要阶段。过去，人们过于注重职前的作用，似乎解决了职前的问题，就解决了职业中期的问题。其实不然，信息社会恰恰是不确定性更高、变化节奏更快的时代，如果组织不能很好地解决人的发展问题，则提高工作生活质量就会落空。

总之，职业辅导在经历从职业指导到职业生涯辅导再到生涯辅导的过程中，其思想内涵也发生了较大的变化：从注重稳定的职业选择向注重变化的职业生涯转变；从注重单一的职业生涯向将职业生涯与个人的家庭、休闲统合考虑的转变；从注重教导式的诊断、提建议指导向注重来访者主动参与、辅导者协助的辅导转变；从以民间、社会为主，过渡到学校、政府，最后到企业的全面参与。这些都使职业辅导更加切合实际、更加科学有效。

第三节　职业生涯管理的研究内容与作用

一、职业生涯管理的研究内容

职业生涯管理既包括员工个人职业生涯管理，也包括组织职业生涯管理，它是由员工和组织两个方面共同参与的一项活动。职业生涯管理的目的是通过员工和组织的共同努力与合作，使每个员工的职业目标与组织发展目标相一致，使员工的发展与组织的发展相吻合。职业生涯管理包括以下两个方面。

（一）员工个人职业生涯管理

员工个人职业生涯管理是员工职业生涯成功的关键。员工不仅要全面了解自己的性格、兴趣、能力、工作动机、价值观、态度和优缺点，而且还要了解组织的目标、经营理念，以及组织能够提供的发展、训练、升迁机会与晋升渠道等。

（二）组织职业生涯管理

组织职业生涯管理是指组织协助员工规划其生涯发展，并为员工提供必要的教育、训练、轮岗等发展机会，以促进员工职业目标的实现。一方面，组织要了解自身过去的发展及未来的目标，预测外在的政治、经济、社会、文化等环境可能发生的变化及可能产生的影响，为自身规划一个具有前瞻性的长远目标；另一方面，组织还要深入了解员工的个别差异、发展目标、绩效表现等。组织要积极、主动地向员工提供各种信息，以强化彼此之间的回馈、沟通、信赖与支持，使员工了解个人在组织中的发展方向，以提高员工的工作积极性和组织的凝聚力。

由此可见，一个系统的、有效的职业生涯管理体系往往会涉及组织与员工的诸多方面内容。一般来讲，主要包括以下七个方面。

1. 对组织的发展目标进行宣传教育

通过会议、内刊、主管宣讲等方式，让员工了解组织的发展目标，使员工对组织的目标产生认同，建立使命感，并以此激发员工内在的积极性，从而促进员工之间的了解和沟通，为完成组织目标而共同奋斗。

2. 建立职业信息系统

职业信息系统包括组织和员工所有的相关信息，也包括组织的发展战略、职位空缺、各岗位任职资格标准、晋升标准等方面的信息。一个好的职业信息系统能够比较全面地呈现职位需求信息和组织内人员的供给状况信息，以便为平衡需求与供给打下一个良好的基础。

3. 设立员工职业生涯发展评价中心

对于规模比较大的组织来说，可以在组织内部设立职业生涯发展评价中心，对员工进行评估。例如，美国通用电气公司与IBM公司、日本的松下电器等均设有咨询辅导专家，协助员工解决职业生涯发展问题。这些公司都设有管理知识讲座、自我成长等课程，制定了自我评估方案并对员工进行心理测验，以协助员工分析自己，增加其个人生涯知觉与自信心等。对于规模比较小的组织，既可由其人力资源部门的工作人员兼任员工的辅导、评估与指导工作，也可以聘请社会上的职业生涯专家来负责本组织的指导与咨询工作。

4. 与人力资源管理活动相配合

人力资源管理活动要密切配合职业生涯管理工作，如确定员工的职业生涯途径和发展方向，使员工能够集中精力去学习新知识和新技能；对员工的工作进行轮岗调适，增加员工的工作技能，丰富员工的工作经历；对领导候选人进行培训，提高管理人员的素质，预测未来人力资源的供给与调配计划等。

5. 建立奖赏升迁制度

奖赏与升迁既是满足员工物质需求和精神需求的重要手段，也是激励员工的主要方式，并且升迁往往还是员工职业生涯发展规划中的一个重要目标。因此，组织里的人力资源部门应该开辟多种升迁渠道，包括行政管理系列、技术职务系列、实职领导岗位、非领导岗位等，让优秀员工均能达到其级别，享受其待遇，使其生涯目标得以实现，以此来提高组织的整体素质，调动员工的工作积极性。

6. 加强员工的训练与教育

对员工进行培训是为了提高员工的工作技能，主要是为了满足组织当前的工作需要；对其进行教育则是为组织培养未来所需的人才，主要着眼于未来。对于员工而言，接受训练与教育是其职业生涯发展的重要内容之一。通过训练与教育，可以增进技能，丰富理论知识，转变观念，变革思维，进而可以促进职业生涯的发展，使其成为有用人才，为组织作出更大的贡献。

7. 个人的需要与组织的需要相适应

组织的职业规划贯穿于组织职业生涯管理的全过程。它针对员工职业工作生命周期的不同阶段，配以不同任务和内容的职业计划，与员工的职业发展相匹配，为员工的不断进步开辟道路。只有做到个人需要与组织需要相互适应，才能最终同时实现组织目标和个人目标，达到双赢的目的。

二、职业生涯管理的作用

员工职业生涯管理的重要作用体现在两个方面：一是能够帮助个人更有效地管理其职业生涯；二是组织理解摆在员工面前的矛盾和他们的职业决策，也能从中受益。为了有效地实现自我价值，以保证在事业上取得更大的成就，任何人都需要对个人即将从事的职业、工作职务以及在工作职务上的发展道路等进行全面的分析，以确立明确的目标，并为实现各阶段的职业目标而自觉地积累有关知识，掌握相关技术，开发相关能力。因此，在现代人力资源管理中，职业生涯设计和管理是强化自我管理、有效开发与利用员工智能的重要手段。具体而言，职业生涯管理对员工个人具有以下几个方面的作用。

（一）帮助员工确定职业发展目标

职业生涯管理的核心内容之一就是对个人进行分析。通过分析自己的知识、能力、性格、职业兴趣、职业价值观来明确自己的优势和劣势，获取组织内部有关工作机会的信息。通过自我分析，员工可以确定符合自己兴趣和特长的生涯路线，正确设定自己的职业发展目标和行动计划，并运用科学的方法化解人生发展中的危机和陷阱，使自己的才能得到充分的发挥，以实现自己的人生理想。

（二）鞭策员工努力工作

职业生涯犹如人生之靶，当它树立在员工的面前时，员工就有了一个奋斗的目标，它会时刻提醒和鞭策员工一步步地向前迈进。当员工实现了这些职业规划时，就会产生强烈的成就感，思维方式和工作方式就会逐渐地发生变化。

（三）引导员工发挥潜能

职业生涯规划和管理能够使员工集中精力关注于自己的优势和能够产生高回报率的方面，这样有助于最大限度地发挥员工的潜能。另外，当一个人不停地在自己的优势方面努力时，这些优势就会得到进一步的发展，这个人最终将会成为一个充分实现自我潜能的成功人士。

（四）评估目前的工作成绩

职业生涯规划和管理是进行自我工作评估的重要手段。如果一个人的职业生涯规划是具体的，他就可以根据计划的进展情况评估自己目前所取得的成绩。失败者面临的共同问题是他们极少评估自己所取得的进展，他们中的大多数人不懂得自我评估的重要性，或者无法度量自己所取得的进步。

职业生涯管理的内容包括职业目标的选择和有效实现职业目标的途径，它不仅关系到个人一生事业成就的大小，而且也关系到组织发展的成败。组织通过对员工的职业生涯进行规划和管理，不仅保证了组织对未来人才的需要，而且能够使人力资源得到有效的开发和利用。具体而言，职业生涯管理对企业的重要作用体现在以下几个方面。

1. 保证企业未来人才的需要

企业可以根据发展的需要，预测未来的人力资源需求，通过对员工职业生涯的设计，为员工提供发展的空间、人力资源开发的鼓励政策以及与职业发展机会相关的信息，从而使员工发展和企业发展结合起来，有效地保证企业未来发展对人才的需要，避免出现职位空缺而找不到合适人选的现象。

2. 使企业留住优秀人才

企业人才的流失可能有多方面的原因，如待遇不理想、专长得不到发挥、没有发展的机会等，但归结为一条就是企业缺乏对员工发展的应有考虑，即缺乏职业生涯规划和管理。对于优秀的人才来讲，他们最关心的是自己事业的发展，如果自己的才能得到充分的发挥，则个人的发展就会得到应有的保证，他们就不会轻易换工作。成功企业的大量实践证明，如果企业重视对员工进行职业生涯规划和管理，重视、了解并开发员工的兴趣，不断给员工提供具有挑战性的工作任务，并为他们的成长和发展创造机会和条件，就能够提高员工的满意度，并能吸引和留住优秀的员工。

3. 使企业人力资源得到有效的开发

职业生涯规划与管理能够使员工的个人兴趣和特长受到企业的重视，能够提高员工的工作积极性，员工的潜能就能得到合理的挖掘，企业的人力资源得到有效的开发，从而促进企业不断发展和壮大。

三、影响职业生涯管理的因素

职业生涯管理受很多因素的影响。企业要想有效地进行职业生涯规划与管理，就必须在管理中对各种相关因素加以分析，以帮助员工确定适宜的生涯发展目标；同时，还应根据各种因素的变化对员工的职业生涯发展作出适当的调整。与职业生涯有关的因素通常包括以下几个方面：个人因素、组织因素、环境因素和其他因素。

（一）个人因素

个人因素主要包括以下几个方面。

1. 个人的心理特质

每个人都有独特的心理特质和个性，如智能、情商、性格、潜能价值观、兴趣、动机等。

2. 生理特质

生理特质主要包括性别、身体状况、身高、体重以及外貌等。

3. 学历经历

学历经历主要包括所接受的教育程度、训练经历、学业成绩、参与社团活动情况、工作经验、生活目标等。

（二）组织因素

组织因素主要包括以下几个方面。

1. 组织特色

组织特色主要包括组织文化、组织规模、组织气氛、组织结构等。

2. 人力资源评估

人力资源评估主要包括人力资源需求预测、人力资源规划、人力资源供求、人员招募方式等。

3. 人力资源管理

人力资源管理主要包括工资报酬、福利设施和员工关系发展政策等。

(三) 环境因素

环境因素主要包括以下几个方面。

1. 社会环境

社会环境主要包括就业市场的供求关系、国家有关劳动与人事方面的政策及法规的颁布与实施等。

2. 政治环境

政治环境主要包括政治的变动、国际政治风云的变化等。

3. 经济环境

经济环境主要包括经济增长率、市场竞争和经济景气状况等。

(四) 其他因素

其他因素主要包括以下几个方面。

1. 家庭背景

家庭背景主要包括父母的职业、社会地位、家人的期望等。

2. 科技的发展

科技的发展主要包括产业结构的调整、高新科技的影响、现代化技术与管理的发展等。

3. 人际关系

人际关系主要包括与主管、同事或部门之间的关系等。

第四节 职业生涯管理的研究方法

职业生涯管理作为一个广泛的研究领域,它没有自己独有的研究方法。由于职业生涯管理与心理学、组织行为学和社会学有着密切的关系,因此,这些学科的研究方法也就成了职业生涯管理的研究方法，可以将这些方法分为定性研究和定量研究两类。

一、定性研究

定性研究又称质的研究，它假定人类行为是一种有意义的行动，可以通过人的意识和情感作用来完成一切认知。定性研究侧重于对事物的含义、特征、隐喻、象征的描述和理解。定性研究方法是由访谈法、观察法、案例研究法等多种方法组成，原始资料包括场地笔记、访谈记录、对话、照片、录音和备忘录等，其目的在于描述、解释事物、事件、现象、人物，并更好地理解所研究问题的研究方法。

定性研究的最主要特征是从被研究者的角度进行研究，即在当时、当地收集第一手资料，从当事人的视角来理解他们行为的意义和他们对事物的看法，研究者在没有获得确实的证据前，不能先入为主，不能从主观想象、推测、臆断出发，必须深入被研究者中去看他们怎样做，听他们怎样说，对他们的说法和做法加以描述和分析，再据此提出假设或理论。

定性研究的最主要方法是实地研究。简单地说，实地研究就是在完全没有外界控制的纯自然条件下，深入研究对象的生活背景中去观察、访谈以及收集资料的研究方法。这种方法看似简单，但要想得到可靠的结论，就要求调查者具备敏锐的洞察力和深厚的方法论基础。

定性研究有直接法和间接法。直接法包括个案研究法、观察法、小组座谈法、深层访谈法；间接法主要是指投射技术法。

（一）个案研究法

个案研究法这一术语起源于医学诊治病例和侦破学中的刑事案例，后来逐渐被推广和应用于心理学中。它可以定义为：经由对个案的深入分析以解决有关问题的一种研究方法。具体而言，它是以个人或群体为研究对象，收集和整理有关各方面完整的客观情况及资料，包括历史背景、测验材料、调查访问结果、评定和谈话情况等，从而研究其行为发展变化的全过程，得出带有普遍性结论的研究方法。个案一般是社会中真实的事件，它是事件的仿真和缩影。个案的原始资料来源于观察、访谈，有时也借助于记录和文件来获得支持证据。

个案研究可分为四个阶段。

1. 开放式阶段

研究者不作事先判断，而是通过阅读历史卷宗、档案材料，运用访谈法、直接观察法、参与式观察法等了解事实真相,即事情是如何进行的,为什么如此进行。

2. 重点突破阶段

在这一阶段,可以更为系统、全面地收集资料证据,目的是发现事件或重要人物的本质特征,而不是无的放矢,收集杂乱无章的资料。

3. 写作阶段

好的个案报告不仅反映作者严谨的科学精神,而且也要求作者有深厚的文学素养。

4. 检查阶段

将报告初稿送交被采访者、被调查者或事件的当事人阅读,由他们判断报告是否与事实有出入或提出修改意见。

（二）观察法

观察法是指在自然存在的条件下,对自然、社会的现象和过程,通过人的感觉器官或借助科学仪器,有目的、有计划地进行认识的过程。所谓"自然存在的条件",是指对观察对象不加控制、不加干预、不影响其常态。所谓"有目的、有计划",是指根据科学研究的任务,对观察对象、观察范围、观察条件和观察方法做了明确选择,而不是观察能作用于人感官的任何事物。

1. 几种常用的观察法

（1）抽样观察法

抽样观察法包括时间抽样观察法、场合抽样观察法和阶段抽样观察法。时间抽样观察法是指专门观察和记录在特定的时间内观察对象和过程的一种方法。场合抽样观察法是指有意识地选择某种自然场合,观察研究对象行为表现的一种方法。阶段抽样观察法是指观察者选择某一阶段,对观察对象的状态进行观察的一种方法。运用以上方法,必须注意抽样的科学性,以保证观察的结果能够符合总体情况。

（2）追踪观察法

追踪观察法是一种长期、系统、全面地观察研究对象发展过程的方法,目的在于获得对象发展变化过程的材料,以便研究发展变化的规律性。这种方法经常用在对特殊从业者的个案研究上,是一种实验观察类型。

（3）隐蔽观察法

在观察过程中,观察者对被观察者的影响是一种通病,从而不同程度地影响了观察材料的真实性。在对人进行观察时,为了使观察对象自然、放松,往往通过单向透光玻璃、电视、纱幕或监视系统等进行观察,这就是隐蔽观察法。虽然这种方法会受到条件的限制，但是这种方法的精神观察者应特别重视。

（4）综合观察法

客观事物都是相互影响、相互联系、相互制约的，要想成功地对某一事物进行观察，必须将几种有关的观察方法有机地结合起来，才能获得最有价值的观察材料，才能找出事物发展的规律。综合观察法有两层含义：一是指对某一具体观察对象进行观察时，要把眼光扩展到同观察对象有关的各个方面、各个因素上去；二是指在观察某一对象时，不只使用一种观察方法，而是根据具体情况，把几种相关的观察方法有机地结合起来使用。

观察的实际进行，除了充分选用观察的不同途径和方法之外，还必须注意遵循观察的原则，即可观察性原则、客观性原则和典型性原则。

2. 观察法的一般步骤

（1）观察准备

做好观察前的准备工作是进行科学观察的基础，准备工作的好坏是观察成败的关键之一。准备工作包括以下三项内容。

①明确观察目的

观察目的是根据科研任务和观察对象的特点确定的。为了明确观察目的，应做小范围调查和试探性观察，目的不是系统地收集科研材料，而是掌握一些基本情况，了解观察对象的特点，以便确定通过观察需要获得什么材料、弄清楚什么问题，然后确定观察范围，选定观察重点，具体计划观察的步骤。

②制订观察计划

确定了观察目的，又收集了有关观察对象的材料，并进行试探性的观察后，就应深思熟虑地制订观察计划，使观察有计划、有步骤地进行。观察计划一般应包括如下内容：一是观察目的；二是观察重点和范围，一般重点不能多，范围不能太广；三是观察提纲，列出需要通过观察获得材料的要目；四是观察过程，包括选择观察的途径，安排观察的时间、次数和位置，选择观察的方法和掌握观察的密度等；五是观察注意事项，根据观察的特点，列出为保持观察对象常态的有关规定；六是观察的记录表格，速记符号，规定有关的统一参照标准；七是观察仪器；八是观察人员的组织分工；九是观察的反应措施。

③作好物质准备

如果观察要借助仪器，就必须事先对仪器进行检查、安装以及进行使用的安排。印制观察记录表格，以便迅速、准确和有条理地记录所需要的材料，以便日后的核对、比较、整理和应用。

（2）进行实际观察

实际观察应尽量按计划进行，不要轻易更换观察的重点、超出原定的范围，致使离开了原定的观察目的。如果原定计划确实不妥或观察现象有所变化，则应按计划中的应变措施或实际的变化情况随机应变，但目的只有一个，即力求妥善地完成原定任务，尽可能取得最好的成果。

在进行观察时必须注意以下事项。

①选择最佳观察位置

一方面要力争处在观察的最佳视野，另一方面要保证不影响被观察者的常态。

②善于辨别重要的和无关的因素

根据科研任务，把注意力集中到能获得有价值材料的重要因素上去，不为无关的、次要的因素所纠缠，以提高观察效率。

③善于抓住引起各种现象的原因

每一种现象的出现，都要找到引起现象出现的原因，使获得的观察材料具有科研价值。

④善于抓住观察对象偶然的或特殊的反应

作为说明本质问题的是一贯性的东西，但是全面正确地了解问题，偶然的或特殊的东西不是无足轻重的，它对于研究问题的动向更有起步意义。

⑤善于与观察对象建立良好的关系

在科研中，观察对象往往是人，因此，在观察中陌生感容易改变观察对象的常态，而良好的关系有利于保持观察的正常状态。

（3）观察材料的记录和整理

观察材料的记录应符合准确性、完整性和有序性的要求，因此，必须及时进行记录，不要依赖记忆。一般的记录方法有以下几种。

①评定等级法

观察者对观察对象评定等级。记录的方法可以在预先打印好的表格上按等级画圈。

②频率法

观察者事先规定好要观察的对象和观察的项目，并将其印成表格，一旦出现某一现象，就在表格的相应框格内做上记号。

③连续记录法

这种方法就是当场在笔记上做连续记录，或借用录音机、摄像机等将现场连续录下。

采用观察法要及时整理材料,对大量分散材料要利用统计技术进行汇总加工,删去错误材料,然后对典型材料进行分析。如果有遗漏要及时纠正,对反映特殊情况的材料要另作处理。

3. 观察法的优缺点

观察法具有许多优点:运用方便,可以随时随地采用;可以保持观察现象的自然状态;不加人为干涉,可直接取得从生活中而来的材料;可以不妨碍被观察一方的正常生活或正常的发展过程,不会产生不良后果等。但是,观察法也有一些局限性,具体表现为以下三点。

(1) 人的生理局限

人的生理局限主要表现为:人的感官使观察范围受到局限。感官是有一定阈值的,超过一定的限度,就听不到、看不到、感觉不到。人的感官也使观察的精度受到局限,人们常常只能凭感官对观察对象作出大概的估计。人的感官还使观察的速度受到局限,对于处在不断运动变化中的事物的现象或过程,人们也常常观察不到。这样,观察常常局限于了解表面的现象,不能直接深入事物的本质,难以分辨是偶然的事实还是有规律性的事实,这是观察法最主要的局限。

(2) 观察仪器的局限

随着科学技术的发展,人们在凭借感官直接观察的同时,也借助先进的科学仪器进行观察,可以大大提高观察的广度、深度和精度,然而,观察仪器的认识功能也有局限性。观察仪器的局限主要表现为:缺乏直观性,间接观察还不能完全取代直接观察;仪器设计的错误或不精确、制作和操作仪器的误差都会导致观察结果的错误;观察仪器容易产生对观察对象的干扰等。

(3) 观察者对所获取材料的解释容易带有主观色彩

在运用观察法时,除了尽力提高观察法的功能,如灵活移动观察位置、转换观察背景、延长观察时间以及增加观察次数等以改善观察结果外,还要结合统计方法对多次观察数据进行科学处理。

(三) 小组座谈法

小组座谈法是由一个经过训练的主持人以一种无结构的自然形式与一个小组的被调查者交谈,主持人负责组织讨论。小组座谈法的主要目的是通过倾听一组调研者所要研究的被调查者,从而获取对有关问题的深入了解。这种方法的价值在于常常可以从自由进行的小组讨论中得到一些意想不到的结果。

小组座谈法的运用条件:①小组规模:8～12人;②小组构成:同质性,预先筛选被调查者；③座谈环境：放松的、非正式的气氛；④时间长度：1~3小时；⑤记录：使用录音和录像设备；⑥观察：主持人可以观察被调查者，可以与被调查者接触，且有熟练的交流技术。

1. 小组座谈法的优点

（1）协同增效

将一组人放在一起讨论，与向单个人询问得到的私人保密的回答相比，前者可以得到更广泛的信息，对问题有更深入的理解和看法。

（2）"滚雪球"效应

在小组座谈会中常常会有一种"滚雪球"效应，即一个人的评论会引发参加者一连串的反应。

（3）刺激性

通常，在简短的介绍后，随着小组中对所谈论问题的兴奋程度的增加，参加者想要表达他们的观点和感情的愿望也在增强。

（4）安全感

由于参加者的感觉与小组中的其他成员是类似的，因此，参加者感到比较舒服，并愿意表达他们的观点和情感。

（5）自发性

由于没有要求参加者回答某个具体的问题，他们的回答是自发的、不遵循常规的，因此，能够准确地表达他们的看法。

（6）激发灵感

与一对一的访问相比，小组的讨论更容易激发灵感而产生想法。

（7）专门化

因为多个被调查者要同时参与，所以雇用一个受过专业训练的调查员（主持人）是必要的。

（8）科学监视

容许对小组座谈情况进行秘密监视，观察者可以亲自观看座谈会的情况并可以将讨论过程录制下来进行后期分析。

（9）结构灵活

小组座谈会在覆盖的主题及其深度方面都是灵活的。

（10）速度快

由于同一时间内同时访问了多个被调查者，因此数据收集和分析的过程都是比较快的。

2. 小组座谈法的缺点

（1）结果误用

小组座谈会座谈的问题是探索性的，但可能会误用和滥用而将结果作为结论来对待。

（2）错误判断

通过小组座谈会得到的结果比用其他数据收集方法得到的结果更容易被错误地判断。小组座谈会特别容易受客户和调研者偏差的影响。

（3）主持困难

小组座谈会是很难主持的，调查结果的质量主要依赖于主持人的水平。

（4）数据凌乱

参加者回答问题的无结构性使得编码、分析和解释都很困难，因此，通过小组座谈会收集到的数据往往是凌乱的。

（5）错误代表

小组座谈会的结果对总体是没有代表性的，因此，不能把小组座谈会的结果作为决策的唯一依据。

（四）深层访谈法

深层访谈法是一种无结构的、直接的、个人的访问。在访问过程中，一个掌握高级技巧的调查员深入地访谈一个被调查者，以揭示对某一问题的潜在动机、信念、态度和情感。

比较常用的深层访谈技术主要有三种：阶梯前进、隐蔽问题寻探以及象征性分析。

1. 阶梯前进

它是顺着一定的问题线探索，如从产品的特点一直到使用者的特点，使调查员有机会了解被调查者思想的脉络。

2. 隐蔽问题寻探

它是将重点放在个人的"痛点"而不是社会的共同价值观上，是放在与个人密切相关的而不是一般的生活方式上。

3. 象征性分析

它是通过反面比较来分析对象的含义。要想知道"是什么"，先想办法知道"不是什么"。例如，在调查某产品时，其逻辑反面是产品的不适用方面、"非产品"形象的属性以及对立的产品类型。

深层访谈法比小组座谈法能更深入地探索被调查者的内心思想与看法，而且深层访谈法可以将反应与被调查者直接联系起来,不像小组座谈法中难以确定哪个反应是来自哪个被调查者的。深层访谈法可以更自由地交换信息,而在小组座谈法中也许做不到,因为有时会有团体压力而不自觉地要求形成小组一致的意见。深层访谈法也存在一些缺点:如能够做深层访谈的有技巧的调查员(一般是专家,需要熟练掌握心理学或精神分析学的知识)是很昂贵的,也难于找到;由于调查的无结构性使得结果非常容易受调查员自身的影响,其结果的完整性主要依赖于调查员的水平;得到的数据常常难以分析和解释,需要心理学家提供服务来解决这个问题;由于占用的时间和所花的经费较多,因此,在一个调研项目中,深层访谈的人数是十分有限的。

与小组座谈法一样,深层访谈法主要用于获取对问题的理解和深层了解的探索性研究。不过,深层访谈法不如小组座谈法使用得那么普遍。

(五)投射技术

投射技术是一种无结构的非直接的询问形式,可以鼓励被调查者将他们对所关心问题的潜在动机、信仰、态度或情感投射出来。在投射技术中,并不要求被调查者描述自己的行为,而是要他们解释其他人的行为。在解释其他人的行为时,被调查者就间接地将他们自己的动机、信仰、态度或情感投射到了有关情境之中。因此,通过分析被调查者对那些没有结构的、不明确而且模棱两可的"剧本"的反应,可以揭示出他们的态度。"剧情"越模糊,被调查者就越多地投射他们的情感、需要、动机、态度和价值观。

1. 投射技术的基本假设

(1)人们对外界刺激的反应都是有其原因的,而不是偶然发生的;

(2)这些反应固然决定于当时的刺激或情境,但个人本身的心理状态、过去的经验、对将来的期望、人格结构、对当时的知觉与反应的性质和方向,都起到了很大的作用;

(3)自陈式量表是让自己说明自己,而人格结构的大部分是处于潜意识之中,很难凭借意识进行说明,当个体面对一种不明的情境时,常常可以将隐藏在潜意识中的欲望、需求、动机和冲突等"泄露"出来,这就是投射技术的原理。

2. 投射技术的特点

(1)在测验的刺激上,使用的是模棱两可的刺激,如云迹图、墨迹图等;

(2)测验目的多是伪装的;

(3)被试者可以完全自由地回答;

（4）在结果分析上，以定性分析为主，有许多推论；

（5）在结果解释上，多数是参照人格障碍标准进行测量的；

（6）对人格注重整体的分析；

（7）测验难以标准化，多由训练有素的专家进行；

（8）测验的内容以潜意识为主。

3. 投射技术的具体方法

投射技术可以分为联想技法、完成技法、结构技法和表现技法四种。

（1）联想技法

这种方法是在投射技术中将一种刺激物呈放在被调查者面前，然后询问被调查者最初联想到的事情。在这类技法中最常用的叫词语联想法。在词语联想法中，给出一连串的词语，每给一个词语，都让被调查者回答其最初联想到的词语（叫反应语），被调查者对每一个词的反应被逐字记录并且是即时的，这样反应犹豫者（要花三秒钟以上来回答）也可以识别出来。调查员记录反应的情况，这样被调查者书写反应语所要求的时间也就得到了控制。

这种技法的潜在假设是：联想可以让被调查者暴露出他们对有关问题的内在情感。对回答或反应的分析可计算如下几个量：一是每个反应词语出现的频数；二是在给出反应词语之前耽搁的时间长度；三是在合理的时间段内，对某一试验词语完全无反应的被调查者数目；四是一个被调查者的反应模式以及反应细节，可以用来决定其对所研究问题的潜在态度或情感。

（2）完成技法

在完成技法中，给出不完全的一种刺激情景，要求被调查者来完成。常用的方法又分为句子完成法和故事完成法。

①句子完成法

句子完成法是指给被调查者一些不完全的句子，要求他们完成。一般来说，要求他们使用最初想到的那个单词或词组。句子完成法不如词语联想法那么隐蔽，许多被调查者可能会猜到研究的目的。句子完成法的另一种类型是段落完成，被调查者要完成由某个刺激短语开头的一段文章。

②故事完成法

故事完成法是指给被调查者故事的一个部分，要将被调查者的注意力引到某一特定的话题上，但是不要提示故事的结尾，要求被调查者自己得出结论。

（3）结构技法

结构技法与完成技法十分相近。结构技法要求被调查者以故事对话或绘图的形式构造一种反应。在结构技法中,调查者为被调查者提供的最初结构比完成技法中提供的要少一些。结构技法中的两种主要方法是图画回答法和卡通试验法。

①图画回答法

这种方法的做法是显示一系列的图画,有一般的也有不寻常的事件。在其中的一些画面上,人物或对象描绘得很清楚,但在另外一些画面中却很模糊,要求被调查者看图讲故事,从他们对图画的解释可以显示出他们自身的个性特征。这种方法又称为主题统觉法,是因为主题是从被调查者对图片的感觉概念中抽取出来的。

②卡通试验法

在卡通试验法中,将卡通人物显示在一个与问题有关的具体环境中,要求被调查者指出一个卡通人物会怎样回答另一个人物的问话或评论。从被调查者的回答中可以显示出他(她)对该环境或情况的情感、信念和态度。

(4) 表现技法

在表现技法中,给被调查者提供一种文字的或形象化的情景,请他(她)将其他人的情感和态度与该情景联系起来。表现技法中的两种主要表现技法是角色表演和第三者技法。

①角色表演法

角色表演法是指让被调查者表演某种角色或假定按其他某人的行为来做动作。调查者的假定是被调查者将会把他们自己的感情投入角色中。这样,通过分析被调查者的表演,就可以了解他们的情感和态度。

②第三者技法

第三者技法是指给被调查者提供一种文字的或形象化的情景,让被调查者将第三者的信仰和态度与该情景联系起来,而不是直接联系自己个人的信仰和态度。第三者可能是自己的朋友、邻居、同事或某种"典型"人物。同样,调查者的假定是当被调查者描述第三者的反应时,其个人的信仰和态度也就暴露出来了。让被调查者去反映第三者立场的做法减小了其个人的压力,因此,能给出较真实合理的回答。

4. 投射技术的优缺点

与无结构的直接法(小组座谈法和深层访谈法)相比,投射技术的一个主要优点是:可以提取出被调查者在知道研究目的的情况下不愿意或不能提供的答案。在直接询问时,被调查者常常有意或无意地错误理解、错误解释或错误引导调查者,在这些情况下,投射技术可以通过隐蔽研究目的来增加回答问题的有效性，特别是当要了解的问题是私人的、敏感的或者有着很强的社会标准时，作用就更加明显。当潜在的动机、信仰和态度处于一种下意识状态时，采用投射技术是十分有效的。

投射技术也有无结构的直接法的许多缺点，而且在程度上可能更严重。这些技术通常需要有经过专门高级训练的调查员去做个人面访，在分析时还需要熟练的解释人员。因此，一般情况下采用投射技术的费用都是很高的，而且有可能出现严重的解释偏差。除了词语联想法之外，所有的投射技术都是开放式的，因此，分析和解释起来就比较困难，也容易出现主观臆断。

有的投射技术（角色表演法）要求被调查者采取不平常的行为，在这种情况下，调查者可能假定同意参加的被调查者在某些方面也不是平常的，这些被调查者可能不是所研究的总体的代表。因此，最好将投射技术的结果与采用更具有代表性样本的其他方法的结果进行比较。

二、定量研究

（一）定量研究的定义

定量研究是指从量的方面分析研究事物，运用数学方法研究和考察事物之间的相互联系和相互作用的方法。任何事物都是质和量的统一体，若只有定性研究而没有定量研究，则只能对事物有一个大致的认识。这种认识既不精确，也不全面，甚至可能是错误的，因为没有数量就没有质量。量变到了一定程度，就会引起质变，所以对事物的基本数量分析是十分必要的。定量研究就是通过对事物量的规定性的分析来把握事物质的规定性。研究程序的标准化、系统化和操作化是定量研究的重要特征，为了避免研究者的主观性，定量研究十分强调客观事实，强调现象之间的相关性和变量之间的关系。它所采用的研究步骤如下：明确问题；探索和研究有关理论和模式；形成假设；选择适当的研究方法；通过观察—测验—试验进行论证。

在社会学研究中，最常用的定量研究方法就是社会统计法，它在收集、整理和分析资料方面有一套完整的方法。社会统计法不仅可以通过各种统计数字描述一个社会现象和揭示社会现象间的关系，而且也可以推断局部和总体的关系。近年来，随着计算机技术的推广和应用，以及量度设计和计算技术的改进和发展，使社会统计法日臻完善，因此，定量研究在社会学中的运用越来越普及。定量研究的特点是具有逻辑的严密性和可靠性，它推导出来的结论通常是十分精确的。但是，具体运用时必须有正确的理论观点做指导，把定量研究和定性研究有机地结合起来，绝不能主观地割裂量和质的关系，避免孤立、片面、静止地分析和研究问题。

（二）定量研究的分类

定量研究可以分为探索性研究、描述性研究和解释性研究。

1. 探索性研究（Exploration Research）

探索性研究是指对所要研究的现象或问题进行初步了解，以便为今后更深入系统的研究提供线索和奠定基础。探索性研究通常采用参与观察和无结构访谈等方法收集资料，它所研究对象的规模通常较小，从资料中所得出的各种结果，既不用来推论研究对象所取自的总体，也不用来检验某种理论假设，主要用来探测某类现象或问题的基本范围、内容或特征，给人们一个大致轮廓或印象；用来揭示深入研究这一问题或现象的可能途径；用来尝试可用于这一现象或问题研究的合适方法和工具。

2. 描述性研究（Descriptive Research）

描述性研究的目的是通过对某一总体或某种现象的描述，发现研究对象在某些特征上的分布状况和出现频率。描述性研究通常需要严格的随机抽样方法来选择研究对象，并且研究样本的规模要比探索性研究的规模大很多。描述性研究通过问卷调查获得的资料必须通过统计处理，得出以数量形式为主的结果，并将这些结果推论到总体中去。

3. 解释性研究（Explanatory Research）

解释性研究是一种探索现象背后的原因、各种影响因素之间的关系，并回答为什么的研究类型。它通常从理论假设出发，经过实践经验收集资料，并通过对收集到的资料进行分析来检验假设，最后达到对研究现象理论解释的目的。解释性研究比描述性研究更严谨，针对性更强。

（三）定量研究的方法

1. 调查研究

调查研究是一种采用自填式问卷或结构式访谈，直接、系统地从一个取自某种社会群体的样本那里收集资料，并通过对资料的统计分析来认识所要研究的现象及其规律的定量研究方法。调查研究有三个主要特征：一是要求运用抽样的方法从某个调查总体中抽取一定规模的随机样本，这种随机抽取的、有相当规模的样本特征是其他研究方式所不具备的。二是资料收集需要采用特定的工具（调查问卷），并且有一套系统的特定程序要求。三是研究所得到的是巨大的量化资料，必须在计算机的辅助下完成资料的统计分析，才能得出研究的结论。可见，调查研究的基本要素包括抽样、问卷、统计分析和相关关系等。这种方法可以兼顾到描述和解释两种目的，它既可以用来描述某一总体的概况、特征以及进行总体各部分之间的比较，又可以用来解释不同变量之间的关系。由于调查研究方法有严格规范的操作程序，使得其应用范围十分广泛。

2. 实验研究

实验研究是一种重要的定量研究方法，主要包括实验室实验和现场实验两种。

（1）实验室实验

实验程序的基本思路是控制自变量或刺激变量以观察因变量或反应变量的变化，从而确定自变量和因变量之间的因果关系。它有以下三个基本要素：一是实验者，通过基于心理统计的严格的实验设计，实验者控制或者排除种种无关的刺激变量，而使感兴趣的刺激变量凸现出来。二是被实验者，被实验者即社会行为的研究对象，在刺激的作用下会发生种种反应。三是实验情景，绝大多数实验是在模拟自然的社会环境的实验室中进行的。

一般来说，实验室情景是对社会日常生活情景的模拟，或者说，它是一个微缩的现实世界，往往能在一定程度上达到真实的社会情景。但是，在实验室这种特殊的情景下，实验者与被实验者之间相互作用，被实验者意识到正被研究而刻意采取某些行为，这些都将影响被实验者的代表性以及实验结果对真实世界的概括性。

（2）现场实验

虽然我们很容易将实验与实验室实验画等号，但并不是所有的实验都是在实验室内进行的，因为许多重要的社会科学实验通常发生在受控的情景之外，发生在一般社会事件的进展之中。现场实验与实验室实验的最大区别就在于它的情景不是人为设计的，而是自然发生的。例如，一家大公司的管理人员想了解4天内每天工作10小时与传统的5天内每天工作8小时相比，缺勤率是否会有所降低，于是，他们选择了两家规模相同又在同一地区的工厂进行实验。其中，一家工厂为实验组，工人们按4天工作制开始工作；另一家工厂则是控制组，工人们每天仍旧按5天工作制工作。两家工厂分别记录18个月内的缺勤情况。18个月后，管理人员发现，实验组的缺勤率下降了40%，而控制组只下降了6%。基于实验设计的可行性，管理人员认为引起实验组缺勤率大幅下降的原因是工作日的压缩。可见，现场实验除了在真正的组织中进行实验外，与实验室实验没有多大差别。自然的场景比实验室更真实，这就增加了实验的有效性，但不利于控制。

3. 文献研究

文献研究是一种通过收集和分析现存的，以文字、数字、符号、画面等信息形式出现的文献资料，来探讨和分析各种社会行为、社会关系及其他社会现象的研究方法。文献研究一般包括内容分析、编码与解码、二次分析、现有统计分析等，常常被用于帮助研究者探讨那些既不会引起研究对象的任何反应，又是其他方式在时间和空间上无法达到的社会现象。

第二章

企业员工职业发展的前提

第一节 企业员工气质与职业的关系

一、气质概述

（一）什么是气质

气质是人格特质的一个方面，是指个体表现在心理活动的强度、速度、灵活性与指向性的一种稳定的心理特征。比如说，一个人反应速度的快慢、情绪的强弱、注意力集中时间的长短和转移的难易，以及心理活动倾向于外部世界还是内部世界等，在很大程度上与人的气质相关。它和我们平时所说的"脾气""禀性"含义相近。气质是职业选择的依据之一，它使人的日常生活带有一定的色彩，形成一定的风貌。构成气质类型的心理特征有：感受性、耐受性、不随意反应性、反应的敏捷性与灵活性、可塑性与稳定性、内外向性、情绪兴奋性、情绪和行为特征。

（二）气质的类型

气质是一个古老的概念。人体内有四种体液：血液、黏液、黄胆汁和黑胆汁。根据四种体液在人体中所占优势的不同，人的气质可分为四种类型，即多血质、胆汁质、黏液质和抑郁质。具有某种典型的气质特征的人是很少的，三种气质的混合型也很少，多数人是近似其中某一类型或者是两种类型的混合气质。

1. 胆汁质

相当于神经活动强而不均衡型。这种气质的表现为兴奋性很好，脾气暴躁，性情直率，精力旺盛，能以很高的热情投身事业，克服一切困难；但精力耗尽时，情绪会一落千丈。

2. 多血质

相当于神经活动强而均衡的灵活型。这种气质表现为热情、有能力，适应性强，喜欢交际，精神愉快，机智灵活，注意力易转移，情绪易改变；但办事重兴趣，富于幻想，不愿做耐心细致的工作。

3. 黏液质

相当于神经活动强而均衡的安静型。这种气质表现为平静，善于克制忍让，生活有规律，不为无关的事情分心，埋头苦干，有耐久力，态度持重，不卑不亢，不爱空谈，严肃认真；但不够灵活，注意力不易转移，易墨守成规等。

4. 抑郁质

相当于神经活动弱型。这种气质表现为沉静、深刻、易相处，人缘好，办事稳妥可靠，做事坚定，能克服困难；但比较敏感，易受挫折，孤僻、寡欲，反应缓慢。

气质是先天形成的，本身无优劣之分，它受神经系统活动过程的特性所制约。气质是人的天性，虽然也会受后天环境的影响，但因为气质的改变过程是很漫长的，所以我们并不提倡改变气质本身。事实上，每一种气质都有其积极面和消极面，如胆汁质的人热情却急躁，多血质的人敏捷却草率，抑郁质的人细致可能多虑，黏液质的人稳重却死板。因此，我们应该尽可能地发挥自己气质中的积极面，克服消极面，不必为自己属于哪一种气质类型而忐忑不安或沾沾自喜。在历史和现实中，各种气质都有名人辈出。如俄罗斯的四大文豪，著名诗人普希金属于明显的胆汁质，评论家赫尔岑属于多血质，语言大师克雷罗夫属于黏液质，讽刺小说家果戈理属于抑郁质。有人对我国的著名文人进行过分析，发现李白是胆汁质，杜甫属于抑郁质，郭沫若为多血质，茅盾属于黏液质。许多运动员的气质是胆汁质和多血质，如李连杰属于胆汁质，郎平属于多血质，而擅长悲剧人物心理描写的作家有部分人属于抑郁质。可见，任何一种气质类型的人，都有可能成为成功人士，也有可能一生无所建树，气质不能决定一个人活动的社会价值和成就的高低。它只给人们的言行涂上某种色彩，不直接具有社会道德评价含义。因此，大学生要正确对待自己的气质类型，这有三层意思：一是顺其自然，愉快接受并适应自己的气质特征；二是扬长避短，充分发挥自身的气质优势；三是加强锻炼，逐步改造自身气质中的消极方面，经常有意识地控制自己气质的消极品质，形成良好的个性。

二、气质对实践活动的影响

气质在人的实践活动中不起决定作用，但有一定的影响，它可能影响活动的效率。例如，要求作出迅速灵活反应的工作，具有多血质和胆汁质的人比较合适，而具有黏液质和抑郁质的人则较难胜任。反之，对于要求持久细致的工作，具有黏液质、抑郁质的人较为合适，而具有多血质、胆汁质的人又较难适应。

显然，为了提高工作效率，就要对不同职位和岗位的员工的气质特性提出特定的要求，有些特殊工种还有其特殊要求，否则，是难以适应和胜任的。

（一）胆汁质与职业选择

胆汁质类型的特征是直率、热情、精力旺盛、脾气急躁、情绪兴奋性高、容易冲动、反应迅速、心境变幻剧烈，具有外倾性特点。胆汁质的人面临毕业择业时，往往表现出很高的积极性，主动出击，求职和竞争意识强烈。这种热情和主动性往往为用人单位所赏识，易于被录用。一般来说，他们倾向于选择且适合于竞争激烈、冒险性和风险意识强的职业或者是社会服务型的职业，比如体育运动员、企业改革者、航空人员、勘探人员、探险者、演说家、教师、营业员等，喜欢自主创业。

（二）多血质与职业选择

多血质类型的特征表现为活泼、热情、好动、敏感、反应迅速、喜欢与人交往、注意力容易转移、兴趣和情绪容易变换，具有外倾性的特点。多血质的人情绪丰富，求知欲强，兴趣广泛，工作能力较强，容易应付和适应新的环境场面，善于交际。他们在职业市场中往往很受青睐，占有较强和有利的竞争优势，有较宽广的选择范围和机会。他们一般适合于需要抛头露面、出风头和较强人际交往能力的职业。比如记者、律师、公关人员、艺术工作者、秘书和其他一些社会性工作等。

（三）黏液质与职业选择

黏液质类型的心理特征一般是安静、稳定、反应缓慢、沉默寡言、情绪不易外露、注意稳定但又难于转移、善于忍耐，具有内倾性的特点。黏液质的人容易养成自制、镇静、安静、有耐心而不急躁的品质，在职业选择中一旦认准自己的职业目标便耐性十足，不达目的决不罢休，这种坚持不懈的韧性往往能弥补其他方面素质的欠缺而帮助选择者获得成功。从职业对气质的要求来说，他们适合医务、图书编辑、情报翻译、营业员、教师、思想教育等方面的工作。

（四）抑郁质与职业选择

抑郁质类型在行为方式上的典型表现是情绪体验深刻、孤僻、行动迟缓而且不强烈，具有很强的感受性，善于觉察他人不易觉察的细节，具有内倾性的特点。抑郁质的人感情比较细腻和敏感，观察力敏锐，悟性很高，但因孤僻迟缓和不善言辞，常给人以木讷和大智若愚的感觉，在职业市场中，他们往往能通过权衡比较，找到适合自己的工作。这类气质的人，一般适合做诗人、作家、画家，也适合从事哲学、心理学和实用科学、理论方面的研究工作等。

第二节 企业员工性格与职业的关系

一、性格概述

（一）什么是性格

性格一词来源于古希腊语，原意为"绘图""印记"。性格是一种与社会关系最密切的人格特征，其中包含许多社会道德含义。它是一个人对现实的稳定态度和与之相适应的习惯化了的行为方式的心理特征。性格表现了人们对现实和周围世界的态度，并体现在他的行为举止中。性格还表现了一个人的品德，受人的价值观、人生观、世界观的影响，如有的人大公无私，有的人自私自利。性格是在后天的社会环境中逐渐形成的，是人最核心的人格差异，有好坏之分，能最直接地反映一个人的道德风貌。

人的性格因人而异，世界上没有性格完全相同的两个人，有人娇嗔、傲气、泼辣；有人热情、开朗、活泼；有人深沉、内敛和多思；有人大胆、自信有余，而耐心、仔细不足；有人耐心、仔细有余，而大胆、自信不足；有人快中易粗，粗中易错；有人却慢条斯理，有条不紊。性格就是由各种特征所组成的有机统一体。

性格是个性中表现出来的最鲜明的心理特征，也是个性中最重要的心理特征，它足以区别一个人的与众不同。因此，必须指出的是，在个体生活中那些一时性的、偶然性的表现，不能被认为是一个人的性格特征；只有那些经常性的、习惯性的表现，才能被认为是一个人的性格特征。

(二) 性格的类型

1. 从心理机能来划分性格的类型

这种类型分类,是按照理智、情绪、抑制三种心理机能何者占优势而划分的性格类型,被称为机能类型学说。性格类型可分为理智型、情绪型和意志型。理智型的人,通常以理智来衡量一切,并以理智支配行为。情绪型的人,情绪体验深刻,言行受情绪左右。意志型的人,具有较明确的行动目标,行动具有主动性。

2. 从心理活动倾向性来划分性格类型

按照个体心理活动的倾向性,性格类型可分为外倾型和内倾型。外倾型的人心理活动倾向于外部,开朗、活跃、善于交际,独立性较强,但容易粗心、轻率;内倾型的人心理活动倾向于内部,一般表现为感情含蓄,沉静,反应比较缓慢,处事谨慎,自制力强,但适应环境比较困难。

3. 从个体独立性来划分性格类型

根据个体的独立性程度,性格类型可分为独立型和顺从型。独立型的人的特点是善于独立地发现问题和解决问题,不易受外来事物的干扰,具有坚定的信念,在紧急和困难的情况下表现为沉着镇静,易于发挥自己的力量,但容易固执己见,不合群。顺从型的人的特点是独立性差,受暗示性强,随和,容易接受别人的意见,在紧急、困难情况下容易惊慌失措。

4. 从社会生活方式来划分人的性格类型

根据人类六种形式的文化生活,人的性格可以划分为六种类型:理论型、经济型、审美性型、社会型、权力型和宗教型。

(三) 学生应具备的性格特征

大学生应具备的性格特征概括起来有以下几方面:一是善于与他人相处,有合作精神。乐于与人交往,乐于接纳别人,有着和谐的人际关系。二是能正确地认识现实,接受现实。对生活、学习、工作中的各种困难和挑战,都能妥善处理。三是热爱生活,乐于工作和学习。四是能经常保持乐观、愉快的主导心境,能够笑着面对生活。无论遇到高兴的或悲伤的事情,都能很好地控制自己的情绪。因此,对大学生而言,了解性格的类型、实现自我优化非常重要。

性格是多种多样特征的独特结合,而性格类型则按照一定的原则和标准,对性格进行分类,可以让同学更深刻地了解性格本质,更准确地评价自我性格,更勇敢地面对自我,克服性格弱点,从而有意识地调整、塑造良好的性格。

二、性格对职业选择的影响

在日常生活中,我们只有了解自己的性格,才能更好地选择自己的职业;只有了解他人的性格,才能更好地与人相处。当今社会,如果性格有缺陷,我们就要进行弥补,因为性格可能会决定你的一生。好的性格会让你平步青云,坏的性格会毁掉你的一生。那么我们真正了解自己的性格吗?在人生职场中什么样的性格才受人喜欢呢?什么样的性格最适合什么职业呢?下面我们就来了解一下性格与职业的关系。

(一) 性格与职业的关系

职业心理学研究表明,性格影响着一个人对职业的适应性,一定的性格适合从事一定的职业,同时,不同的职业对人的性格也有不同的要求。因此,我们在考虑或选择职业时,不仅要考虑自己的职业兴趣和职业能力,还要考虑自己的职业性格特点,考虑职业对人的性格要求,从而根据自己的性格特点选择最易适应的职业,或者改变自己的性格特点来适应职业的要求。

个体的人格特征和背景因素决定了其职业选择方向,我们每个人都趋向于选择最能施展自己能力与技能、表现自己态度与价值观的职业。理想的职业选择使人格类型与职业类型相互匹配和协调,从而达到最佳的职业满意感、稳定性和职业成就。

(二) 根据性格特点确立职业范围

由于人们所从事的职业具有不同的特点,因而对从业人员的性格特点也会提出不同的要求。一般来说,开朗、活泼、热情、温和的性格,比较适合从事外贸、涉外工作、文体工作、教育工作、服务工作以及其他同人群交往多的职业;多疑、好问、倔强的性格,比较适合从事科研、治学方面的工作;深沉、严谨、认真的性格,比较适合做人事、行政工作;而勇敢、沉着、果断与坚定是企业家和管理者不可缺少的性格。那么,应该怎样判断自己的性格特征,并以此为参照来确定自己的择业坐标呢?下面我们以瑞士心理学家恩格尔森对性格的划分为例,来说明这个问题。

人的性格可分为四类,每一类性格都有与之相适应的职业范围。

1. 敏感型

这类人精神饱满,好动不好静,办事喜欢速战速决,但行为常有盲目性,情绪有时不稳定。这类人最多,约占40%,合适的职业为运动员、行政人员及一般性职业。

2. 情感型

这种人感情丰富，喜怒哀乐溢于言表，不喜欢单调生活，喜欢带刺激的事物，爱感情用事，对新事物很感兴趣。这类人约占25%，合适的职业有演员、导演、活动家、护理人员等。

3. 思考型

这类人善于思考，逻辑思维发达，有较成熟的观点，生活、工作有规律，时间观念强，重视调查研究的精确性，但有时思想僵化，缺乏灵活性。这类人约占25%，合适的职业是工程师、教师、财务人员和数据处理人员。

4. 想象型

这类人想象力丰富，憧憬未来，喜欢思考问题，有时行为刻板，不易合群。这类人约占10%，比较合适的职业是科学工作者、发明研究人员、艺术工作者及作家。

三、MBTI 性格类型系统

人的性格倾向，就像分别使用自己的两只手写字一样，都可以写出来，但惯用的那只手写出的字会比另一只更好。每个人都会沿着自己所属的类型发展出个人行为、技巧和态度，而每一种类型也存在着自己的潜能和潜在的盲点。

MBTI 性格类型理论是一把深入、系统地了解人的本我的奇妙的钥匙。它揭示了不同类型的人有不同本能的、自然的思维、感觉、行为模式，而同一种类型的人本能的、自然的思维、感觉、行为模式又是何其地相似，从而使我们明白为什么不同的人对不同的事物感兴趣，为什么不同的人擅长不同的工作，为什么人们不能相互理解、有效配合。

通过了解自己和其他人的性格倾向，你可以更好地理解自己的优点、缺点，更容易接受自己，更好地理解和接受他人，理解为什么人与人之间在思维、行为、观念、表现等方面存在差异。在工作、生活中，你可以更好地利用这种差异，接受其他观点的合理性，避免固执己见或者简单地判定某种做法的正确或错误，避免因为存在性格的差异而苦恼。

MBTI 倾向显示了人与人之间的差异，而这些差异产生于：人们把注意力集中在何处，从哪里获得动力（外向、内向）；人们获取信息的方式（实感、直觉）；人们决定的方法（思维、情感）；人们对外在世界如何取向；认知的过程或判断的过程（判断、知觉）。

这种理论在全球范围内得到了广泛的运用，公司利用它进行招聘选拔、人岗匹配、组织诊断、改善团队沟通及人际关系；职业人士可以利用它进行职业定位、职业生涯规划。

四、性格类型与职业类型的匹配度

在现今的职场中，因"性格与职业"的选择发生错位而导致职业的失败，已逐渐成为职场人士面临的严峻问题。性格并无好坏之分，但性格类型与职业类型的匹配度，却决定了事业的成功与否。怎样才能让你的"个性"为今后的职业发展做一个最佳的导航者？首先就要正确测定自己的个性，了解"性格与职业定位"之间究竟有怎样的关联。

（一）了解自己的性格

性格决定着职业发展的长远。职业发展规划是与职业气质、能力、兴趣、潜力、价值观、理念等因素相关联的，性格若能与工作相匹配，工作中更能得心应手、轻松愉快、富有成就。反之，则会不适应、困难重重，给个人的发展和组织造成影响。另外，若要想胜任工作，还需要更专业的知识、技能、兴趣、价值观及理念等因素加以支撑，因此，先借助科学手段了解自己的性格类型，更有利于进行准确的职业定位。

（二）作好前期规划

职场中有很多人一边工作，一边抱怨"现在的工作不是自己喜欢的工作"，从而怀疑自己选错了职业，入错了行。只有当性格与职业相匹配，并有能力相支撑时，才能实现自身价值最大化。因此，择业前应进行自我审视评估、性格测评，了解自己的职业气质、能力，分析自己的优劣势，结合自己的教育背景、工作经验，在职业咨询师的咨询指导下进行职业生涯的发展规划；或者明确"自己要做什么""自己能做什么"，结合自己的价值观和理念，进行一个职业目标的设定以及策划，并进行反馈评估，不断调整自己的方法，完善自己的职业生涯规划。

（三）内向型人的择业"秘籍"

任何工作都免不了与人沟通，内向型性格的人同样不可避免。关键是要选择一份适合自己的工作，而且在面试时要表现出能够做好这份工作的信心和实力。内向型性格的人要提前了解一下所应聘企业的企业文化，以便让自己在言谈举止各个方面契合企业的需求。内向型性格的人还应适当锻炼交际能力，无论什么工作，有好的沟通技巧，工作起来才会更容易。

（四）外向型人的择业"秘籍"

在求职中，外向性格是不是比内向性格略胜一筹呢？这要按个人的求职目标而定。如果那个职位需要的求职者是安静、谨慎、细致的，那么性格内向的人胜算就更大一点；如果职位要求外向、善于与人打交道、具有领导能力等，那外向型人的胜算自然要大一些。性格本身并无好坏，而是要看与职位的契合度究竟怎样。

1. 开朗并非没心机

性格开朗乐观的人该找哪些职业？开朗的人适合的工作很多，如从销售、市场策划到管理等。开朗作为人的一种处世心态，对职业有很大帮助，而且开朗不代表没心机，一个人完全可以生性开朗，却还有很高的洞察力和高明的谋略。

2. 开朗未必样样行

性格与行业从宏观角度讲联系并不密切，而性格与职业却有着根本性的联系，但人在性格基础上接受的教育不同，人生观亦不同，所以基于性格的兴趣、爱好也就不同，它们或多或少会受到环境的影响。实际工作中，生性开朗的人也未必就一定会喜欢自己所从事的工作，如果在同行业内换个环境或职业类型，那么他也许会慢慢地喜欢上这份工作。

第三节 企业员工能力与职业的关系

一、什么是能力

（一）能力是一种个性心理特征

能力是影响活动效果的基本因素。能力的高低会影响一个人掌握活动的快慢、难易和巩固程度。如果一个人能力的某种结合符合活动的要求，那么这个人便能顺利地、高水平地从事某项活动，表现出有能力；如果一个人不具备活动所要求的能力，他的活动效果就不好。由此可见，能力是与活动的要求相符合，并影响活动效果的个性心理特征的综合。

与能力相关的还有一个重要的概念，就是自我效能感。自我效能感是指个人对自己的能力，以及运用该能力将得到何种结果所持的信心或把握程度。

大学生的能力应包括学习能力、操作能力、组织管理能力、科研能力以及创造能力。

（二）能力的种类

根据不同的标准可以以将能力进行如下分类。

1. 按照能力的倾向

可以把能力分为一般能力和特殊能力。一般能力是指人符合许多基本活动要求的能力，如学习能力、记忆能力、观察能力等。特殊能力是指人符合某种专业活动要求的能力，如数学能力、音乐能力、会话能力、机械能力、教育能力等。

2. 按照创造程度

可以把能力分为再造能力和创造能力。具有再造能力的人，可以迅速地掌握知识，善于按照所提供的样式进行活动，这种能力符合学习活动的要求。具有创造能力的人，富于创造性，善于创新，这种能力符合创造活动的要求。

3. 根据技能分类

技能是指经过后天学习和练习而培养形成的能力，如阅读能力、人际交往能力、表达能力等。技能可分为知识技能、自我管理技能和可迁移技能。

（1）知识技能

知识技能是指那些需要通过教育或者培训才能获得的特别的知识或能力。这些技能涉及学习的科目，一般用名词来表示。比如，是否掌握外语、中国古代历史、电脑编程或化学元素周期表等知识。

（2）自我管理技能

这种技能经常被看作个性品质，而不是技能，因为它们被用来描述或说明人具有的某些特征。这些特征能够帮助个人更好地适应周围的环境。它们以形容词和副词的形式出现，是成功所需要的品质，也是个人最有价值的资产。

（3）可迁移技能

可迁移技能又称为通用技能。其特征是它们可以从生活中的方方面面，特别是工作之外得到发展，却可以迁移应用于不同的工作之中。可迁移技能通常用行为动词来表达。

（三）能力的特征

1. 能力是人的潜能和对潜能的开发

所谓天赋潜能，是指通过遗传基因以潜能的形式而先天获得，比如音乐天赋、美术天赋、数学天赋、想象天赋等。同时，能力又是后天对人的潜能的开发，即通过后天的培养和社会实践的锻炼，对人的潜能进行开发。

2. 能力是思维活动和后天实践的有机统一

比如，特定的职业能力只有通过特定的职业活动才能得以实现，并在这个过程中得到增强和发展。

3. 能力是知识、经验和技能的结合

知识、经验和技能是构成能力最为基本的要素。能力以智力为核心，智力必须运用知识、经验才能解决问题，而知识、经验又和技能密切关联。技能是在知识、经验的基础上产生的，知识经验决定技能的熟练程度。

（四）能力的个别差异

人的能力有个别差异，这种差异可以从量、质和发展三个方面来分析。从量来看，有人能力水平低，这是能力发展水平上的差异；从质来看，获得统一活动中同样的成绩，不同的人可能采取不同的途径或不同能力的结合，这是能力类型上的差异；从发展来看，有人能力发展早（早慧），有人能力发展晚（大器晚成），这是能力表现早晚的差异。

大学生了解自己的能力类型，有助于掌握自身的特点，有意识地去培养各种能力，有的放矢地制订和实施学习计划及发展规划，做到扬长避短，知己知彼。

（五）个体最被重视的技能和个人品质

在所有个人素质考核的指标中，雇主最注重大学生个人素质的前五项依次为：与人沟通能力（Communication Skills）、分析能力（Analytical Skills）、团队工作的能力（Teamwork Skills）、专业技能（Technical Skills）、较高的职业道德规范（Strong Work Ethic）。

二、技能的辨识与表达训练

个人的成就可以通过可衡量的业绩以及他人的认可与称赞来体现。回顾自己的学习过程，有什么样的业绩是可以量化的，除了一些常见的考试名次、获得奖学金的次数以外，还可以用一些数据来说明。比如，作为校学生会文艺部长，成功组织了300人的大型表演活动；在兼职销售员期间，提高了当月部门10%的销售额。这些数据可以翔实地说明所取得的成绩，能给人以深刻的印象。将可迁移技能、知识技能和自我管理技能结合在一起时，就能给自己所具有的技能提供非常具体的证明。例如，能利用所掌握的计算机知识，细致地归类办公文档；担任班长期间能全面详尽地考虑班级管理工作，并取得不错的效果；作为学生书法协会的会长，策划并组织了有200人参加的全院学生书法比赛。

三、能力不同，职业选择就有差异

在选择职业时，不仅要考虑自己喜欢什么、适合什么，还要看是否有胜任这项工作的潜力和素质。这里所体现出来的素质往往与个人的性格与成长经历有很密切的关系,很难通过短期的培养和学习进行提高。大学生可以根据自己的择业目标有意识地培养自己的能力,也可以根据自己的能力水平,选择合适的职业。

事业发展和能力之间有不容置疑的直接关系。能力不是抽象的素质,它可以通过职业角色得以表现:交响乐团的指挥,其能力显然和科技人员不同。能力是一个人能否进入职业的先决条件,是能否胜任职业工作的主观条件。无论从事什么职业总要有一定的能力作保证;没有能力,根本谈不上入职工作,对个人来讲,也就没有职业生涯可言。能力是完成一定活动的本领,人在其一生之中,要从事各种各样的活动,必须具备多种能力与之相适应。我们这里所说的能力,是指劳动者从事社会生产活动的能力,亦即职业工作能力。

由此可见,能力是一个人完成任务的前提条件,是影响工作效果的基本因素。因此,了解自己的能力以及不同职业的能力要求对合理地进行职业选择具有重要意义。能力不同,职业选择就有差异。从能力差异的角度来看,职业选择应遵循以下原则。

（一）注意能力类型与职业相吻合

人的能力类型是有差异的,即人的能力发展方向存在差异。研究表明,职业也可以根据工作的性质、内容和环境划分为不同的类型,并且对人的能力也有不同的要求,因而应注意能力类型与职业类型的吻合,能力水平要与职业层次一致或基本一致。对一种职业或职业类型来说,由于所承担的责任不同,又可分为不同层次,不同的层次对人的能力有不同的要求。因此,在根据能力类型确定了职业类型后,还应根据自己所达到或可能达到的能力水平确定相吻合的职业层次。只有这样,才能使能力与职业的吻合具体化。

要充分发挥优势能力的作用。每个人都具有一个多种能力组成的能力系统,每个人在这个能力系统中,各方面能力的发展是不平衡的,常常是某方面的能力占优势,而另一些能力则不太突出。对职业选择和职业指导而言,应主要考虑其最佳能力,选择最能运用其优势能力的职业。同样,在人事安排中,如果注重一个人的优势能力并分配相应的工作,就能更好地发挥一个人的作用。

（二）注意一般能力与职业相吻合

一般能力包括注意力、观察力、记忆力、思维能力和想象力等。不同的职业对人的一般能力的要求不同,有些职业对从业者的智力水平有绝对的要求,如律师、工程师、科研人员、大学教师等都要求有很高的智商。智力在相当大的程度上决定着其所从事的职业类型。

（三）注意特殊能力与职业相吻合

特殊能力是指从事某项专业活动的能力,又称为特长,如计算能力、音乐能力、动作协调能力、语言表达能力、事务能力、空间判断能力、形态知觉能力、手指灵活度与灵巧度等。要顺利完成某项工作，除了要具有一般能力外，还要具有该项工作所要求的特殊能力，如从事教育工作需要有阅读能力和表达能力；从事数学研究需要具有计算能力、空间想象能力和逻辑思维能力。法官就应具有很强的逻辑推理能力，却不一定要有很强的动手能力；而建筑工应有一定的空间判断能力，却不需要良好的语言表达能力。

第四节　企业员工价值观与职业的关系

一、价值观概述

（一）什么是价值观

价值观，是人基于一定的思维感官之上而作出的得知、理解、判断或抉择，也就是人认定事物、辩定是非的一种思维或价值取向，从而体现出一定的价值或作用。

（二）价值观的作用

1. 价值观对动机有导向的作用

人们行为的动机受价值观的支配和制约，价值观对动机模式有重要影响。在同样的客观条件下，具有不同价值观的人，其动机模式不同，产生的行为也不相同，动机的目的方向受价值观的支配。只有那些经过价值判断被认为是可取的，才能转换为行为的动机，并以此为目标引导人们的行为。

2. 价值观决定、调节、制约个性倾向中低层次的需要、动机、愿望

价值观是人的动机和行为模式的统帅。人的价值观建立在需求的基础上，一旦确定，则反过来影响、调节人进一步的需求活动。价值观反映人们的认知和需求状况，是人们对客观世界及行为结果的评价和看法，因此，它从某个方面反映了人的世界观、人生观。

（三）价值观的特性

1. 价值观是因人而异的

由于每个人先天条件和后天环境的不同，人生经历也不尽相同，每个人的价值观的形成会受到不同的影响，因此，每个人都有自己的价值观和价值观体系。

在同样的客观条件下，具有不同价值观和价值观体系的人，其动机模式不同，产生的行为也不同。

2. 价值观是相对稳定的

价值观是人们思想认识的深层基础，它形成了人们的世界观和人生观。它是随着人们认知能力的发展，在环境、教育的影响下逐步培养而成的。人们的价值观一旦形成，便是相对稳定的，具有持久性。

3. 价值观在特定的环境下又是可以改变的

由于环境的改变、经验的积累、知识的增长，人们的价值观有可能发生变化。

二、职业价值观

由于个人的身心条件、年龄阅历、教育状况、家庭影响、兴趣爱好等方面的不同，人们对各种职业有着不同的主观评价。从社会来讲，由于社会分工的发展和生产力水平的相对落后，各种职业在劳动性质的内容上，在劳动难度和强度上，在劳动条件和待遇上，在所有制形式和稳定性等诸多问题上，都存在着差别。再加上传统的思想观念等的影响，各类职业在人们心目中的地位也有好坏高低之见，这些评价都形成了人的职业价值观，并影响着人们对就业方向和具体职业岗位的选择。

（一）什么是职业价值观

职业价值观是指人生目标和人生态度在职业选择方面的具体表现，也就是一个人对职业的认识和态度，以及对职业目标的追求和向往。理想、信念、世界观对于职业的影响，集中体现在职业价值观上。

俗话说"人各有志"，这个"志"表现在职业选择上就是职业价值观。它是一种具有明确的目的性、自觉性和坚定性的职业选择的态度和行为，对一个人的职业目标和择业动机起着决定性的作用。

每种职业都有其特性，不同的人对职业意义有不同的认识，对职业好坏有不同的评价和取向，这就是职业价值观。职业价值观决定了人们的职业期望，影响着人们对职业方向和职业目标的选择，决定着人们就业后的工作态度和劳动绩效水平，从而决定了人们的职业发展情况。哪个职业好，哪个岗位适合自己，从事某一项具体工作的目的是什么，这些问题都是职业价值观的具体表现。由于受家庭环境、教育、兴趣爱好等多方面的影响，不同个体的职业价值观是不同的，而这种不同会影响人们对就业方向和具体职业岗位的选择。每一个求职者在职业取向上的目标和要求也不同。在许多场合，我们往往要在一些得失中作出选择，而左右我们选择的往往是我们的职业价值观。例如，是要工作舒适轻松还是高薪，要成就一番事业还是要安稳太平。当两者有冲突时，最终影响我们决策的是存在于内心的职业价值观。

（二）职业价值观的分类

根据不同的划分标准，人们对职业价值观的种类划分也不同。从人们的理想、信念和世界观角度划分，可以把职业分为九大类。

1. 自由型（非工资工作者型）

特点：不受别人指使，凭自己的能力拥有自己的小"城堡"，不愿受人干涉，想充分施展本领。

相应职业类型：室内装饰专家、图书管理专家、摄影师、音乐教师、作家、演员、记者、诗人、作曲家、编剧、雕刻家、漫画家等。

2. 经济型（经理型）

特点：他们认为世界上的各种关系都建立在金钱的基础上，包括人与人之间的关系，甚至父母与子女之间的爱也带有金钱的烙印。这种类型的人确信，金钱可以买到世界上所有的"幸福"。

相应职业类型：各种职业中都可能有这种类型的人。

3. 支配型（独断专行型）

特点：相当于组织的一把手，擅长控制或指挥别人，且对此感到无比快乐。

相应职业类型：进货员、商品批发员、旅馆经理、饭店经理、广告宣传员、调度员、律师、政治家、零售商等。

4. 小康型

特点：追求虚荣，优越感也很强。很渴望能有社会地位和名誉，希望受到众人尊敬。当欲望得不到满足时，由于强烈的自我意识，有时反而很自卑。

相应职业类型：记账员、会计、银行出纳、法庭速记员、成本估算员、税务员、核算员、打字员、办公室职员、统计员、计算机操作员等。

5. 自我实现型

特点：不关心平常的幸福，一心一意想发挥个性，追求真理。不考虑收入、地位及他人对自己的看法，尽力挖掘自己的潜力，施展自己的本领，并视此为有意义的生活。

相应职业类型：气象学者、生物学者、天文学家、药剂师、动物学者、化学家、科学报刊编辑、地质学家、植物学者、物理学者、数学家、实验员、科研人员等。

6. 志愿型

特点：富有同情心，把他人的痛苦视为自己的痛苦，不愿做表面上哗众取宠的事，把默默地帮助不幸的人视为无比快乐的工作。

相应职业类型：社会学者、导游、福利机构工作者、咨询人员、社会工作者、护士等。

7. 技术型

特点：性格沉稳，做事组织严密，井井有条，并且对未来充满平常心态。

相应职业类型：木匠、工程师、飞机机械师、野生动物专家、自动化技师、机械工、电工、火车司机、公共汽车司机、机械制图等。

8. 合作型

特点：人际关系较好，认为朋友是最大的财富。

相应职业类型：公关人员、推销人员、秘书等。

9. 享受型

特点：喜欢安逸的生活，不愿从事任何具有挑战性的工作。

相应职业类型：无固定职业类型。

（三）确定个人的职业价值观

在为自己作职业生涯规划之前，一定要清楚和明确自己的价值观和职业价值观。价值观和职业价值观决定了哪些因素对你是重要的，哪些是不重要的；哪些是你优先考虑和选择的，哪些不是。

对自己的价值观，特别是职业价值观进行分析时，可以参照学者们所提出的价值观类型，看自己到底属于哪一种。我们可以把不同职业价值观的内容加以归结，根据所体现的主要方面，来确定自己的职业价值观中主要的因素是什么。具体可以从以下三个方面展开。

1. 发展因素

发展因素包括符合兴趣爱好、机会均等、公平竞争、工作有挑战性、能发挥自身才能、工作自主性大、能提供培训机会、晋升机会多、专业对口、发展空间大、出国机会多等，这些职业要素都与个人发展有关，因此称之为发展因素。

2. 保健因素

保健因素包括工资高、福利好、保险全、职业稳定、工作环境舒适、交通便捷、生活方便等，这些职业要素与福利待遇和生活有关，因此称之为保健因素。

3. 声望因素

声望因素包括单位知名度、单位规模和权力大、行政级别和社会地位高等，这些职业要素都与职业声望地位有关，因此称之为声望因素。

职业价值观是一个复杂的多维度的心理因素，对职业的选择和衡量有多种要素的参与，但各要素起的作用是不同的。从当前的实际来看，许多调查显示，大学生的职业价值观越来越重视发展因素，而对保健因素和声望因素的重视程度则因人而异，差别较大。

（四）确定职业价值观应处理好的几个关系

在职业价值分析和测定过程中，个人必须处理好职业价值观不同要素之间的关系，并根据不同时期、不同情况明确自己的职业核心需求，以便合理制定自己的职业生涯规划和相关策略。

1. 处理好职业价值观与金钱的关系

金钱是一种成就的报酬，它是在确定职业价值观时首先要面对的问题。有些经济条件不太好的大学毕业生在求职时，将金钱作为首选价值观，从根本上讲这并没有错，但是对于一些人来说，现在拥有的知识、能力、经验和阅历还不足以使其一走上社会就获得大量的金钱回报。怀有一夜暴富的心理是不正常的，更是危险的。特别是面对严峻的就业形势，更应理性地降低对金钱的期望值，把眼光放远一些，将自我成长和自我实现作为毕业求职时的首选价值观。

2. 处理好职业价值观与个人兴趣和特长的关系

职业价值观、个人兴趣和特长是人们在择业时需要考虑的最重要的三个因素。在确定价值观时，一定要考虑它是否与自己的兴趣和特长相适应。据调查，如果一个人从事自己不喜欢的工作，有80%的人难以在他选择的职业上成功；而如果选择了自己喜欢的工作，则可以充分调动人的潜能，获得职业发展的原动力。此外，选择一项自己擅长的工作，也会事半功倍。

3. 处理好职业价值观的排序与取舍的问题

职业价值观的特性决定人们不会有唯一的职业价值观，人性的本能也会驱使人们希望什么都能得到，但在现实生活中"鱼和熊掌不可兼得"。然而在职业选择中，人们却不能理性对待。既然是选择，就要付出代价，只有舍，才能得。因此，要对自己的职业价值观进行排序，找出你认为最重要、次重要的方面，并提醒自己不可能什么都得到。否则，就会患得患失，终其一生也不清楚自己到底想要什么，更谈不上职业生涯的成功和对社会的贡献了。

4. 处理好职业价值观中个人与社会的关系

人不能离开社会而独立存在，个人只有在工作中为社会作贡献才能实现自己的职业价值。我们反对只为个人考虑，而毫不考虑国家和社会需要的职业价值观，但这并不是说要忽略择业中的个人因素，只去尽社会责任，这样不但不利于个人，也是社会的损失。

5. 处理好淡泊名利与追逐名利的关系

一个人只有有了名利才有资格去谈淡泊。名利是人的欲望使然，欲望可以使人成就大的事业，也可使人自我毁灭。以合理、合法、公正、公平的方式追名逐利在一定程度上对个人、对社会都会有益，但它需要一定的度，该知足时则知足，该进取时则进取。

（五）树立正确的职业价值观

当前，随着家庭对子女接受高等教育的投资日渐增大，父母对子女就业的期望值也相应较高。但是，很多大学生对用人单位的用人标准和自身情况都不是很清楚，在就业选择和职业发展的观念上有一定的盲目性，只是一味追求"我想干什么"，而不是考虑"我能干什么""社会需要我干什么"，导致在求职时四处碰壁。因此，大学生应该树立正确的职业价值观。

1. 把正确的职业理想与务实的就业定位结合起来

每个大学毕业生都有自己的职业理想，希望找到一个满意的职业，作为实现自己人生价值的平台。对此，我们予以充分肯定。但是，这种职业理想应建立在现实的基础上，如果坚持"非高薪不干，非大企业不进，非大城市不去"的就业观念，那恐怕在现实中往往会碰壁。

在我国高等教育已进入"大众化"的今天，大学既培养社会精英，也培养普通的社会劳动者。经济发达地区和热门行业毕竟是少数，其吸纳大学毕业生的能力有限，而相当一部分不被大学生看好的地方和行业，却对大学生有巨大的需求。无数的事例说明，只有把自己的理想与国家、社会的需要统一起来，把个人的就业选择同现实的条件结合起来，职业发展才有现实的基点，理想的实现才有可靠的平台。

2. 树立基层就业的职业价值观

当前，我国大学生的就业形势依然严峻。但是，我们也应该看到，一方面，城市待业的毕业生数量大量增加；另一方面，大量基层地区、基层单位人才严重匮乏，一些偏远地区对大学生的需求日益迫切。这种失衡的状态不仅给社会的稳定和就业带来了相当大的压力，也不利于大学生自身的发展，造成了人才的巨大浪费。因此，大学生到基层就业越发显得重要和紧迫。另外，到基层就业也是大学生自己职业发展的需要，要明白到基层就业不仅可以把知识转化为能力，而且心理素质会得到提升，更懂得基层工作的辛苦，增加自己的生活体验和感悟，为日后从事管理工作打下基础。

3. 适合自己的职业就是最好的职业

每个大学生都是一个独立的个体,有着不同的职业兴趣、职业能力和人格特质,因此要选择适合自己的职业。良好而稳定的职业兴趣使人从事各种实践活动时,具有高度的自觉性和积极性。大学毕业生根据自己的职业兴趣选择某种职业,兴趣就会变成巨大的个人积极性,促使自己在工作中作出成就;反之,如果大学毕业生对从事的职业不感兴趣,就会影响积极性的发挥,难以从工作中得到心理上的满足,不利于在工作上取得成就。

4. 要有良好的就业心态和创业的思想准备

就业本身就是一种竞争,大学生往往有急于求成的心理,以至于一旦在就业中遇到挫折,就很容易意志消沉,一蹶不振。因此保持良好的就业心态,对于大学毕业生顺利就业非常重要。面对严峻的就业形势,大学毕业生要充满自信,勇敢去面对竞争,既不能妄自菲薄,缩手缩脚,不敢"推销"自己,也不能狂妄自大,对单位挑三拣四,最终"高不成低不就"。要清楚地认识到,求职遇到的困难、挫折、委屈都是暂时的、在所难免的,一味地抱怨解决不了问题,关键是对待挫折要有充分的心理准备,坚信"天生我才必有用",摆正位置,调整心态,变压力为动力,使自己能从容、冷静地面对就业这一人生重大课题,并作出正确、理智的选择。

第五节　企业员工兴趣与职业的关系

爱因斯坦说过一句话:"热爱是最好的老师。"他自己就是一个最好的例子,爱因斯坦并不是被逼迫学习而成为物理学家的,而是由于其从小就对宇宙和事物的结构有一种好奇心,而逐渐成为一个大学者。有大成就的人,必然喜爱自己所做的事。只有符合自己兴趣的工作才能带来这些乐趣,才能证明自己存在的价值,并不断地创造和发展。兴趣是人们活动不可缺少的元素。如果一个人选择的职业与自己兴趣吻合,那么枯燥的工作也会变得丰富多彩、趣味无穷,从而产生一种动力。如果一个人的兴趣与职业不吻合,那么这个人的工作就始终是被动的,不会有好业绩,更不会有成功的人生。兴趣是最好的老师,但是兴趣不代表能力,你对某一特定职业有兴趣,并不意味着你一定能干好这个职业,因此,要处理好个人兴趣与职业的关系。只有在对某一职业感兴趣并具有该职业所要求的技能时，才能做好工作，取得成功。一般来说，从事自己不感兴趣的职业很难让你感到满意，并因此导致工作的不稳定，这对自己是没有任何好处的。

一、职业兴趣概述

兴趣又称为兴致，是指人们对事物喜好或关切的情绪，是人们力求认识某种事物和从事某项活动的意识倾向。它表现为人们对某件事物、某项活动的选择性态度和积极的情绪反应。兴趣在人的实践活动中具有重要的意义，可以使人集中注意，产生愉快、紧张的心理状态。

（一）什么是职业兴趣

职业兴趣是指人们对某类专业或工作所抱的积极态度。不同的人对于同一职业可能抱积极的态度，也可能抱消极的、无所谓的态度；同一个人对不同的职业可能抱积极的态度，也可能抱消极的、无所谓的态度。

一个人对某种职业感兴趣，他在学习和工作中就能全神贯注、积极热情，富有创造性地完成所从事的工作。一个对自己的专业或工作毫无兴趣的人，即使聪明能干，但因缺乏自觉、主动的追求，也不可能在本专业或本行业中有所建树。

在选择职业时，求职者不妨多问一问自己：我喜欢这个职业吗？我喜欢干这种工作吗？只有有了兴趣，人做事才会有积极性。

（二）职业兴趣的形成

从职业兴趣的产生和发展来看，一般要经历这样一个过程：有趣—乐趣—志趣。有趣是兴趣过程的第一阶段，也是兴趣发展的低级水平。例如，有的学生今天想当一名教师，明天想当一名服装设计师，后天又想成为一名导师……这种职业兴趣是短暂的，往往转瞬即逝，易起易落。第二阶段是乐趣，乐趣又称为爱好，它是在有趣定向发展的基础上形成的，是兴趣发展的中级水平。在这一阶段或水平上，人们的兴趣会向专一的、深入的方向发展。例如，一个人对无线电深有乐趣，他不但会学习这方面的知识，还会亲自动手装配和修理，参加有关的兴趣小组活动。当乐趣与奋斗目标结合起来时，乐趣就会转为志趣。志趣是兴趣发展的第三阶段，具有社会性、自觉性和方向性三个特点。

任何人的兴趣都不是与生俱来的，而是以一定的素质为前提，在生活实践过程中逐步发生和发展起来的。如果一个人缺乏某种职业知识，或者根本不了解这种职业，那么他就不可能对这种职业感兴趣。因此，一个人只有了解广泛的职业知识，参加相关的职业活动，才可能真正显示和发现自己的职业兴趣所在。

(三) 职业兴趣的分类

1. 常规型

尊重权威和规章制度，喜欢有秩序的、安稳的生活。习惯于按照计划和指导做事，按部就班，有条不紊。不习惯自己对事情作判断和决策，较少发挥想象力。没有强烈的野心，不喜欢冒险。

2. 艺术型

热爱艺术，富于想象力，拥有很强的艺术创造力。乐于创造新颖、与众不同的成果，渴望表现个性，展现自己。做事理想化，追求完美。善于用艺术形式来表现自己和表现社会。进行艺术创作或创新时，不喜欢受约束和限制。

3. 实践型

愿意使用工具从事操作性工作，动手能力强，做事手脚灵活，动作协调。偏好于具体任务，不善言辞，做事保守，较为谦虚。缺乏社交能力，通常喜欢独立做事。

4. 社会型

乐于助人和与人打交道，乐于处理人际关系。喜欢从事对他人进行传授、培训、帮助等方面的服务工作。愿意发挥自己的感染力和说服力引导别人。具有社会责任心、热情、善于合作、善良、耐心，重视社会义务和社会道德。

5. 研究型

喜欢理论研究，潜心于专业领域的创新和应用。喜欢探索未知领域，擅长使用逻辑分析和推理解决难题。不喜欢官僚式的管理行为过多地影响研究工作。

6. 管理型

对其所能支配的各种资源能够进行有效的计划、组织、领导和控制。喜欢影响别人、敢于挑战、自信、有胆略、有抱负，沟通能力出色，擅长说服他人，追求声望、经济成就和社会地位。

二、职业兴趣的影响因素

职业兴趣是以一定的素质为前提，在生涯实践过程中逐渐发生和发展起来的。它的形成与个人的个性、自身能力、实践活动、客观环境和所处的历史条件有着密切的关系，因此，职业规划对兴趣的探讨不能孤立进行，应当结合个人、家庭、社会等因素来考虑。了解这些因素，有利于深入认识自己，进行合理的职业规划。

(一) 个人需要和个性

不管人的兴趣是什么，都是以需要为前提和基础的，人们需要什么就会对什么产生兴趣。由于人们的需要包括生理需要和社会需要或物质需要和精神需要，因此，人的兴趣也同样表现在这两个方面。一般来说人的生理需要或物质需要是暂时的，容易满足。例如，人对某一种食物、衣服感兴趣，吃饱了、穿上了也就满足了。人的社会需要或精神需要却是持久的、稳定的、不断增长的。例如，人际交往、对文学和艺术的兴趣、对社会生活的参与是长期的、终生的，并且是不断追求的。兴趣是在需要的基础上产生的，也是在需要的基础上发展的。

有的人兴趣和爱好的品位比较高，有的人兴趣和爱好的品位比较低，兴趣和爱好品位的高低会受一个人的个性特征优劣的影响。例如，一个人个性品质高雅，就会对公益活动感兴趣，乐于助人，对高雅的音乐、美术有兴趣；反之，一个人个性低级，就会对占小便宜感兴趣，对低级、庸俗的东西感兴趣。

(二) 个人认识和情感

兴趣是与个人的认识和情感密切联系着的。如果一个人对某个事物没有认识，也就不会产生情感，因而也就不会对它发生兴趣。同样，如果一个人缺乏某种职业知识，或者根本不了解这种职业，那么他就不可能对这种职业感兴趣，在职业规划时则想不到。相反，认识越深刻，情感越丰富，兴趣也就越深厚。

例如，有的人对集邮着迷，认为集邮既有收藏价值，又有观赏价值，它既能丰富知识，又能陶冶情操，而且收藏得越多、越丰富，就越投入，情感上就越专注，也就越有兴趣，于是就会发展成为一种爱好，并有可能成为他的职业生涯。

(三) 家庭环境

家庭作为最基本的社会单元，对每个人的心理发展都会产生重要的影响，因此，个人职业心理发展具有很强的社会化特征，家庭环境的熏陶对其职业兴趣的形成具有十分明显的导向作用。大多数人从幼年起就在家庭的环境中感受其父母的职业活动，随着年龄的增长，逐步形成了自己对职业价值的认识，使自己在选择职业时，不可避免地带有家庭教育的印迹。家庭因素对职业取向的影响，主要体现在择业趋同性与协商性等方面。

一般情况下，个人对于家庭成员特别是长辈的职业比较熟悉，在职业规划和职业选择上会产生一定的趋同性影响，同时受家庭群体职业活动的影响，个人的生涯决策或多或少产生于家庭成员协商的基础上。兴趣有时也受遗传的影响，父母的兴趣也会对孩子有直接的影响。

(四) 受教育程度

个人自身接受教育的程度是影响其职业兴趣的重要因素。任何一种社会职业从客观上对从业人员都有知识与技能等方面的要求，而个人的知识与技能水平的高低在很大程度上取决于其受教育的程度。一般来说，个人学历层次越高，接受职业培训范围越广，其职业取向领域就越宽。

（五）社会因素

一方面，社会舆论对个人职业兴趣的影响主要体现在政府政策导向、传统文化、社会时尚等方面。政府就业政策的宣传是主导的影响因素，传统的就业观念和就业模式也往往制约个人的职业选择，而社会时尚职业则始终是个人特别是青年人追求的目标。例如，当前计算机技术和旅游事业都得到较大的发展，对这两个职业有兴趣的人也增加得很快。

另一方面，兴趣和爱好是受社会性制约的，不同的环境、不同的职业、不同文化层次的人，其兴趣和爱好都不一样。

（六）职业需求

职业需求是一定时期内用人单位可提供的不同职业岗位对从业人员的总需求量，它是影响个人职业兴趣的客观因素。职业需求越多、类别越广，个人选择职业的余地就越大。职业需求对个人的职业兴趣具有一定的导向性，在一定条件下，它可强化个人的职业选择，或抑制个人不切实际的职业取向，也可引导个人产生新的职业取向。

（七）年龄的变化和时代的变化也会对人的兴趣产生直接影响

就年龄方面来说，少儿时期往往对图画、歌舞感兴趣，青年时期对文学、艺术感兴趣，成年时期往往对某种职业、某种工作感兴趣。它反映了一个人兴趣的中心随着年龄的增长、知识的积累在转移。就时代来讲，不同的时代、不同的物质和文化条件，也会对人兴趣的变化产生很大的影响。

以上因素对每个人的影响都不同，需要在职业规划中予以考虑。

三、职业兴趣与职业生活的关系

良好而稳定的兴趣使人从事各种实践活动时，具有高度的自觉性和积极性。个人根据稳定的兴趣选择某种职业，兴趣就会变成巨大的个人积极性，促使一个人在职业生活中作出成就。反之，如果一个人对所从事的职业不感兴趣，就会影响其积极性的发挥，难以从职业生活中得到心理上的满足，不利于在工作上取得成就。

值得一提的是，需要是影响职业选择的重要且不易觉察的内在因素，动机是在需要支配下受到外在刺激影响而形成的综合性动力因素，兴趣是在需要的基础上受到动机的影响，从而对职业选择产生具有一定影响的、变化的、较为外在的因素。

当然，其中也会有相对持久性的兴趣同时作为外延因素对动机的变化发展产生一定作用。比如，一个人缺乏物质生活保障，便会有生理、安全需要，从而愿意通过工作获取报酬，换取物质条件，满足自己需要，因而会对所有能挣钱"糊口"、维持生存的工作感兴趣。当认为某项工作能挣大钱、报酬高时，会强化自己克服种种困难从事该项工作的动机。但若觉察或发现该项工作有生命危险，便会减低或放弃这种兴趣，减弱想从事该项工作的动机。

四、兴趣、性格与职业生涯规划

下面从心理学角度分析兴趣、性格与职业规划的关系。

（一）兴趣与职业规划

在学校里被人骂为傻瓜、低能儿，并被勒令退学的爱迪生，在发明的王国里却显示了杰出的才华。在课堂上智力平平的达尔文，在大自然的怀抱里显得异常聪明和敏锐，成为进化论的创始人。是什么使他们由"愚蠢"变得聪明了呢？是兴趣。

谁找到了自己最感兴趣的职业，谁就等于踏上了通向成功的道路。对一个人来说，对工作感兴趣，就有钻劲，有钻劲就会出成就。这就是兴趣的作用所在。因此，进行职业生涯规划，不得不考虑个人的兴趣。

1. 兴趣是职业生涯选择的重要依据

兴趣是人产生动机的重要主观原因，是一种强大的精神力量，是人对所从事的职业活动具有创造性态度和产生创造性行为的重要条件。兴趣可以使人集中精力去获得自己所喜欢的职业知识，启迪智慧并创造性地开展工作。当一个人对某种职业发生兴趣时，就能发挥整个身心的积极性；就能积极地感知和关注该职业的知识、动态，并且积极思考，大胆探索；就能情绪高涨、想象丰富；就能增强记忆效果，增强克服困难的意志。

反之，如果没有兴趣，"强按牛头不喝水"，是不会取得良好效果的，当然也就很难在该职业上发挥个人的优势，作出成绩。良好的职业兴趣，可以在长期的职业生涯中，充分调动和发挥你的职业潜能，促使你通过创造性的劳动与不懈的努力取得职业生涯的成功。

2. 兴趣可以提升职业力

凡古今中外著名的科学家、艺术家、文艺家，他们之所以能对人类作出贡献，都是因为他们将创造兴趣和对事业的责任感相结合，凝成一股强大的力量，推动他们不懈努力而取得职业生涯的成功。

3. 兴趣是保证职业稳定、成功的重要因素

对某一职业有浓厚的兴趣,是智力开发的孵化器。如果你对某个领域充满激情,你就有可能在该领域中发挥自己所有的潜力,学习就成为一种享受。兴趣是工作动力的主要源泉之一。在其他条件相似的情况下,从事自己感兴趣的职业不但会让你感到满意,而且能够让你的工作单位感到满意,并由此导致工作的长期性和稳定性。

4. 兴趣可提高人的工作效率

当一个人对某一工作有兴趣时,枯燥的工作就会变得丰富多彩、趣味无穷。兴趣使工作不再是一种负担,而是一种享受。兴趣可以调动身心的全部精力,以敏锐的观察力、高度集中的注意力、深刻的思维力和丰富的想象力投入工作,从而有助于工作效率的提高。培养多方面的兴趣可以使人善于应付多变的环境,如在需要换工作时,只要自己感兴趣,就能很快熟悉,适应新的工作。

5. 兴趣是职业生涯成功的重要因素

对某一职业有浓厚的兴趣,是智力开发的启蒙。兴趣是行动的动力。英国著名人类学家古道尔从小喜欢生物。中学毕业后,出于对黑猩猩的强烈兴趣,她不畏艰险,只身进入热带森林与黑猩猩一起生活了10年之久,并获得了极宝贵的第一手资料,为揭开黑猩猩的秘密作出了贡献。

有些人发觉自己的兴趣易变,可以通过职业规划师的帮助,找到符合自己性格的兴趣。这样的兴趣更具有持久性、动力性,使其与职业生涯规划相一致,在我们的一生中发挥不可估量的作用。

(二) 性格与职业规划

性格是人对现实的态度和行为方式中比较稳定的心理特征的总和。职业性格是一个人对职业的稳定态度和在职业活动中习惯化了的行为方式所表现出来的个性心理特征,对个人的职业生涯规划具有重要意义。

我们每个人都有自己独特的个性。也就是说,每个人的心理特征不同,看问题、处理事情的风格、方式也不同。有的人热情爽朗,有的人沉稳持重,有的人风风火火,有的人谨慎多疑。但金无足赤,人无完人,一个人在某方面有所不足,其他方面必有过人之处,说不定那就是这个人的制胜法宝。

性格对职业生涯规划有重要的影响,基于以下原因。

第一,性格是个体人格中具有核心意义的部分,几乎涉及一个人的心理过程及个性特征的各个方面,与职业息息相关。

性格使一个人更加偏爱某一种而不是另一种环境，由于性格的不同，每个人在对不同环境的认知过程中，也表现出不同的个性化风格。从事与自己的性格不匹配的工作，个人的才能就会受到阻碍，会让你觉得整个工作状态都很不对劲。使一个人在某种职业中获得成功的性格，可能会让你在另一种职业中大受挫折。因此，在职业选择中，应尽可能充分考虑自己的个性特征与职业要求是否相适应，这样在工作中就能够满足自己独特的欲望，能够发挥你特有的能力，还能利用自己的个人资本，体验到更多的快乐和愉悦。

第二，在职业发展上，性格比能力重要。用人单位在选人上逐渐认识到性格比能力重要。这种认识在国外已经相当普及。其原因是，如果一个人能力不足，可通过培训提高，但如果一个人的性格与职业或岗位不吻合，要改变起来，就会非常困难。因此，公司在招聘新人时，会将性格的测验放在首位，当性格与职业或岗位吻合时，才对其能力进行测验考察。如果性格与职业或岗位不吻合，即使学历再高，能力再强，也不予录用。

第三，性格无所谓好坏，关键看是否放对了地方，每一类性格都有与之相适应的职业范围。职业心理学的研究表明，不同的职业需要具有不同性格的从业者，某一类职业工作能够体现出某一类共同的职业性格。

（三）兴趣是职业生涯规划的内因

每个人都有自己独到的兴趣和爱好，而且每个人的兴趣和爱好都或轻或重地影响到他对职业的选择。实践证明，在影响个人职业生涯规划与发展的众多主观因素中，兴趣就像一双无形的手，所起的作用最大。

（四）兴趣与现实职业冲突时，职业发展何处去

个人的兴趣爱好、特长与现实职业冲突是很多职场人士的烦恼。一些口才好、气质好的女孩子，一心想要做主持人，结果却去了某个公司的财务处。一些才华横溢、妙笔生花的男生，梦想着和文艺打交道，毕业后却整天埋头在一堆机器中。学生在填高考志愿时，在家长的利益权衡下，报了一个热门专业，懵懵懂懂地入了那一行，可是工作之后才发现自己的热情根本不在这里。当兴趣与现实职业不合拍的时候，就要先从自己的实际出发，充分发展现实职业；等职业发展到一定程度，取得一定成绩时，再去发展自己的兴趣。但到那个时候，兴趣仅仅是兴趣而已。

第三章

企业员工组织职业生涯管理

第一节 组织职业生涯管理系统

一、组织职业生涯管理的定义与区分

（一）组织职业生涯管理的定义

从20世纪60年代至今，职业生涯理论研究大致经历了三个阶段：第一阶段，20世纪60年代末至80年代，重点研究就业咨询和职业生涯规划；第二阶段，20世纪80年代至90年代，主要研究有组织的职业生涯规划；第三阶段，20世纪90年代以后，职业生涯理论研究转而追求个人与组织之间的平衡发展。比较知名的理论有职业自我意识理论、职业生涯发展阶段理论、职业锚理论、生涯认知发展理论、人职匹配理论以及组织职业生涯理论。

组织职业生涯管理（Organizational career management）是企业为了实现自身的战略目标，从企业角度提供培训、轮岗等机会和资源帮助员工认识、规划、实现其职业生涯发展，从而使得企业目标实现和员工个人职业生涯发展的双赢。在企业中，员工是组织职业生涯管理的对象，也是个人职业生涯管理的主体，员工的自我管理是决定成败的关键，而个人职业生涯管理依赖于组织，个人的职业发展离不开组织提供的培训、经费、时间、机会等条件。因此，组织应该成为员工职业生涯管理的主导力量，而员工的职业生涯发展则应服务于组织的战略目标。

(二) 组织职业生涯管理与个人职业生涯管理之间的联系

个人职业生涯看似只是员工个人的事情，与组织并无关系，但其实它与组织是互相促进、协同发展的关系。

1. 个人职业生涯以组织为依存载体

劳动者只有进入组织，利用自己的专业知识和专业技能，为组织创造物质收益，为社会创造物质、精神财富，才能满足自己的物质和精神追求，才能实现自我价值和社会价值。只有组织，才能提供实现员工个人职业才能的基础条件。如果个人不加入组织中，就没有工作基础条件，也就没有职位职务，即使个人能力再强，也会英雄无用武之地。个人职业包容于组织当中，没有组织平台，个人职业将无从入手，进而也不用考虑个人职业生涯发展。因此，组织是个人职业生涯发展的载体。

2. 组织以劳动者及其工作为生产的根本要素

劳动者是任何组织的主体，也是唯一能支配其他生产要素的主体。没有了劳动者，劳动场所、劳动工具、劳动对象等一切生产要素将变得毫无意义。作为组织生产活动过程中的唯一的能动的生产要素，劳动者不仅可以利用其他生产要素进行生产活动为组织创造收益，而且还能能动地创造新想法、新价值。总之，如果没有劳动者的劳动，没有劳动者在各个岗位上的付出，就不会有组织的存在。

3. 组织的发展以员工职业的发展为推动力

组织的发展主要是指企业不断提高自身的生产能力和效率，获得生产的高效益，以实现企业的最终目标——利润最大化。在知识经济时代，市场竞争格外激烈，现代高科技技术层出不穷，各个职业岗位对员工的专业知识和技术的要求不断提高，员工的职业能力和技术水平直接影响着组织的发展。因此，员工的职业发展是组织发展的推动力和根本保证。

二、组织职业生涯管理的功能

职业生涯管理的意义在于将组织利益和员工个人目标结合起来，以达到双赢。因此，职业生涯管理对于组织和员工个人都具有重要的意义，其作用也应从组织和员工个人这两个角度来考虑。

(一) 组织职业生涯管理对企业的作用

1. 使员工与组织同步发展

职业生涯管理可以帮助企业掌握不同员工的个性气质和个人职业需求等，便于企业建立人才资源储备库，在实施各项工作和各个工作岗位上充分利用企业的人才资源，促进组织的发展和上升。高质量的优秀人才是企业成功的根本原因，相较于外部应聘的人才，企业内部培养的优秀人才会更胜一筹，因为他们更熟悉企业的运作方式和企业文化。因此，在现今人才竞争激烈、员工流动频繁的环境下，企业只有实施职业生涯管理，帮助员工实现个人职业价值，才能实现员工和组织的共同发展，才能使企业在竞争中立于不败之地。

2. 优化人才结构，提高配置效率

实施职业生涯管理，有利于优化企业的人才结构，提高企业的人才配置效率。如果企业中某个职位突然出现了空缺，通过建立的人才资源储备库，可以高效地在企业内部找到替代者或类似者，这样既节省了招聘成本，降低了企业的员工流失率，提升了企业人力资源的竞争力，也使得员工的忠诚度增加，与企业之间的情感倾向强度更深。

3. 降低员工流失率，提高员工满意度

企业通过职业生涯管理来帮助员工更加真实地了解自己，了解自我需求，并尽力帮助员工实现其需求。以马斯洛的需求层次理论为例，基础阶段的生理需求和安全需求是必需的，而较高层次的社会需求、尊重需求和自我实现需求却往往被忽略。企业可以通过各项测评技术，真正了解每个员工现阶段的真实需求，帮助员工了解其需求，并制定规划，帮助其实现职业生涯目标。这样能大量降低员工的流失率，同时增强其对企业的归属感和认同感，促进企业的高效长久发展。

(二) 组织职业生涯管理对员工个人的作用

1. 提高员工的自我认知

每个员工都会为自己设定职业目标，以此来指导和激励自己的工作，但由于受自身从众心理、急功近利心理等因素的影响，员工通常会偏离自己的航线，甚至选择错误的目的地。企业通过职业生涯管理，可以帮助员工真正地了解自己，了解自我需求，并协助员工制定符合自己能力和需求的可实际操作的职业目标。

2. 提高员工的自身能力

企业通过对员工进行职业生涯规划指导，可以提高他们的自我管理能力，增强他们对环境变化的反应能力和应变能力，帮助他们分析企业战略目标、职能单位目标、员工个人目标，分析环境的影响程度，帮助其仔细规划、合理分配时间，提高他们的外部竞争力。

3. 提高员工个人满意度

知识经济时代，工作对个人而言不只是满足基本需求的途径，它成为人们社会生活的一部分，能满足个人的归属需要、尊重需要和自我实现的需要。职业生涯管理的目标并不仅仅在于提高员工的薪酬待遇，更多的是为了满足员工个人更高层次的需求，如社会需求、自我实现需求等。通过职业生涯管理，进行人力资源开发活动，如一系列的培训、轮岗等活动以增强员工的工作能力，帮助其实现自我职业生涯目标，增强个人满意度。

三、组织职业生涯管理的步骤和方法

（一）进行职务分析

企业为员工制定个人职业生涯规划和目标，第一步是进行职位分析，以便取得相关的工作信息。这一步主要通过"问卷调查法""访谈法""关键事情调查"等方法获取工作的基本信息，具体内容如下。

1. 职务概况

职务概况包括职务名称、编号、职务所属部门、职务等级、日期等。

2. 职务描述

职务描述包括工作范围、责任范围、工作要求、职务目标、工作设备及工具、工作条件与工作环境等。

3. 职务要求

职务要求是指担任此职务的员工必须具备的基本条件，如受教育水平、工作经验、性别、年龄、相关工作经历、身体状况、个性、能力、基本技能等。

（二）员工基本素质测评

企业对员工的基本潜能、岗位胜任力、人格特质、逻辑推理能力、气质特征、数字运算能力、智力水平、语言能力、职业价值观等方面进行测评，加强对员工了解的深度和广度，以便更好地做到"人岗匹配"。同时，也有利于企业较详细地掌握员工的优点和缺陷，针对他的不足，拟订相应的培训方案。企业也可以结合职务分析的结果，对员工进行初步的职业生涯规划指导。

测评的主要方法和技术包括：管理能力测评、智力测验、卡特尔 16 种个性测验、职业兴趣测验、气质测验、一般能力倾向测验、A 型行为与 B 型行为测量、领导测评。

（三）员工培训与开发

培训是企业用来进行职业生涯管理的一种重要工具，用以传授员工完成本职工作所必需的职业知识和技能，传递企业精神和文化，影响员工的职业价值观和工作态度，使得他们能顺利完成本职工作，为个人职业生涯发展做好准备。一般来说，员工培训方案的设计主要有以下两种。

1. 以素质测评为基础的培训方案

员工对个人的评价并不一定全面、准确，有时需要专业的测评工具进行测评，以增强结果的有效性和客观性。企业可以根据员工基本素质的测评结果，结合员工所在岗位职务分析的结果，分析员工现有的知识、技能、个性、人格等条件与所在职位的差距，以及以后随着职业生涯的发展可能会遇到的一系列问题，有针对性地为员工制定个性化的培训和开发方案。这种培训方案的设计主要用于专业技术人员、管理者，常用的方法有以下几种。

（1）评价中心

评价中心是一种包含多种测评方法的综合测评系统，用于从候选人中评选出合适的管理者，并为其制定合适的职业发展规划和培训内容。

（2）心理测验

心理测验是指运用心理学测验方法对员工个人职业潜能、兴趣、价值观等方面进行测评。

（3）替换或继任计划

替换或继任计划主要是指评选和确定管理层中管理者新老交替人选。

2. 以绩效考核为基本的培训方案

根据员工在上一个工作年度的绩效考评结果，分析其在工作中存在的问题，为员工制定个性化培养和开发方案，以保证员工能够高效地完成本职工作。此外，通过有针对性的培训，可以更好地发掘员工的潜在能力与特长，为其今后的职业生涯发展打下良好的基础。

（四）制定人力资源规划

根据企业现有的人力资源规划，制定以下规划。

1. 晋升规划

企业在制订晋升计划时，应考虑现有的工作等级结构、人岗配比状况和企业的发展方向，结合企业发展状况、员工基本素质测评结果、绩效考核结果和培训效果等，制定员工的晋升路径和政策，制定员工的晋升路线和政策。

2. 补充规划

企业事先规划，为可能产生空缺的职位寻找到合适数量、质量的员工，以方便及时填补空缺，保证企业的正常、高效运转。

3. 配备规划

通过配备规划，增强员工的内部流动性，既可以减少员工对工作单调的抱怨，也可以减轻员工的工作压力，还可以解决工作负荷分布不均的问题。

(五) 制定职业生涯管理制度

1. 制定职业生涯管理制度

企业制定一系列的职业生涯管理制度,可以让员工充分了解单位的企业文化、经营理念、用人标准、管理制度。

2. 为员工提供内部劳动力市场信息

让员工详细了解各个职务的工作内容、任职资格以及职务升迁路线。组织作为员工职业生涯管理的载体,在提供职业信息方面,主要采取的方法是提供企业空缺岗位的工作信息;介绍员工职业发展路径;建立职业资源中心,提供企业发展状况、人员政策、职业规划、自我学习指南等。

3. 帮助员工制定自己的阶段性的职业生涯目标

员工可以根据自己目前的实际工作经历和体会,结合自己实际能力和工作兴趣,选择自己理想的工作,考虑未来的职业发展方向。

短期目标(3年以内):要具体做好哪些工作,在能力上有什么提高,准备升迁到什么职位,以什么样的业绩来表现职业能力,个人在公司处在什么样的地位。

中期目标(3~5年):在能力上有什么提高,准备升迁到什么职位,在专业知识和技能等方面还要接受哪些培训,是否需要进修或出国学习。

长期目标(5~10年):准备升迁到什么职位,在专业知识和技能等方面还要接受哪些培训,为公司作出哪些突出贡献。

第二节 组织职业生涯发展阶梯管理

一、组织职业生涯发展阶梯管理的内涵

职业生涯策划是指企业帮助员工认识自身能力、价值、目标和优劣势,制定相应的职业生涯开发策略和职业发展路线,以便员工进行个人评估和确定未来职业发展策略的过程。为保证员工个人评估的准确性和普遍性,职业策划一般由企业的人力资源部门提供专业性帮助。而职业生涯发展阶梯是职业生涯策划的具体表现形式,它是指企业内部员工的自我认知和晋升的管理方案。职业发展阶梯包括:职业生涯阶梯模式、职业生涯阶梯设置、职业策划与工作进展辅助活动等。

其中，职业生涯阶梯模式与职业生涯设置是职业生涯阶梯设计的核心内容。

职业生涯发展阶梯主要包括以下三部分：职业生涯阶梯的宽度、职业生涯阶梯的速度、职业生涯阶梯的长度。

（一）职业生涯阶梯的宽度

职业生涯阶梯的宽度主要是指根据员工自身具备的知识、技能和工作经验的广度，结合企业组织结构和工作岗位需求，决定员工可以晋升的职位范围。职业生涯阶梯的宽度有宽阶梯与窄阶梯之分。宽阶梯主要是要求员工综合素质和适应能力，而窄阶梯是要求员工具有专业经验和技能。

（二）职业生涯阶梯的速度

职业生涯阶梯的速度主要是指依据员工职业能力和业绩而晋升的快慢程度，即员工晋升所需时间的长短。它有快速梯与慢速梯之分。快速梯是指破格晋升，而慢速梯是指按正常的步骤与速度晋升。

（三）职业生涯阶梯的长度

职业生涯阶梯的长度主要是指企业依据组织现有结构和工作难易程度将职业生涯阶梯划分为一个个的专业等级数，即指员工晋升空间的层级多少，它对员工的职业生涯发展和潜能的发挥具有很大影响。它有短阶梯、中阶梯与长阶梯之分。其中，短阶梯是指职业生涯阶梯等级在4级及其以下的情况，中阶梯是指职业生涯阶梯在5~10之间，而长阶梯是指职业生涯阶梯在10级以上。

二、职业生涯阶梯模式

组织能否建立一个科学合理的职业生涯阶梯模式，将直接影响到员工的职业发展，对于调动员工的工作积极性和创新能力，提高员工的忠诚度，从而促进组织的持续发展具有重大的意义。因此，企业人力资源管理部门要准确客观地把企业目标与员工职业目标相结合，为员工设立一条可实际操作的、可实现的、有挑战性的职业生涯发展阶梯。根据国内外组织职业生涯管理的相关研究，职业生涯阶梯模式主要分为以下四类：单阶梯模式、双阶梯模式、横向阶梯模式和多阶梯模式。

（一）单阶梯模式

单职业阶梯模式又称为传统职业通道模式，是指员工在其职业生涯过程中从自身目前的职位到下一个职位向上发展的一条路径。它建立在如下假设之上：员工在其职业生涯过程中会受雇于不同的职位，而这些职位的每一个都要比前一个要求具有更高的知识和技能，担负更多的职责。

传统职业生涯通道的最大优点是清晰明确、直线上升，员工知道自己向前发展的目标和工作职位。它的缺陷是传统职业生涯通道是基于企业过去的情况对员工的需求而设计的，但随着企业规模的发展、专业技术的进步、战略目标的变动、竞争环境的变化都会影响企业的组织结构和对人力资源的需求，原有职业需求可能已不再适应企业发展的需求。此外，这种模式很容易将员工的发展限制于同一个职能部门内或同一种职务内，由员工的工作年限来决定其在企业的职业地位。

单职业阶梯模式只有一种行政管理职位。我国的公务员职称序列就是这样一种基于工作年限和工作经验进行排序的传统职业发展阶梯，其职业生涯阶梯一般为：科员、副科长、科长、副处长、处长、副局长、局长等。

（二）双阶梯模式

双阶梯模式又称为双重职业通道。处于传统职业通道的员工别无选择，最终只能走向较高的管理层，而双职业阶梯模式则是为在专业领域具备较高技能水平的但又不合适转换到管理部门工作的员工开辟的发展通道。这一职业通道设计的思路是：技术专业人才对企业的贡献是值得企业承认和奖励的，并没有必要因为其专业技能的高水平而将其调至管理部门工作，而可以在其薪酬方面和职业地位方面进行提升。双职业阶梯模式既为大部分员工设计了正常的职业生涯通道，以满足他们的职业发展需要，也为专业人才建立另一条特别的职业发展通道，以满足其发展需求，从而从根本上保证了员工职业发展的可能性和宽度。

双职业阶梯模式有利于激励在设计、研发、销售等专业领域作出重大贡献的员工。采取这样的双重职业通道模式，可以保证高专业水平的管理人员和高技能水平的专业人员的并存，避免专业技术人员走上管理职业通道而耽误自身专业能力的发挥。

目前企业中应用职业生涯阶梯模式最多的就是双职业阶梯模式，即管理生涯阶梯加上技术人员生涯阶梯的综合职业生涯阶梯模式。两个不同职业阶梯的同一等级的员工在地位上是平等的，员工也可以自由选择其职业生涯发展阶梯。

（三）横向阶梯模式

横向阶梯模式是对纵向职业通道模式的辅助与补充，它和纵向职业通道模式构成了交叉的员工职业生涯发展通道，对整体职业通道的构建起着不可或缺的作用。

这种职业阶梯模式主要采取工作轮换的方式，即轮岗，通过工作岗位的横向变动以增加员工工作的多样性、丰富性和挑战性，激发员工的斗志和积极性。与传统的升职加薪的激励方式比较，这种的模式更能增加员工自身的价值和能力，提高员工的竞争力。特别是当企业内部长时间没有足够空缺的高层级岗位可以为员工提供晋升机会时，采取这种模式可以有效地缓解长期从事单调工作产生的消极情绪，防止工作效率的下降。

横向阶梯模式有两种实现方式，即生产类员工的一专多能和管理类员工的岗位轮换。

1. 生产类员工与一专多能

员工一专多能的技能能极大地拓宽其自身的横向职业发展通道。当代企业的快速发展对于全能型员工的需求与日俱增。例如生产型、维修型的员工，他们不仅需要熟练掌握本岗位专业技能，同时还要了解和大致掌握与本岗位密切相关的上下游岗位的必备技能，甚至还要研究和掌握那些看似与本岗位无关的边缘性技能。只有这样，他们才能增强自身的专业技能和岗位胜任力，提高自己的专业竞争力，实现自己的职业开发目标，同时也有利于降低企业的人力成本。

2. 管理类员工与岗位轮换

岗位轮换又称为轮岗，主要是指管理类员工在企业工作岗位上横向流动的一种形式，即在同一职位层级水平上将员工从一个岗位（职业）调整到另外一个岗位（职业）。该模式打破了传统纵向模式的局限，有效拓宽了职业发展通道，满足了员工不同职业需求。岗位轮换对于员工来说，丰富了其工作经验和经历，培养和开发了员工的专业能力，为自身的职业生涯发展奠定了基础。而岗位轮换对于企业来说，在不同岗位的工作可以加强员工对于企业的认同和忠诚度，培养和提升员工的多方面能力，从而促进企业的快速发展。

（四）多阶梯模式

在多职业阶梯模式中，不同阶梯同一等级的管理人员、技术人员及其他人员的地位平等。多重职业模式的设计意味着企业重视每个员工的个人发展，每个员工都是平等的，使得每个员工都拥有充足的发展空间和大量的晋升机会。这种模式有利于减少员工的离职倾向，降低企业人才流失率，特别是可以极大地鼓励技术类型的员工，使他们获得更多的晋升或提薪机会。

三、组织在进行职业生涯发展阶梯模式选择与设计时应注意的问题

（一）组织是否一定要建立职业生涯发展阶梯

职业生涯发展阶梯的构建固然可以有利于企业及时填补空缺岗位，但并不是所有的企业都必须建立职业生涯阶梯。是否建立职业生涯阶梯，企业需要考虑两

个问题：一是企业是否有一套培训开发方案，用以培训和开发更多储备人才以供使用；二是企业是否打算长久地从企业内部选拔人才。只有对上述两个问题的回答都是"是"的情况下，企业才有必要建立职业生涯阶梯。如果企业可以及时、高效、低成本地从外部劳动力市场招聘各类所需的人才，那就没有必要建立复杂的职业生涯阶梯。

（二）职业生涯阶梯的设置应该与组织考评和晋升制度紧密结合

企业应安排由人力资源部门的专业人员和员工的上级主管组成的考评委员会对员工进行1~2次全面考核，考核内容不仅要包括专业知识和技术水平的考核，还要有员工的通用能力、团队意识和对企业忠诚度的考核。每次考评透明、公平、公正，员工的行政级别和技术级别都会变动，连续两次考评结果为中等及以下者将降级。

（三）选择有效的职业生涯阶梯模式

职业生涯阶梯模式各有利弊，单阶梯模式虽然路径清晰明了，但在某种程度上影响了专业技术人员的发展和开发。双阶梯模式为专业技术人员的发展提供了良好的途径，但是在实践应用中也遇到了许多困难。比如，处于同一等级的管理人员和技术人员，虽然等级层次一样，但一般来说管理人员在员工心目中的地位要略高一些。另外，技术人员阶梯往往成为某些失败的管理人员的隐退栖身之地。为了克服上述弊端，企业需要对技术人员的晋升实行严格考核。

第三节 组织职业生涯开发与管理活动

一、继任计划

（一）继任计划的内涵

继任计划（Succession Planning）是指企业为保障其内部重要岗位能有一批优秀的人才得以继任，在人力资源开发培训、晋升和管理等方面采取的制度与措施。继任计划中的候选人一般来自本岗位的下一级岗位。后备人选作为本岗位的储备干部，企业会根据自身的发展情况、战略规划和人才培养计划，给予其更多的专业辅导和培训机会，使后备人选取得能够从事上一级职务所必需的资格和能力。

继任计划是一个持续性的人才培养和管理的过程，而不仅仅是某一段时间的事情。有效的继任计划不仅是挑选适合岗位要求的人选，还包括要不断鉴别和培养新的关键人才，使他们能顺利实现自己的职业生涯规划。通过建立和实施继任计划，可以形成企业人才梯队，即企业现阶段不同层级岗位的备选人员名单，以此保障企业人才的连续性，为企业的可持续发展提供人力基础。

（二）继任计划的目标与功能

1. 继任计划的目标

继任计划是企业人力资源开发的重要一环，它可以有效降低企业的人力成本，减少因员工流动造成职位空缺而带来的损失，及时填补空缺岗位保证企业的正常运行。继任计划的实质是企业的长期人才发展策略，属于企业的长期规划，因此，应与企业的战略目标保持一致。继任计划有如下目标。

（1）把高潜能的员工培训成中层管理者或执行总裁

在这一阶段中，高层管理者在开发这些候选人方面起着重要的作用，频繁接触使候选人对领导风格与企业文化有进一步的了解。当然，能否继任，最后还要视职位空缺的可能性及现任任职者的情况来决定。

（2）使组织在吸引和招聘高潜能员工上具有竞争优势

在吸引与招聘高潜能员工时，企业一般采取以下几种方法：确定该职位的能力需求并进行相关的测试，如心理测试；在招募时挑选一些名校的学习成绩优异的毕业生；工作岗位上业绩突出的人等。这一阶段的候选人较多，随着继任计划的深入开展，候选人逐渐减少。

（3）帮助组织留住人才

企业可以通过执行继任计划而储备大量的管理人才，形成发现、培养与开发人才、用人的良性机制与氛围，为企业的长远发展打下坚实基础。

2. 继任计划的功能

每个高层管理者的职业生涯都是有时间限制的，企业要想实现真正的可持续发展，就必须对一些关键领导岗位提前开展继任计划的工作，培养后续人才。继任计划有如下功能。

（1）可以保证企业内具有经验丰富、熟悉企业资源环境的人接任未来重要的关键岗位。

（2）可以对企业现有资源进行调整，以满足企业的未来发展需要。

（3）可以为组织的关键员工订立更高的目标。

（4）可以帮助员工规划职业生涯发展道路和模式，有助于企业吸引、留住人才。

(5) 可以改进公司内部程序，优化公司的产品和服务。

对于企业而言关键岗位的管理者，是企业的主心骨，是企业的灵魂人物，继任者能否胜任关键岗位决定着企业的发展。无论企业的规模、实力如何，没有合适的继任者，企业的发展将面临巨大的困难和阻碍。虽然现任企业的管理者们都能够意识到培养后备人才的重要性，但继任计划不能只是说说而已，必须实际行动起来，才能达到应有的效果。

(三) 继任计划的制定过程

虽然不同企业的行业类型、企业规模、经营范围、企业文化和企业精神理念各不相同，不同领导者制订的管理者继任计划也各有千秋，但为了保证继任计划效果的最优化，制订管理者继任计划必须具有以下内容。

1. 明确企业战略，确定企业核心能力

企业战略目标指引着企业的发展方向，要想实现这一目标就必须建立起与战略目标相匹配的核心能力。企业以其战略目标为指导，预测未来的人才需求，结合现有人力资源进行人力资源规划，并以明确担任企业内部重要的关键管理岗位员工所必须具备的资格要求，从而提升企业的核心竞争优势，以此来建立企业的管理者继任计划，保证人才的持续供应和企业的可持续发展。

2. 确定关键岗位管理者的胜任力模型

胜任力模型是企业选拔关键岗位管理者后备人才的依据准则，也是后备人选证明自己的一种方式。胜任力模型不仅包括员工的知识和技能，包括个人职业价值观、工作动机、个性人格等方面，而且还可以和绩效考核相结合，用以区分高绩效员工和普通员工的能力差异，以便于为企业辨别高素质人才提供依据。

企业可以通过"关键事件法""访谈法"等，确立关键岗位领导者的胜任力模型，详细列明关键岗位的各项要求，并以具体指标和权重的方式将行为和结果量化出来，在人力资源规划中说明未来企业管理者的需求，为继任计划后备人才的选拔、培训和开发提供资料。

3. 盘点和评价现有人才，建立后备人才数据库

在关键岗位胜任力模型确定后，企业需要以此为基础，对第一轮进入继任计划后备人选范围的员工进行系统的评估，即制定详细的量化的评价指标体系，选用具有较高效度和信度的测评方法，对入选员工的现有能力和发展潜力进行全面的评估。

评估的过程要透明、公平、公正、公开，并且评估者必须熟悉所采用的各种

评估方法。通过系统的评估，确定继任计划的人员名单，且可以初步判断备选人员现阶段的能力和胜任力要求之间的差距，从而做好个性化培养的准备。而所有暂时确定的备选人员的简历资料、考评结果等信息将进入后备人才数据库，方便统一管理和比较。

4. 制订并实施有针对性的培训和发展计划

继任计划中的关键一环是对后备人选实施有针对性的个性化的培训和开发，它将直接影响整个计划的效果。企业要想实现其继任计划的效果，就应该充分利用现有资源，为继任者制定个性化培养方案，并通过职业导师制、岗位轮换、项目参与等方式，使继任者们积累丰富的工作经验，在实际工作中不断提升自身实力。

5. 建立良好的监督和沟通机制

培训和发展计划的执行并不代表继任计划工作的结束，而在其执行一段时间后，继任计划的执行负责人还要对继任者们的工作绩效和培训效果等进行监督、反馈，并适时地与继任者进行交流沟通，即正式沟通和非正式沟通。正式沟通是指由企业现任高层管理者召开评估会议，通过各岗位管理者继任者详细的个人资料与调查评估报告来全面考察继任者的发展状况。非正式沟通则通过私下交流、会面，考察继任者的人际关系处理、价值观等深层次的内容。

6. 继任计划评估和改进

除了与继任者进行交流沟通，相关负责人还要在实际工作中对继任计划的效果进行评估和反馈，并以此来调整和改进。企业可以从财务和非财务两个角度来对继任计划进行评估：一是从财务角度进行评估，如企业采用继任计划是否为寻找管理者的接班人而减少了成本；二是从非财务角度进行评估，如继任计划的实施能否使企业在内部出现岗位空缺时迅速找到下一任继任者，继任计划是否缩短了人才培养周期，提升了继任者的培养效率。

（四）继任计划五大要点

1. 强化核心岗位、人员的继任计划管理

根据"马特莱法则"，一个企业的生产效率和未来发展，往往取决于少数起关键性作用的员工，即20%的员工可以创造企业80%的价值，因此，20%的关键性员工是继任计划管理的重点。简而言之，从成本和可操作性的角度考虑，继任计划必须具有针对性，而无须考虑全部的岗位和员工。继任计划首先需要考虑的人员是核心员工和核心岗位，因为他们对于企业的存在和发展起着重要的作用。当然，也要考虑不同企业的行业类型、人力资源、发展现状、经营规模等，应视具体情况而定。

2. 完善继任计划档案系统

继任计划对于企业的长远发展至关重要，要想处理好这个问题，必须在实施过程中，建立和完善企业继任档案管理系统，并进行定期审查、调整修改、补充、监控和更新。该系统以岗位为主线，以核心员工和核心岗位的继任者为重点培养对象，定期进行信息整理、记录、存档，形成个人信息流和岗位信息流的综合数据，从而使继任计划管理正规化、制度化、日常化，使组织在平时有目的、有计划地对目标继任者进行培养和绩效管理，提高他们的管理能力。

值得一提的是，继任计划档案系统是一个不断记录核心员工、继任者绩效及其改进状况的动态跟踪系统，而不是简单、静态的材料的累积。继任计划是一个长期的、持续的过程，对于继任管理者的培养也并非一朝一夕的事情，需要投入大量的金钱、时间和精力；同时为了更好地培养和开发继任者的潜力，掌握了解继任者的发展情况，还需要不断地对其进行绩效评估和绩效辅导，使其充分了解未来的继任岗位，发现自身的发展能力和持续改进能力，这一系列信息都需要在继任计划中记录在案。

3. 实施"柔性化"的继任者选择培养方案

继任计划管理必须做到"柔性化"管理，而不是搞"一刀切"，即根据目标岗位的具体情况不同，而在选择继任者上有所差异。例如，在为财务、生产、研发等部门选择主管职位继任人选时，可以把本部门的人员作为首要培养人选；而需要复合型人才的岗位，则可以安排候选人在很多不同的工作岗位上锻炼，以获取更广泛的经验和知识。简而言之，继任计划管理就是要根据具体情况的不同，对企业不同类型的岗位采用不同的方式。

企业实施"柔性化"管理，要根据培养者的自身素质特点和个性气质特征来进行继任者培养。因此，实施继任计划一方面要考虑员工自身的素质因素和个性气质特征，如企业在培养继任者时必须考虑到多个后备人选的性格气质、价值观差异等，这样才能作到培养因人而异，管理因才施用；另一方面还必须考虑到员工的自身需要。需求层次理论、人本主义需要理论对员工的需求发展作出了详尽的论述，认为不同的员工在不同的阶段有着不同的需求差异，因此，在培养继任者时，要充分关注他们的自身需求及其变化，以寻求最佳的激励杠杆效应。

4. 推行工作轮换和工作扩大化

工作轮换使得员工可以经历不同类别的岗位，获取更为全面的工作经验和知识，使他们对工作岗位产生更为宏观和专业的认知。这种方式，既可以促进员工了解整个企业的经营全貌,形成系统的、全局的观念,又能锻炼和培养人才,在重要岗位出现空缺之后可以及时补充人才。

工作扩大化则是通过增加某项工作的工作内容,增加工作的广度和深度,扩大和丰富员工工作,使员工熟悉多样化的工作,进而全面掌握公司的整体业务。

综合来看,上述两种工作方式都是强调企业要未雨绸缪,进行充足的人才储备,而不是等有了岗位空缺后,才临时找人接替或者紧急培训,要尽可能避免企业因出现权力真空而形成的管理混乱。

5. 设置助理岗位

设置助理岗位,为助理提供与工作经验丰富的核心员工共同工作的机会。在工作过程中,有经验的核心员工会对受培训者给予有针对性的指导和考察,受培训者则可以通过学习了解核心岗位、核心人员的相关工作。这种设置可以使助理逐步接触高层管理、实务技术,并通过处理这些实务积累经验,熟悉目标岗位工作的内容和要求。

此外,为了保障继任计划的顺利实施,还应当建立相应的绩效考评体系,考核核心员工对助理的培养力度以及助理的自身学习情况,并将考核结果纳入员工的绩效考核中。

二、职业导师制

(一)职业导师制的内涵

传统意义上,学校中经常实行导师制。导师的任务不仅包括传授专业知识,还包括为学生解除心中的疑惑,帮助他们树立正确的价值观,指引正确的发展方向。然而,大多数新人在进入职场后往往发现,教科书上的知识与实际工作要求之间的差距很大。在寻求帮助无效的情况下,他们可能会产生挫败感,甚至丧失自信心。于是,在职场中也逐渐实行导师制。

职业导师制可以定义为企业中拥有丰富工作经验的、具有高超管理技能的资深管理者或技术专家,与新员工或经验不足但有发展潜力的员工建立的支持性关系。建立这种关系的目的,是充分利用企业内部优秀员工的优秀技能和工作经验,帮助新员工和部分转岗人员尽快提高专业技能,适应岗位工作的要求,促进职业生涯的发展。在大多数情况下,职业导师制的指导关系都是由于指导者和被指导者具有共同的兴趣或价值观,而以一种非正式的形式形成的。通过职业导师制,不仅可以认可老员工的价值,使他们感到自己是组织中有价值的一员,还可以使新员工更好地适应社会,提高其适应工作环境的能力。

(二) 职业导师制的类型

1. 正式职业导师制与非正式职业导师制

区分正式职业导师制及非正式职业导师制的依据是看导师与辅导对象之间的关系是否由企业正式指定。正式职业导师制是指由企业为辅导对象正式指派配对指导老师,指导老师和辅导对象之间的关系是由管理者通过相关文件予以明确、正式规定的,是企业人力资源管理的其中一环。非正式职业导师制是指新员工或者资历较浅的员工在实际工作中自发地求助于工作经验丰富、职位在其之上的员工,二者通过在日常工作中的相互交流而逐渐形成的一种非正式的辅导关系。这是一种无须企业管理部门的介入,在工作过程中自发形成的辅导关系。

正式职业导师制与非正式职业导师制主要存在以下几点差别。

(1) 正式职业导师提供的辅导主要是以实现短期工作目标为目的的;而非正式职业导师则侧重于提供长期的职业生涯发展方面的辅导。

(2) 正式职业导师是由企业正式、公开指派的,企业认同程度高,公开透明;而非正式职业导师制关系是在实际工作中由辅导双方自发形成的,企业不容易认同。

(3) 正式职业导师和辅导对象是由企业强行指定的,因而导师对辅导对象的关心程度可能会较低;而非正式职业导师制由于是辅导双方自发形成的辅导关系,因而相处可能会更加和谐融洽。

2. 直属关系职业导师制与非直属关系职业导师制

区分直属关系职业导师制与非直属关系职业导师制的依据是看导师与辅导对象之间的行政关系。直属关系职业导师制的导师通常为辅导对象的直属上级,是一种纵向辅导模式;而非直属关系职业导师制的导师通常为辅导对象的同事,两人只有资历上的差异而没有级别上的差异,是一种横向辅导模式。

两种职业导师制各有特色。直属关系职业导师制的优点在于职业导师是辅导对象的直属上级,比较容易了解被辅导者的工作情况与个人能力,有利于帮助被辅导者拓展技能及进行职业规划。在非直属关系职业导师制中职业导师是辅导对象的同事,双方没有职位上的差异,工作经历也相似,能够有效地拉近双方距离,被辅导者在心理上更能接受职业导师的建议,同时职业导师能更好地理解和掌握被辅导者在不同时期的需求和心理变化,提供自己的经验以供其参考。

(三) 导师制的功能

1. 对被辅导者的功能

(1) 职业生涯功能及社会心理功能

职业导师制的功能可归纳为两个方面:职业生涯功能(Career-Related

Function）和社会心理功能（Psychosocial Function）。其中，职业生涯功能包括帮助被辅导者掌握工作技能，提供展示机会，规划职业生涯等；社会心理功能包括为被辅导者提供角色榜样、认同感、友谊等心理支持因素，同时帮助被辅导者树立信心，提高解决问题的能力，建立与他人合作互信、相互关怀的良好关系。

职业生涯功能具体是指导师向被辅导者传授从事工作所需的知识技术及经验以提高其工作能力，并创造机会使其得以展示自己的能力，帮助被辅导者设定短期与长期的工作目标，并对被辅导者个人发展计划提出建议。职业生涯功能有助于被辅导者学习工作技能，获得晋升职位的机会，最终实现职业生涯规划的目标。

职业生涯功能主要由五个功能组成：教父功能、教练功能、缓冲器功能、机会创造功能及应对挑战功能。教父功能在导师指导被辅导者的过程中发挥作用，是指导师为被辅导者提供成长和发展的机会，两者之间形成职业辅导关系。教练功能是指导师有责任对辅导对象提供其工作发展方面的反馈，包括肯定其成果的反馈和否定其过失的反馈，以此来激励被辅导员工不断提高其工作绩效。缓冲器功能是指导师要在工作内容和要求超过被辅导者能力范围时为其提供帮助和支持，同时导师要为被辅导者提供保护使其避免潜在的危害性经历。机会创造功能是指导师要善于挖掘和开发被指导者的潜力，并为被指导者创造展示能力和发展的机会。应对挑战功能是指导师要经常向被指导员工提供实践的机会，在此过程中训练员工解决实际工作问题的能力，帮助其不断成长。总之，职业生涯功能的主要作用在于帮助被辅导者掌握从事其工作所需的技能，为其创造职业发展机会，在职业生涯规划方面提供有效建议，使其获得工作过程中的不断提升。

社会心理功能是指导师以朋友的身份，给予被辅导员工关怀和心理支持，为被辅导者提供一个倾诉困扰和寻求建议的机会和渠道。职业导师制的社会心理功能不仅可以帮助被辅导者减轻处理挑战性问题时的心理压力，还可以帮助其解决人际关系问题。导师与被辅导者的心理支持关系是相互的，导师在帮助被辅导员工处理问题的同时，也从员工的感激与关怀中获得心理上的满足和成就感。

社会心理功能可定义为四方面内容：角色榜样功能、咨询功能、行为支持功能和友谊功能。角色榜样功能是指被辅导员工将导师作为其榜样从而模仿其行为、工作态度和工作技能等，以此塑造符合自身特点的职业性格。咨询功能是指导师与被辅导员工两者共同研究被辅导员工在职业生涯规划上的相关问题，导师为员工的事业发展提供咨询和帮助，两者之间建立一种和睦相处、相互信任的关系。行为支持功能是指导师要适当地对被辅导员工的工作表现和成果给予认可和表扬，促使员工树立自信心，提升自我形象。友谊功能是指导师基于被辅导员工个人职业和成长发展的需要，在工作场所之外与员工建立相互理解的良好关系，使导师的作用在工作时间之外得到延续。职业导师制的社会心理功能既有利于提高辅导双方的个人满意度，也有利于促进被辅导员工树立自信心，提升在工作中的绩效。

（2）隐性知识传递功能

隐性知识源自长期的实践性积累，它无法与认知个体分离，只能置身其中体会、领悟，是一种不能用文字叙述的难以交流的知识，包括价值观、预见性、信仰、技能、经验、能力等内容。英国学者波兰尼（Polanyi）认为，隐性知识是难以用书面文字或语言交流来传递的，只能通过导师对辅导对象的辅导示范传递下去。

如何将隐性知识稳固与传递，是现代许多企业特别是知识型企业所关心的问题。解决这一难题的有效方法就是采取职业导师制。一方面导师通过言传身教把许多难以通过普通教学授课传达的知识经验传递给被辅导员工，而员工可以通过在实践中的学习和重复可以将隐性知识吸收并转化为自身的知识和经验。另一方面，员工可以在导师的指导和帮助下不断获得和尝试有挑战性的工作，在不断研究的过程中逐渐获取隐性知识并将这些知识稳固下来。职业导师制的特点在于人际之间的交流，而隐性知识又必须借助交流来传播，因此，企业可以通过实行职业导师制实现无形资产的保存和传递。

2. 对导师的功能

职业导师制除了有利于被辅导员工的职业生涯发展，对导师的工作也有积极的影响。导师通过建立辅导关系网络，可以巩固自身业务技能，获得心理满足感，获得可靠信息以及增加收入，从而促进自身的事业发展。通过辅导其他员工，导师可以更加有效地运用自身的业务知识和工作经验，从而在工作中获得成就感，提高心理满意度。被辅导者可以充当导师事业发展的助手，导师不仅可以得到来自被辅导者在工作方面的帮助和支持，同时也可以从被辅导者身上获得新的知识与创意。另外，导师可以通过帮助被辅导者制订职业发展计划，在企业内构建自身的人际支持基础。

3. 对企业的功能

（1）使新员工快速掌握工作技能，融入工作环境

导师在对新员工进行辅导，不仅可以通过言传身教的方式向其传授工作技能和方法，也可以采取和新员工共同完成工作的方法提升新员工处理问题的能力。

同时，通过与导师的日常交流沟通，新员工也能够尽快了解到公司的规章制度、组织结构、企业文化等，并在导师的帮助下快速熟悉环境，融入企业。

（2）留住优秀员工

职业导师制既可以帮助企业留住优秀的被辅导员工，还可以帮助企业留住优秀的导师，大大降低了企业的人才流失率，在稳定优秀员工方面起到重要的作用。对于被辅导员工而言，在工作中获得更多的关注，可以强化其对企业的归属感和责任感，因此，被辅导员工在工作中往往拥有更高的满意度和更好的工作表现；对于导师而言，在向被辅导者传授工作经验和业务技能的过程中获得了成就感，心理满意度也大大提高，离职率也会相应下降。

导师不仅在被辅导员工对未来的预期方面产生影响，还会对员工的离职意向产生影响。因此，完善的职业导师制度既帮助企业培养出优秀员工，也帮助企业留住所培养的优秀员工。

（3）促进企业文化的提升

职业导师制在促进企业文化提升方面的功能，主要体现在两个方面：一是职业导师制可以使新员工快速融入企业。导师对新员工不仅要进行业务技能的传授，也要进行企业文化的传递，并且新员工在与导师共同工作的过程中也可以感受到企业文化，并会逐渐产生对企业文化的认同感。二是职业导师制有助于提高员工的综合素质，而综合素质的提高有助于促进企业文化的提升。综合素质包括员工的创新能力、团队合作能力、战略思维能力等，这些因素与企业文化具有密切的联系，职业导师制在提高员工综合素质的同时，也使企业文化得到提升。

（4）增强企业的凝聚力，降低员工流失率

职业导师制会促使导师与被辅导员工两者之间形成比较稳固、和谐、融洽的关系，企业的合作氛围得到改善。同时，辅导双方的日常交流也有利于提高双方的个人满意度和对企业的认同感，使企业的凝聚力大大加强。此外，企业通过促进和维护导师与被辅导员工之间支持性关系的建立，将企业对员工的关怀传达给员工，使员工产生归属感，从而降低员工流失率。

（四）职业导师制的实施方法

由于不同企业的发展情况不同、人才战略不同、人力资源制度不同，实施职业导师制的方法也不尽相同，现对职业导师制的一般性实施方法进行介绍。

1. 建立职业导师制系统

企业在实施职业导师制之前需要建立完善的职业导师制系统，以保证职业导师制的有效实施。职业导师制系统包括导师甄选聘用系统、导师管理评价系统、导师辅导交流系统等。

导师甄选聘用系统要求根据绩效考核结果对每位员工进行评价，评价结果优秀、业务能力强、认同企业文化，并愿意将自己的知识和技能与他人分享的员工，可以作为导师候选人。企业将导师候选人组建成导师库，并在导师库中为新员工或需要培训的员工选择导师。

企业可以通过建立导师管理评价系统来对导师的工作进行评价，评价结果可以作为奖惩、职位变动等决策的依据。具体的做法是将被辅导者能力的提升程度作为导师绩效考核中的一项考核指标，并将考核结果作为衡量导师辅导效果的依据，与激励机制挂钩。

导师辅导交流系统包括制作导师指导手册、培训导师的辅导技巧、企业导师经验交流活动等。导师指导手册既可以提示导师各个阶段应该做的工作，也可以记录导师各个阶段的工作内容及成果；对导师的培训主要以辅导技巧为主，还应培训公司文化和政策；导师交流活动包括导师经验分享座谈会、导师问题研讨座谈会等。

2. 职业导师制的实施流程

（1）选拔导师

依据导师指导对象的不同，对导师的称谓也有所不同，如导师、职业导师、新人辅导员等。在企业中担任导师的任职资格要求一般有以下几点：一是导师必须是在本企业工作满一定年限、有资历的员工或干部，企业的骨干员工、后备干部或干部一般会被选作为导师，二是导师自身应具备较强的实践操作能力和专业理论水平；三是导师应为人正直、德才兼备，愿意与他人分享经验，并且认同企业文化；四是有辅导他人经验的或者参加过导师培训的候选人应作优先考虑。

（2）培训导师

在导师人选确定之后，企业要对导师进行培训。培训内容主要包括两个方面：企业相关情况的培训、导师辅导技能的培训。导师的言行举止对辅导对象具有示范性作用，因此，要对导师进行关于企业文化、经营理念、发展战略方面的培训，以确保和强化导师对辅导对象的正确引导功能。企业要定期对导师进行培训，培训内容应随实际需要作相应变动，以使其在教授技巧、沟通技巧、管理技巧等方面具备一定的辅导技能。

（3）导师与辅导对象匹配辅导工作开始

人力资源部根据业务能力、管理能力以及综合素质等因素对导师进行分级，不同级别的导师指导不同层次的员工,为保证辅导工作的效果,每位导师最多指导3名至4名员工。良好的师徒关系是职业导师制发挥作用的前提,因此,在将导师与指导对象匹配的过程中,除了考虑业务技能和管理能力等因素外,还应考虑到辅导双方是否能够相处融洽。在双方匹配成功后,导师可以根据专业岗位需要以及指导对象自身特点选择适当的辅导方法,如技能专题培训、设置研究课题、示范指导、互动交流等。培训内容主要涉及两个方面:专业技能和个人修养。

这两者在培训中所占的比重应由导师结合当前企业发展要求和指导对象的具体情况适当分配。为确保培训的质量和效率,导师将要制订成培养计划并报人力资源部备案,并接受人力资源部的定期检查和监督。

为确保职业导师制的作用得到充分发挥,企业应建立一套权责明确的职业导师制运行管理机制,明确导师、被辅导员工、相关部门相应的责任和义务,为职业导师制的实施提供依据和准则,并对辅导过程进行监督。在辅导过程中,相关部门要及时收集、分析信息,准确把握辅导工作的进展,在出现问题时要给予及时纠正和指导,同时依据实施情况,不断完善职业导师制。

(4) 对导师进行考核和激励

人力资源部要根据培养计划的完成情况及辅导工作的反馈对导师进行考核,要将被辅导员工的学习效果、工作表现作为导师的一项考核指标在绩效考核中体现出来,并与激励机制挂钩。在对导师进行评价时,除了遵循统一标准之外,还要考虑被辅导员工之间的个体差异,做到准确、客观、全面。对于绩效考核得分高的导师要给予适当的奖励;对于绩效考核效果不佳的导师要总结其经验教训,并在以后的指导过程中予以规避。

(五) 职业导师制运用时应注意的问题

由于导师制对职业发展有重要的作用,在运用这种方法进行职业生涯管理时,应注意以下问题。

1. 要明确指导关系的时间段,不能太短

假如指导关系的持续时间有限,有些员工在人生发展的关键时期就可能无法获得这种帮助。

2. 要注意指导关系的性别构成

通常,同性别的人确立指导关系,产生的问题较少。

3. 适当地考虑员工的需要

大多数人喜欢找高级的同事做导师,但也有些人喜欢与没有经验的人建立关系，有些人甚至觉得与同辈、下属建立关系也有益于发展。

4. 克服指导关系的潜在操作困难

同事之间存在着竞争问题，另外，时间分配也是问题。如果要在这个方面开展工作，可能职位差异大一些，工作更容易进行，而且成效更好。

5. 并不是所有人都适合担任指导者

在某种程度上，指导者相当于教师，有一定的能力要求和技术要求。一般而言，应选择人际交往能力强、业务能力为高的，并对进行这种指导工作有一定愿望和兴趣的人做导师。另外，导师也需要进行培训。导师一般会花1天至2天的时间来接受沟通能力培训，这样他们可以学会如何更好地传递工作信息，更好地对员工进行指导。

6. 在促进导师关系上要讲究策略

不能随意拉人配对。一是建立一套正式的导师关系系统，将初级与高级人员配对，旨在支持初级员工的职业生涯发展；二是对不同的职业生涯阶段的管理者和员工实施教育培训，使他们学会建立工作中的支持关系同盟；三是通过组织变革，使诊断、教育、结果、模式、过程变革等用来建立个人的知识、人际技能，并促进指导过程的形成。同时，确定正式的指导关系时也要按照步骤一步一步来，不能操之过急。一是确定要建立关系的群体并完成相关资料的收集；二是安排初级和高级员工相互见面，孕育自愿相互挑选的过程；三是才建立指导程序，定期向组织反馈，确定正式的指导关系。

三、组织职业生涯阶段管理

（一）组织职业生涯早期阶段管理

职业生涯早期阶段是指一个人由学校进入组织并在组织内逐步"组织化"，为组织所接纳的这一段过程。一般而言，职业生涯早期的年龄定位于25岁至40岁之间，是一个人由学校走向社会，由学生变为员工的过程。在这一阶段中，个人与组织共同面临的、重要的职业生涯管理任务是个人的组织化以及个人与组织的相互接纳。由于职业生涯早期分为立业期与成就期，因此，组织也需要在立业期与成就期分别有所行动。

1. 个人在立业期的行为

立业期是指个人从进入组织开始到适应组织，并确立自己在组织内的职业生涯战略的这一时期。个人首先要细致地考察自己的工作环境，并尽快地适应。新员工在立业期内，最基本的是要明确自己的发展需要，这对于个人和组织都是有益的。同时，在立业期中，个人和组织都在相互考察，寻求彼此的相互适应。一方面，员工应首先做好自己的本职工作，正确地对待业绩的评价，另一方面，拓展与组织内其他成员的非正式关系，因为非正式关系将会是信息反馈的主要来源。

在不断变化和竞争激烈的环境中，员工要采取更为主动的态度，即通过自身的行为来影响组织，组织也希望员工能够采取这种主动的态度，使组织对员工的想法予以了解并作出相应的反应。

2. 组织在立业期的行为

组织在立业期要做到以下几点。

(1) 有效招聘

组织在招聘过程中的误区：一是夸大该职位能给应聘者带来的利益，二是夸大对职位所需人员的要求。有关研究表明，提供真实的招聘信息虽然不能在招聘中表现出优势，但从长时间来看，真实的招聘能有效降低人员的离职率。

(2) 帮助员工制订职业定向计划

定向计划是指让新进入组织的员工通过一系列的活动尽快熟悉组织和工作。职业定向计划一般应具备以下功能：介绍组织，讲解组织的重要政策和做法，福利计划登记，介绍组织对员工的期望，介绍同事和工作的设施，介绍新工作和员工所能寻求的帮助。在使新员工尽快完成社会化阶段的过程中，组织通常有两种做法：一是预先决定，预先决定是组织将预先确定的重要信息告知新员工，如组织的原则、政策和福利；二是作出反应，作出反应则是指组织根据新员工的具体问题作出相应的回应，如解答他对职业生涯发展的疑问。

(3) 给予员工有挑战性的工作

挑战性的工作能使员工适应工作的高标准要求，经过重新挑选的员工会明白组织对自己的要求，希望他们承担决策的责任，并对工作的结果负责。新员工要珍惜这个机会。把高标准当作自己的标准。

(4) 第一个上司的不断鼓励

新员工在立业期内，通常会希望上级主管是以认可、尊重的方式，担当教练、反馈者、训练者和保护者的角色。在对新员工进行培训时，上级主管必须不断地鼓励新员工，尊重新员工的想法。

(5) 有效地提供建设性的反馈

新员工需要得到组织的肯定和提升自己的能力，在这个阶段的反馈和评价就显得尤为重要，对于反馈的意见，一方面新人想听到真实情况，以提高自己的能力和弥补工作上的不足；另一方面则希望听到好的评价，以增强信心，保护自尊，组织给予的反馈同时具有指导性和支持性。

（6）鼓励师徒关系和其他支持

师徒关系实质上是上下级同事或者同级同事之间的相互帮助的关系。对新员工而言，他需要一个角色的榜样，一个可以经常见面并提供信息和建议的人。有了师傅的帮助，新员工在工作上会表现出更多的独立性，这有助于新员工的快速成长。

3. 员工在成就期的行为

从员工开始进入组织到适应组织，并确立自己在组织内的职业生涯战略，都属于立业期。成就期是立业期的延伸，属于职业生涯早期的第二个阶段。在成就期内，对认同和融入的关注已经逐渐退居其次，员工逐步将注意力放在取得工作的进展、更大的工作责任和不断证明自己的价值上。员工在成就期的行为具体如下。

（1）制定现实目标

员工要对自己的兴趣、动机和才能有充分的了解。在当前的组织环境下，竞争非常激烈，员工一味地考虑提升显然是不合适的。而应该在职业生涯通道的多样化上花工夫，通过平级调动、降级调动以及在现有职能部门向更专业化的方向发展等方式，来寻求多样化发展和获得个人的成就感、满足感和收获感。

（2）了解当前工作的绩效和职责

员工了解当前工作的绩效和职责，有两方面的作用：一方面是员工通过了解这些情况对自身和所设计的职业生涯进行调整，另一方面通过与上级的交流，明白上级的处境和困难，并给予力所能及的帮助。

（3）探索升迁之路

升迁之路上并不总是一帆风顺的，可能会遇到如下问题：个人升迁机会有限且不确定，在现有职位上，个人的能力已经不足以应付眼前的工作或勉强可以维持工作进行。

（4）获得支持

员工要实现目标，上级的支持是很重要的，因此，要为人诚实，对上级忠诚，以此来获得上级的信赖。

4. 组织在成就期的行为

组织在成就期应做到以下几点。

（1）提供具有挑战性和相应职责的工作

成就期是个人职业生涯成长的绝佳时期，在这一阶段，个人的积极性、学习欲望、表现欲望都变得强烈。对组织而言，这个时期是培养员工和塑造员工的最好时机。

（2）进行持续的评估和有效的反馈

造成有绩效评估而无有效反馈的原因，既有反馈的管理方法不科学、不完善方面的问题，也有被评估者在接受反馈信息的过程中反应不能得到有效控制的问题。由于被评估者的性格特征、文化背景、成长经历、智力水平、自我防卫机制、认知的需求和式样，以及成长的背景不同，会导致以同样的方式反馈的评估结果出现不同的反应。因此，在进行反馈之前，就需要对员工进行研究，针对不同的员工，确定不同的反馈方式。

（3）构建现实又灵活的职业生涯通道

在传统意义上，职业生涯通道是一连串的工作职位，一般与工作内容有关。确定的职业生涯通道有助于员工了解自己在该组织中的职业生涯发展的框架，更好地按组织的需求进行发展，或者根据自己的特长来确定适合自己的发展道路。确定职业生涯通道的传统方法主要是考察员工在组织内的工作调动轨迹。这种方法在过去可能有用，但在现在多变的环境下所能发挥的作用就很有限了，组织应该寻求更加灵活和现实的方法来构建职业生涯发展通道。

（4）鼓励员工进行职业考察

员工是组织的核心，员工若能对自己有更清楚的认识，有更明确的发展规划，对组织来说是一件好事。发挥员工的自主性和积极性，由员工完成对自己的考察和职业发展规划，而由组织提供必要的帮助来促使员工尽快完成或者不断完善这一过程。组织在鼓励员工进行职业考察的过程中，可以借助各种方法，例如学习班、座谈会、小组讨论以及咨询服务等。

（二）组织职业生涯中期阶段管理

职业生涯中期阶段一般是指40岁至55岁这一阶段，大概15年的时间。职业生涯进入中期，人们会遇到两大任务。其一是要面对中期的转变，重新评估自己的成就，重新审视工作对自己生活的重要作用，应对这一转变给自己带来的压力。其二是在职业生涯中期阶段保持生产力，提高自己领导年轻的同事完成工作任务。

1. 员工在职业生涯中期遇到的问题

（1）职业高原现象

员工在职业生涯中期所面临的职业渠道的选择越来越窄，发展机会越来越少，这种情况常常被称为"职业高原现象"。归根结底，每个人或早或晚总会达到他个人的职业生涯高原,尽管这种情况在职业生涯的任何时候都可能出现,但40岁以上员工发生的概率特别高。因此,职业高原现象往往被认为是职业生涯中期阶段的核心问题。

(2) 改变职业

改变职业是指改行去干非本行工作的那种变动。越来越多的人想在有生之年尝试另一种职业生涯,当一个人的职业生涯"常规"被破坏或者遭遇失败时,就会引起职业变动,从而改变职业。什么原因诱使人改变职业呢?尽管具体的理由不计其数,但常可以归纳成以下几类。

首先,个人方面的一些因素会影响职业变动。一是个人对于现有职业生涯或者生活方式的不满,是引起职业变动的主要原因。二是想取得更大的成就,但是目前的职业生涯是无法实现的。三是其他一些个人因素,包括年龄、健康状况、兴趣爱好、价值标准和家庭关系的改变。

其次,环境因素也能导致职业变动。一是失业或者面临失业的威胁是使人改变自己职业生涯道路的原因,二是其他一些环境因素,比如技术上的变化、经济上的压力、薪酬制度的改变、工作要求提高等。

最后,除了上述个人与环境的因素外,改变职业必定另有原因,那就是一份比当前职业更诱人的工作。这份工作能比当前职位能更好地满足个人职业发展目标。

(3) 失业

职业生涯中期其实是职业生涯周期中最重要的时期。个人生命周期和心理特质呈现明显的阶段性特征,这种生命周期和身心的变化,容易产生职业生涯的危机。在职业生涯的初始阶段,职业发展呈现由低到高逐步攀升的趋势,职业顶峰多出现在中间段,职业高峰后,职业轨迹就会呈现下降的趋势,整个职业发展过程呈现一条倒"U"形曲线。在生命周期的任何一点,失业都是一种痛苦的经历,而且对于中年人来说,失业造成的困难和损失可能更严重。人们对失业的反应各不相同,主要还是取决于经济条件、社会关系和地位,工作对个人生活的意义以及个人的自信自尊程度。

人们对待失业的反应,可以划分为以下四种类型:一是感到震惊,二是对公司和管理部门感到愤怒,三是感到解脱,四是人们面对困境而故意显出与己无关、无动于衷的状态,借以逃避现实。最初的反应过去以后,人们会进入第二阶段,这时他们面临着重找工作的任务,当找到一份新工作后,失业后的第二阶段就结束了;人们或许会进入第三阶段。这时,如果没有找到合适的工作会导致对职业生涯的犹豫不决，对自我能力产生怀疑，并且容易生气，怨天尤人。在经历了这些沮丧之后，就会进入第四阶段，这时他们会认为自己不可能再受到雇用，开始放弃所有的活动，包括为了找工作所做的一切。

2. 组织在员工职业生涯中期组织管理的基本原则

（1）以人为本的原则

人才，特别是处于关键管理技术岗位的人才，是企业获得竞争力的宝贵资源。因此，企业应建立以人为本的企业文化，提倡"人人为企业，企业为人人"的理念。当员工处于职业高原出现心理危机时，应该帮助员工克服心理危机，走出职业高原，实现企业与员工的双赢。

（2）提倡成功标准多样化原则

社会上普遍认为，晋升是职业成功的最重要的标准之一。然而，在企业，能够得到晋升的员工毕竟是少数，更多的员工会在职业生涯中期或者更早的阶段遇到职业高原。因此，企业应提倡职业生涯成功标准的多样化，让员工了解职业生涯的成功标准不仅只有职务上的晋升，还有工作本身所带来的快乐，工作经历的多样性，获得他人的尊敬等。

（3）重点管理原则

在职业生涯中期，处于职业高原状态的员工一般有三类：明星员工、静止员工、枯萎员工。明星员工的工作绩效水平高，也拥有很大的晋升潜力；静止员工绩效水平较高，但进一步获得晋升的机会很小；枯萎员工的绩效水平没有达到组织可接受的水平，获得进一步晋升的机会微乎其微。有晋升潜力的明星员工和绩效水平低的枯萎员工都很容易引起企业的重视，但是静止员工常常被视为正常状况，而没有受到足够的重视。这样下去，静止员工很可能因为缺乏关注而变成枯萎员工。因此，企业在进行管理时，应该把明星员工与静止员工作为主要的管理对象。

3. 组织在员工职业生涯中期组织管理的基本方法

组织在员工职业生涯中期组织管理的基本方法有很多，但主要是以下几点。

（1）工作重新设计

有研究表明，如果组织让员工长期从事某一工作，员工就会感到枯燥乏味，工作满意度下降，最终陷入停滞状态。因此，工作重新设计是十分有必要的。工作重新设计的方法有三种：工作轮换、工作丰富化、工作扩大化。

工作轮换是指工作流程不受影响的前提下，让员工从执行一项任务转移到执行另一项任务，进而创造"一专多能"的有利条件，为员工提供更广泛、更灵活的流动机会，可以让他们在各个部门或者一个部门的不同职位工作。工作的轮岗，让他们得到充分的工作满足，学习到更多的知识，也能让他们的观念得到改善。工作丰富化是指工作的纵向扩张，能增加员工对计划、执行以及工作评价的控制程度，丰富化后的工作允许员工以更大的自主权、独立性和责任感去从事某一项完整的活动，缓解因晋升困难而产生的心理压力、减轻员工对工作的倦怠感，增加工作的吸引力。工作扩大化是指员工的横向扩展，扩大工作的范围，从而为员工提供更多的工作种类。同时，还可以挖掘当前工作的潜力。尽管许多到职业中期的员工不再期望得到晋升，但他们对成功和自主权的要求更强烈，企业可以让他们承担更重要的任务，充分进行赋权，提供更多的支持，提出更高的工作职责和绩效目标。

(2) 提供员工帮助计划（EAP）

提供员工帮助计划是由组织（如企业、政府部门、军队等）为其成员设立的一项系统的、长期的援助和福利计划。通过专业人员对资质的诊断、建议和对组织成员及其家属的专业指导、培训与咨询，帮助解决组织成员及其家属的心理和行为问题，以维护组织成员的心理健康，提高其工作效率，达到改善组织管理的目标。技能老化的员工容易懈怠和受到负面情绪的干扰，通过 EAP 计划，对员工进行职业咨询，安排合理的培训计划和适当的职业生涯目标，实行以老带新，帮助他们找到职业成就感和荣誉感。

(3) 完善培训体系

针对职业高原期的员工，企业应该根据他们不同的状况和需求，采取不同的方式对其进行培训，同时要对员工关系管理进行培训和持续教育。对进行职业中期的员工进行培训和再培训，让他们的技能和知识在已有经验的基础上更加成熟。

(4) 设立公认的晋升机制

这是有效防范员工达到职业高原的关键性因素。管理者通过制定客观公正、科学规范的晋升机制，使员工相信只要有技术、有能力、肯努力，就会在企业获得良好的发展。因此，设立公认的晋升机制，保持员工心理上的平衡，并适当降低处于职业高原期的员工人数，对于组织进行职业生涯中期管理是十分有益的。

(5) 拓宽奖励

应当拓宽奖励范围，奖励不应只限于晋升和加薪，其他的奖励应该同样有效。让处于职业中期的员工从事令他们感兴趣而又富有挑战性的工作，除了领导的认可或表扬，还可以奖励他们每年一个星期、半个月的有薪年假，或组织外出旅游等，或外出学习培训等。

（三）组织职业生涯晚期阶段管理

职业生涯晚期在西方通常是指在 45 岁至 60 岁之间的一段时间。在我国，男性退休年龄是 60 岁，女性则有一些差别。在企业，女干部退休是 55 岁，女工人退休 50 岁；在事业单位，女性高级知识分子退休的年龄是 55 岁，但可延长到 60 岁。我们将职业生涯晚期定在退休前 5—10 年的时间，具体随行业的不同而变化。继续保持已有职业成就，维护自尊、自信，准备引退，是这一阶段的主要任务。

1. 员工职业生涯晚期面临的问题

（1）面临职业生涯的终结

在这个阶段，员工从重要的岗位上逐步离开，将重担交给年纪较轻的员工。如何合理地制定相关政策，保护曾经对单位作出贡献的员工，让他们在退出岗位时心情舒畅，无后顾之忧，是组织应该考虑的问题。

（2）不安全感增加

员工在面临退休的时候，不安全感骤增，其不安全感来自很多方面，主要表现为：一是经济上不安全感。面对经济上出现的不安全感时，我们要完善各种保障制度，使员工有保障。二是心理上不安全感。要建立和谐的人际关系，形成老有所养的社会氛围是关键。三是疾病增多。随着人年龄的增长，身体状况也不如年轻时候身强体壮，疾病日益增多。此时，我们要提供符合老人特点的特殊医疗服务及相关的卫生保健措施来减少员工在此方面的不安全感。四是不适应退休后的生活。很多人担心退休后自己无所事事，终日郁郁寡欢，认为自己不像工作时发光发热，对社会家庭没有贡献。此时，要重新认识自己，转变观念，培养自己的兴趣爱好是关键。

（3）如何保持竞争力

保持竞争力对于处于职业生涯晚期阶段的员工来说十分重要，但是他们面临着许多障碍：一是技术和组织的快速发展引发了员工的危机感，是那些所受教育和技能有限的老员工更是这样。二是长期处于职业生涯高原那种状态，会给处于职业生涯晚期阶段的员工的工作绩效带来负面影响。因此，组织必须克服对老年员工的固有偏见，尊重他们，认识到他们的价值，充分发挥他们的作用，为企业创造更大的价值。

（4）为退休作准备

为退休所作的准备包括：决定何时退休，为退休后能过上充实、满意的生活作出计划。人们对待退休的态度很可能是源于他们对待工作的态度。长期以来，工作已经成为他们生命的一部分，离开工作会使他们的生活进入一个令人难以适应的阶段。出于这些原因，愿意或不愿意退休，因人而异，这取决于个人健康、工作内容和个人因素等一系列情况。健康问题能促使人作出退休的决定，尤其是对体力劳动者而言；估计退休收入能使自己过上舒服日子的员工更容易产生退休的打算；高职务的员工与相对于较低职务的员工而言不太乐意退休；在激励程度高的岗位上工作的员工对工作有强烈的责任感，并且对工作相当满意，不太乐意退休；来自家庭成员的压力也能激发退休的打算。

2. 组织在员工职业生涯晚期组织管理的基本原则

由于职业生涯晚期阶段会对员工的动机和工作表现带来潜在的威胁。老年员工不得不应付因职业生涯中期落伍或陷入职业生涯高原所造成的种种麻烦，而且他们还不得不与那些阻碍自己继续进步的"年龄偏见"作斗争，最后开始考虑退休问题。针对这一系列麻烦，不但需要员工自己引起重视，组织也要提供相应帮助。

对处于职业生涯晚期的员工，如果管理得好，可使这些人力资源变成一种宝贵的财富；如果管理得不好，就会成为许多冲突的根源，增加许多矛盾，影响组织的绩效。组织实施晚期职业生涯管理应遵从一般原则。

（1）理解和尊重的原则

由于种种原因，许多为国家、集体作出贡献的老人没有得到应有的回报。在论资排辈的年代，他们资历不够，没有得到回报；当他们终于获得足够的资历时，社会分配又强调效率优先。可以说，他们目前的一些问题除了自身的因素外，也有企业和社会的因素。因此，企业组织应该给予充分的理解，尊重他们的愿望和要求，帮助他们顺利地度过职业生涯晚期。

（2）制度化和差别化管理相结合的原则

组织对于员工退休的问题，应该根据组织的实际情况制定相应的政策和措施。比如，技术人员什么时候退休，管理人员什么时候退休，哪些人员可以延聘，哪些人员可以提前退休，退休金如何发放，退休保险金如何安排，社会保险费如何落实，退休后的医疗费用如何支付，退休后的生活如何保障，如何丰富退休后的生活，等等。一般情况下，组织应该严格地按照相关制度对待退休职工，但也要根据实际情况制订一些办法和措施。

（3）真诚关心的原则

许多老员工在单位工作一辈子，心里总是惦记着组织。特别是人总有一种惯性，工作习惯了，一下子离开总是有些不适应。因此，组织要给予他们真诚的关心，多采取一些有人情味的做法。比如，组织将要退休的职工外出旅游、疗养，对身体状况好的老员工根据工作需要延聘，但对他们的要求可以逐步降低，给他们更大的自主权。

（4）提前准备的原则

在老员工退休之前，首先，组织应该做好新老员工的接替工作，要有计划地分期分批地安排人员退休，及早进行岗位接替人的选拔和培养工作，帮助退休员工与其接替者做好具体的交接工作，在新老员工更替之时，确保工作的正常进行。其次，进行退休准备教育，以应该怎样度过退休生活为主题，通过多种教育方式，启发即将退休的职工对退休后的生活进行自我设计和规划，减少退休后的适应时间。

（5）发挥经验优势的原则

每个人都有尊重的需要，特别是对于即将退休的老员工，会更在意晚辈对他们的尊重。当这些老员工逐步从重要的岗位退下来之后，本身就有一些失落感，如果对他们的贡献不能够给予认可，会使他们心里感觉不平衡。另外，老员工工作了一辈子，积累了丰富的工作经验，这些都是宝贵的财富，如果将这些经验传授给年轻员工，让这些年轻员工吸取成功的经验，有利于员工更快地成长。

3. 组织在员工职业生涯晚期组织管理的基本方法

（1）退休计划

虽然退休是大部分人都要经历的过程，但并不是所有人都作好了准备。事实上，许多人刚刚退休时，无论是身体上还是心理上，都很不习惯。退休后，将从根本上改变他们的个人状态，原来的工作状态和生活节奏都会不一样，健康状况可能会恶化或变好。有些人原本保持几十年的习惯被打断，周围人对你的态度和观念也会变化，收入将减少，空闲时间突然增加，原来的工作和热情会下降，这些都将导致整个生活方式的改变，所以退休前需要充分的精神准备。大部分人适应新的生活条件的能力越来越差，事实上，这样一个大的变化不是随着时间就能自动平复的，而需要为充分的准备。企业应该指导他们主动适应这种变化，以防止他们在职业生涯戛然而止后产生失落和抑郁的情绪。

为了减少和避免退休可能的伤害与影响，退休计划作为职业管理过程在逻辑上的最后一个步骤，对员工退休事宜加以细致周到的计划和管理非常必要。退休计划是组织向处于职业生涯晚期的员工提供的，用于帮助他们准备结束职业工作，适应退休生活的计划和活动。在退休计划中，组织协调解决员工面临的一些问题的方法和措施有：一是帮助员工树立正确观念，坦然面对退休；二是开展退休咨询，着手退休行动；三是做好退休职工的职业工作衔接，有计划地分别分批安排应当退休的人员退休，切不可因为退休影响工作正常进行；四是采取多种措施，做好员工退休后的生活安排。

（2）绩效考评标准和绩效反馈

绩效考评标准是考评者通过测量或通过与被考评者约定所得到的衡量各项考评指标得分的基准。依据组织的战略，就可制定个人或群体的工作行为和工作成果标准。尽管标准有多项，每一项也有很明细的要求，但衡量绩效的原则只有两条：是否使工作成果最大化；是否有助于提高组织效率。绩效反馈是绩效管理过程中的一个重要环节。它主要通过考核者与被考核者之间的沟通，就被考核者在考核周期内的绩效情况进行面谈，在肯定成绩的同时，找出工作中的不足并加以改进。绩效反馈的目的是让员工了解自己在本绩效周期内的业绩是否达到所定的目标，行为态度是否合格，让管理者和员工双方达成对评估结果一致的看法；双方共同探讨绩效未合格的原因所在并制订绩效改进计划，同时，管理者要向员工传达组织的期望，双方对绩效周期的目标进行探讨，最终形成一个绩效合约。

当员工处于职业生涯晚期时，组织更应该制定清楚明了的绩效考评标准并让员工知晓，这是组织进行职业生涯晚期管理的一个重要方面。当老员工的生产力有所下降时，就应该用清晰的考评标准进行考评后用行为术语来表示其绩效问题，并对持续无效绩效的后果进行确定，寻找改善绩效的方法，鞭策员工进行改正，提高组织的效率。准确且无偏见的绩效评估对于保持高绩效是必要的，也是组织职业生涯晚期阶段的重要举措之一。

（3）弹性退休制度

弹性退休制度是指在法定的最低退休年龄的基础上，劳动者在退出或继续留在工作领域的选择上有一定的弹性空间，并且制度本身对提前或推迟退休的选择有相应的激励和约束机制。在老龄化日益严重的今天，许多发达国家在应对人口老龄化挑战、调整劳动力结构方面倾向于采用弹性退休制度，而且该制度在实践过程中取得了较为令人满意的效果。在实行强制退休的情形下，工作与退休的强制性界点是法定的退休年龄，而实行非强制退休的国家，法定退休年龄虽然也体现了一定的强制性，但它仅仅充当着退休与工作的可能性界点的角色。随着人们预期寿命的延长、受教育年限的增加，要最大限度地发挥人力资本的作用，促进社会经济发展，就应当在退休制度上增大灵活性，尤其是允许知识型人才适当推迟退休时间，以充分发挥他们的能力。

弹性退休制度对个人、组织及社会都有比较大的好处，首先，弹性退休制度使退休养老保险制度更具灵活性。其次，弹性退休制度有利于缓解养老保险基金收支的财务危机。再次，弹性退休制度有利于组织人力资源的充分利用。最后，从个人的角度而言，对于临近退休但是能力强的优秀员工，如果能让他们有更多的选择，而不只是全天上班，就能够吸引他们继续工作。这些选择包括：从事兼职工作或者季度性的工作，安排特殊的咨询服务，工作分担或者工作轮换，弹性的或者缩短的工作时间以及调整工作等。而对于那些能力较差或者适应能力不强的员工而言，能够提早退休并拿到一定的补贴，或者现金红利以及全额退休金，不失为一个很好的选择。

四、组织职业生涯管理的步骤与方法

企业如何实施成功的员工职业生涯管理，避免在实施职业生涯管理过程中"虎头蛇尾"，不仅要增强员工观念、心态和技能，而且也要设计合理的管理流程。规范的员工职业生涯流程主要包括确定目的和计划、组建员工职业生涯管理小组、开展职业生涯管理学习和宣讲、组织员工面谈和员工自我认知、勾勒职业生涯规划路线图、构建职业生涯发展通道、实施人才培养和晋升、及时监控、反馈和评估这八个阶段，而且每一个阶段都是环环相扣，缺一不可的。

（一）确定目的和计划

确定目的和计划是职业生涯管理的第一步，只有明确了该项工作的目的，整个后续工作的开展才能有据可依。因此，企业需要做好两方面工作：一是分析企业的发展战略，从战略中提出企业未来的人力资源管理需求；二是评估企业现有的人力资源，明确企业现有的实际情况。做好以上两方面的工作后，企业就可以以此为依据为员工职业生涯管理确定一个合理的目的，例如，开展员工职业生涯管理是为了满足企业未来五年的人力资源管理需求。

需要重点说明的是，确定员工职业生涯管理的目的一定要明确并切合企业的实际情况，只有这样才具有指导性和可实现性。

在确定职业生涯管理目的之后，还需要制订实施此项工作的计划，计划是整个目的实现的宏观"导线"。一般而言，主要从任务、时间、方法、宏观层面和微观层面上对员工职业生涯管理的整个流程进行总体规划，如在哪一具体时间段来开展什么工作以及工作由谁来做，做的具体效果要达到什么水平和层次等。同时，制订的具体计划要力求切实可行和细化，切忌高谈阔论，华而不实。采用模糊或过于宏观的字眼描述计划不仅会影响执行力，甚至会误导整个员工职业生涯管理工作的实施。只有真正细化的、切实可行的实施计划才能有效指导实施过程的每一环节。

（二）组建员工职业生涯管理小组

因为员工职业生涯管理工作是一项跨部门、跨领域的工作，因此，在执行过程中，需要一个跨部门、跨领域的团队来负责员工职业生涯管理工作的有序推进，从而使其在人员和组织上得到根本保障。关于如何建设员工职业生涯管理小组，笔者认为，应该做到具体为以下几点：一是根据人力资源部的部门职能的定位和所属专业领域的特点，人力资源部的负责人应当发挥主导和协调的作用，就是员工职业生涯管理小组的"中心"。二是各部门负责人应该发挥协调作用，构成一个基本点，由于员工职业生涯管理工作涉及企业的各个部门和各个领域，该项工作能否得到执行，依赖各个部门的配合，各部门负责人应是这个小组中的重要成员。三是员工代表要及时反馈信息，构成另一个"基本点"。企业的职业生涯管理制度、企业所运用的技术和方法是否符合员工的需求，员工的心理状况是怎样的等信息，都需要来自一线的员工的及时反馈。

（三）开展职业生涯管理学习和宣讲

要想使员工对职业生涯管理有一个正确的认知，开展职业生涯管理学习和宣讲是一种有效的方法，即主要是指向企业员工灌输职业生涯管理的理念、管理技术和方法。开展职业生涯管理学习和宣讲需要分两层次来进行，一是对职业生涯管理小组成员展开重点培训，他们是企业整个职业生涯管理的主导者和执行者，因此，他们对职业生涯管理的认知程度、对相关技术和方法的掌握程度会直接决定整项工作的最终效果。二是面向广大员工宣讲。职业生涯管理工作能否得到有效推进，在很大程度上取决于员工对职业生涯管理的认识以及他们的配合程度。因此在宣讲的过程中，需要集中重点地向广大员工说明开展职业生涯管理的目的，告知可以获取的益处、应当如何配合此项工作，以便于获取他们的有效支持。

（四）组织员工面谈和员工自我认知

在成立员工职业生涯管理小组以及进行了相关的宣讲和学习后，需要组织员工面谈和进行员工自我认知。员工面谈主要是由员工的主管领导根据上一个阶段的绩效情况与员工展开沟通，明确该员工在过去所取得成就和其所具备的能力，同时也要指出他的不足和改善的方法。同时，员工也要对自己的工作进行客观总结，并进行自我评估企业综合两方面的信息可以为员工设计一条与员工的职业倾向和企业的发展战略相吻合的职业生涯规划路线。

（五）勾勒职业生涯规划路线图

勾勒职业生涯规划路线图具体分为以下三步：一是整合面谈评估信息与员工自我认知的信息，进行研究分析，找准员工的职业倾向。二是企业根据员工的职业倾向设计一条职业发展的路线，如为有技术倾向的员工设计一条技术发展的路线。三是企业与员工进行协商，确定职业生涯规划路线图。此外，企业在制定员工职业生涯路线图时，一定要考虑企业现有的资源和将来可以提供的资源，保障职业生涯规划路线图的可实现性和可操作性。

（六）构建员工职业生涯发展通道

要实现员工职业发展目标还要依赖顺畅的职业生涯发展通道，因此，企业一定要重视员工职业生涯发展通道的构建工作，确保员工职业生涯管理目标的实现。目前来讲，员工职业生涯发展通道主要分为三大类型。第一类是纵向职业发展通道，多用于管理人员职业的发展上，如从主管到经理再上升到总监，即职位上的晋升。第二类是横向职业发展通道，多用于技术性人员的职业发展，是传统意义上的轮岗和非行政级别的职业发展，对于在组织结构日趋扁平化的趋势下，如何丰富员工的工作内容、实现员工的职业成长具有重要的借鉴意义。第三类是双阶梯职业发展通道，设计多条平等的晋升通道以满足各种类型员工的职业发展需求。一个重要标志就是职级上升，但行政级别并不变更。总之，企业在能够提供这些职位发展通道的前提下，必须依据不同的人员进行差异化的设计。

（七）实施人才培养和晋升

完成了职业生涯规划路线和职业发展通道的构建工作之后，企业还需要实施人才培养和晋升。一般而言，企业实施人才培养和晋升主要是基于两个目的：第一，企业必须开展相关的培训项目来满足因职业发展路线对员工的能力提出的新要求而造成的员工需求。第二，在员工职业生涯管理的过程中，企业需要对相关人员展开倾斜和维护，从而在整个流程的执行中导入激励因素，实现职业生涯规划路线图由"静"向"动"的转变。另外，实施人才培养和晋升也是实现员工职业成长和职业生涯管理目标的重要保障因素。因此，企业在实施员工职业生涯管理目标的过程中，要重视人才培养和晋升工作，从制度上和流程上保障该项工作得到切实的执行。

（八）及时监控、反馈和评估

员工职业生涯管理流程的完整、顺利的实施都离不开及时的监督、反馈和评估。在完成了上述几步之后，企业就需要对其管理效果展开评估，既要审视中间存在的问题并及时予以更正，以确保职业生涯管理目标的实现，又要总结和积累经验，为下一轮的职业生涯管理工作的开展提供科学的依据。关于如何开展监督、反馈和评估，我们认为有两个点：一是员工群体，例如，实施职业生涯管理工作后，员工在哪些行为上发生了改变，员工的满意度是否增加，员工流失率是否降低等，这些都是管理效果评估的重要指标；二是关注企业，例如，企业的人才竞争力是否增强，企业原有的人力资源管理现状是否发生改变，企业在此项工作中的成本支出和收益的关系是怎样的等。只有不断地进行监督、反馈和评估，职业生涯管理工作才能在不断推进的过程中朝着原定的目标前进。

第四节　知识经济时代组织职业生涯管理的新趋势

在知识经济时代，组织赖以生存的环境发生了深刻而复杂的变化，表现为难以预测性和高度的动态性。为适应外界的变化，组织的结构趋向于扁平化、柔性化和虚拟化，由此引发了员工职业生涯发展的变化，传统的职业发展路径已不能满足知识经济时代员工的职业发展，员工被迫放弃稳定而安全的工作机会，在不同职位、职业和雇主之间实现职业流动，个体职业生涯的边界也因此改变。在知识经济时代，探求组织职业生涯管理的新趋势，发现组织在管理中的新角色，对员工和组织的发展都具有很强的指导意义。

一、组织职业生涯发展的转变

（一）传统的组织职业生涯

传统的组织职业生涯发展产生于稳定而有序的社会环境中，组织结构表现为纵向的科层结构，员工以对组织的忠诚换取长期的稳定的工作机会，组织引导着对员工的培训、开发和管理，而员工按照既定的职业发展路径实现在组织内部的晋升和发展，工作的稳定性很高，组织通过员工实现的职业忠诚以兑现长期的雇用承诺，员工对组织的职业牵连度很大。

（二）无边界职业生涯

在市场经济条件下，组织通过重组、裁员等一系列对策以应对高度动态的竞争环境，随之而来的精简和解雇使员工失去了职业的安全感，也弱化了对组织的忠诚。为了完成自我的职业理想，员工开始寻求不同职业道路，在不同的行业、职位就职，这种职业流动的趋势标志着个体的职业生涯进入了无边界的时代。

无边界职业生涯是指超越了单一就业环境界限的一系列工作机会。无边界职业生涯具有以下六种含义：第一，如著名的硅谷职业生涯，员工在不同的公司之间实现工作迁移和跨越；第二，如学者或木匠的职业生涯，可以从组织外部获得资格认定和市场竞争力认同；第三，当职业生涯如房地产商那样，得到组织以外的网络和信息的有力支持；第四，传统的职业生涯被打破，即传统的等级体系和晋升规则被打破；第五，由于个人或家庭的原因拒绝当前工作机会而出现的职业生涯模式；第六，基于员工个人的理解，将无边界诠释为摆脱结构化约束的职业生涯体系。

无边界职业生涯意味着员工将会在不同的组织中度过自己的职业生涯，在不同的行业、职位中实现迁移和流动。企业和员工之间传统的雇佣关系也将被打破，雇主不再向员工提出终生雇用的承诺，而是雇用更多的合同工和临时工，雇用双方的心理契约发生了根本的变化。与此同时，组织扁平化的趋势使组织内部垂直的晋升机会大大减少，员工不得不在组织之外寻找更多的发展机会，职业流动成为普遍现象。

（三）易变性职业生涯

在动态环境下，从个体的角度研究职业生涯的发展，易变性职业生涯的概念体现了当代组织职业生涯发展的另一新趋势。易变性职业生涯重视个体驱动的重要性，基于组织和环境动态性变化，个体应遵从自我价值的实现，感知的成就和职业满意等内在心理特征的驱动，主动地规划和调整自身的职业目标，在没有外界引导和支持的条件下，独立自主地管理和实现自身的职业生涯。与传统职业生涯和无边界职业生涯相比，易变性职业生涯更注重自我管理的责任和驱动，而在职业成功的标准方面，则关注了内在动机和自我价值实现的重要性。

从传统的职业生涯模式到当代的无边界职业生涯和易变性职业生涯，管理特征主要呈现为以下变化：一是企业与员工的雇佣关系由传统上组织用工作稳定取得员工的职业忠诚，而转变为员工用自身的高绩效获得在组织中可就业能力的提升。二是员工由为一两个组织实现终身雇用而转变为在多个不同的组织或行业实现跨越和流动。三是职业成功的标准发生变化，由传统上强调薪酬、晋升等客观标准，转化为更加关注主观层面，以自我实现等主观感知来衡量职业成功。四是对职业生涯管理的责任从企业层面逐渐迁移到员工个体，在当前新的发展趋势下，个体承担了更多的管理责任和主动性。五是员工职业阶段的划分已不再以年龄为导向，而趋向于以员工具备的学习能力和不断提升的就业能力为导向。六是员工的职业发展从传统上依赖组织提供的正式培训机会，转变为从人际交往的互动和工作经历中寻求发展机会。

二、知识经济时代组织职业生涯呈现的变化

随着社会的不断发展，组织职业生涯开发与管理也面临着不断的挑战，宏观环境、微观环境都产生了巨大的改变，组织业务战略与人才开发之间的关系日益密切，组织结构域劳动力出现了缩减、重组与重构，企业与员工之间心理关系产生了变化，员工日益重视工作、生活之间的平衡，等等。这种变化主要体现在以下几个方面。

（一）传统的雇佣契约关系被打破

在知识经济时代，外界环境的动态性特征迫使组织以更加弹性的方式实现对员工的雇用。组织在保持核心劳动力的同时，以更加灵活的方式和员工缔结非终身制的雇佣关系，以更多的合同工、临时工和人力资源外包的形式控制劳动力成本，应对外部环境的变化，而雇佣关系的不稳定性极大地弱化了组织和员工之间的承诺关系。随着传统的雇佣关系被打破，员工对企业的职业忠诚和依赖性也随之减少，雇主和员工越来越不希望建立终身的雇佣关系，员工不再长期服务于一个企业，而是基于自身的就业能力在不同的企业和行业间实现迁移，拓展和开发自己的职业生涯。

（二）职业流动性显著提高

在知识经济时代，组织将弃用以往的长期雇佣契约，采取短期的、弹性的雇用形式，以消除长期雇佣关系产生的高成本。这一举动造成了员工职业安全感和归属感的缺失，为了实现自我职业发展和避免被淘汰的局面，员工积极地规划和选择自身的职业发展路径，在自我价值的驱动下，自发地在组织内部和外部选择有利于自身发展的工作机会，在不同的职位和雇主之间实现职业流动，因此，是主动还是被动引发的职业生涯无边界化和易变性的趋势，都显著地提升了劳动力市场中人员的流动性。

（三）主观职业生涯成为职业成功的重要标准

传统的职业生涯成功标准在知识经济时代受到了挑战，薪资增加、职位上升、社会认同等客观评判体系的主导性地位在逐渐弱化，而个体感知的职业成功、自我实现、职业兴趣以及家庭与工作平衡等主观的价值驱动因素，逐渐成为员工主动的选择和改变职业边界的重要指标，主观职业生涯（Career）概念揭示了以结果为导向的客观职业成功标准来评价当前的职业生涯有很大的局限性，在动态复杂的环境中，已感知的职业成功和自我价值实现等主观指标正变得日益重要。

(四) 管理的主体和责任发生转移

随着传统的契约关系被打破,员工不再期望组织兑现长期雇用的承诺,客观生存环境的改变,要求员工主动地承担管理职业生涯的责任,个体由原来的被动接受组织的引导和规划,转变为职业生涯管理的主导者,而组织的角色逐渐转变为提供必要的职业生涯发展支持和咨询。员工更多地采取通过客观评价自身现状,基于职业目标和个体特征的匹配,确定职业发展目标,规划和管理自身的职业发展路径,主动探索发展机会,并从不同层面为自己界定职业成功的标准。

三、知识经济时代职业生涯管理组织的新角色

在知识经济时代,随着职业生涯管理责任的转移,成功标准的变化,雇用契约的弹性化,组织在职业生涯管理中的地位和作用看似被弱化了,承担的责任和管理投入也大大减少。但随着环境变化,在新的职业生涯呈现的特征下,组织面临着新的管理难题和挑战。

(一) 控制职业生涯边界无限扩张的趋势

随着职业生涯发展趋向于易变性和无边界化,许多员工通过灵活的职业流动摆脱了停滞不前的企业,通过职业迁移实现了自我竞争力的提升,尽管外界的动态性环境已成为职业生涯研究的主要因素,应对员工的流动性俨然企业人力资源管理的常态,但现实中并非所有的员工都偏好职业流动和迁移,一些员工为了换取职业安全感,仍然愿意维持传统的职业生涯发展路径。目前,员工的未来面临着更多的不确定性,职业发展的不确定性必定导致员工的职场压力和心理焦虑,因此,组织应控制职业生涯边界的无限扩张,对核心人员和关键性岗位应继续提供必要的职业安全感和长期的雇用承诺,以培养员工对组织的忠诚,实现对人才的可持续开发和利用。

(二) 有效地配置员工,实现合理的流动

员工的性格特征与企业环境的相适应程度,决定其对于工作的满意程度和离职的倾向性。当员工性格气质与工作相匹配时,则会产生较高的满意度和较低的流动性。在企业管理实践中,基于员工与职位 (Person-Job)、员工与组织 (Person-Organization) 的双重匹配,对员工进行合理的配置,最大限度地实现员工的价值和对组织的贡献,让员工不仅从客观的层面实现职业成功,也能够从主观层面感知到更大的成就感和职业满意度。员工只有实现了真正的自我价值和满意,才会被内在的成就动机驱动,自发地提高工作绩效,主动地降低职业流动的发生。

（三）构建学习型组织，提升可就业能力

在知识经济时代，员工需要通过自身能力的不断提升以实现自身的可雇用性。在传统的职业生涯管理中，组织会主动地引导，为员工提供培训和开发的机会，针对组织的需求，实施有针对性的知识技能培训，以提升员工的职业技能和胜任能力。为实现组织的可持续发展，提升员工的就业能力，除了依靠员工个体的努力，从组织的层面要积极地提供发展学习的环境和平台，构建学习型组织的氛围，以促进员工自发学习的动力，提升员工的"自学习能力"和创新能力。无论员工将获取的新知识和技能回报于组织的发展，抑或是基于个人提升的就业能力实现跨组织的流动，学习型组织的构建都是提升整个经济社会人力资本价值的有效途径。

（四）提供职业发展咨询和支持

当今，员工逐渐成为职业生涯管理的主导，尽管员工的责任变得越来越重要，但组织在职业管理中的角色依然不容忽视。组织要利用传统职业生涯管理职能的优势，发挥专家意见，鼓励员工进行自我评估，识别自身的价值和优势，为员工定位职业发展的目标提供辅导；为员工提供在组织内部的发展机会和内部流动可实现的路径，为员工实现内部流动提供必要的信息；帮助员工推行重要的职业生涯活动，增加与员工的沟通，关注员工生活和家庭的困难，通过实施员工援助计划，提供有利于家庭的工作安排和有利于配偶和子女的工作便利，以进一步提升对组织的依附性，降低核心人员自愿职业流动的发生。

（五）建立多重职业生涯通道

在知识经济时代，组织为了保持自身发展的持续竞争优势会限制职业生涯边界的扩张，抑制员工过于频繁的职业流动。员工主动发生职业迁移的意图来源于对自身就业竞争力的实现，而组织若为员工提供了发展的平台和通道，从职业稳定性的角度出发，员工会首先考虑在组织内部实现职业变动，为了防止核心员工因职业生涯发展路径碰到玻璃天花板而发生外部流动，组织应为管理人员和技术人员提供不同的发展通道，解决技术或研发人员传统上单一地向管理岗位晋升方式，为不同的职位实现职务晋升、薪资增长和事业成长，为员工创造更广的发展道路。

综上所述，通过探索组织需求和员工需求的契合点，赢得组织和员工的双重发展是组织职业生涯管理的最终目的所在。在知识经济时代，员工和组织的关系不再是传统的简单的雇佣关系，员工以其知识资本投入工作进而成为组织的合作者。因此，组织也必须与时俱进，在制定企业战略目标、职能部门目标时，要考

虑到员工们的个人目标，并采取有效的沟通方式，使员工们理解、认同企业目标，认识到实现企业目标有助于自身个人目标的实现。为实现组织和员工的双赢发展，还要大力加强企业文化建设，坚持贯彻执行"以人为本"的企业理念，营造一种拼搏、奋斗、团结、和谐的企业文化氛围，增强企业的凝聚力。要做到这些，就必须具有严格的激励制度和公平制度，信息透明化，员工和组织共同决策。只有如此，才能使员工真正与组织联系到一起，共同发展，保持员工职业生涯的活力，实现企业的可持续发展。

企业员工自我职业生涯管理

第一节 企业员工职业生涯中的自我探索

一、探索职业价值观

（一）价值观

价值观是指一个人对周围的客观事物（包括人、事、物）的意义、重要性的总体评价和总体看法。价值观通过人们的行为取向及对事物的评价、态度反映出来，是世界观的核心，是驱使人们行为的内部驱动力。价值观是后天形成的，与社会环境（电视、互联网等媒体的宣传）、家庭环境（对社会、他人态度的教育）以及求学经验（所读专业的训练）、交友等都有着密切的联系。因此，每个人持有的价值观不同，为人处世的态度也就不同，还会选择不同的生活方式，甚至为自己设定不同的生涯目标，采取不同的实现策略。因此，价值观对于一个人的职业生涯规划来说，具有高度的影响力。

（二）职业价值观

任何人在选择职业时都会受到一定动机的支配，而择业的动机一般都是由价值观决定的。职业价值观是人们对待职业的一种信念和态度，或者在职业生涯中表现出来的一种价值取向。职业价值观是个人对某项职业的价值判断和希望从事某项职业的态度倾向，即个人对某项职业的希望，愿望和向往。职业价值观表明了一个人通过工作所要追求的理想是什么，是为了财富，还是为了地位或其他因素。由于个人的身心条件、年龄阅历、教育状况、家庭和环境影响以及兴趣爱好的不同，人们对各种职业的主观评价也不同。不同的人由于价值观不同，因而对具体职业和岗位的选择也就不同。例如，有的人喜欢与人打交道的职业，有的人喜欢与物打交道的职业，有的人喜欢充满挑战的职业，有的人喜欢安全平稳的职业等。不同的人喜欢不同的职业，这正是职业价值观的体现。因此，认真分析和了解个人的职业价值观，对正确开展职业生涯规划有重要的意义。

（三）从实际出发调整自己的职业价值观

一般来讲，绝大多数人的职业价值观不是单一的，往往有很多种。心理学家把人们形形色色的职业价值观归纳为13种。

13种职业价值观可以分为三类：一是维持并提高物质生活的需要，通过从事职业活动取得报酬，满足衣、食、住、行等方面的要求；二是满足精神生活的需要，实现人生价值特别是发展个性的需要，在物质生活水平大大提高的今天，人们的这种需要显得越发突出；三是承担社会责任的需要，也就是通过从事职业活动，履行自己在社会分工中应尽的义务，为国家和人民多作贡献。

在选择职业时，不能只看重职业本身的价值，还应看到职业对社会的创造和贡献。人不能离开社会而独立存在，只有在工作中为社会作贡献，才能实现自己的职业价值，事业首先是具有社会性的。鲁迅先生曾经弃医从文，他为的是唤起沉睡的中国民众，使中华民族觉醒。人们在选择职业时，必须看到自己对于社会的责任，并主动承担这种责任，这样的职业价值观才是高尚的。在这种高尚的价值观的驱动下，人们才能不断克服困难，取得成功，只有这样，才能为社会作出杰出的贡献，才能为世人所尊敬。

当然，这并不是说要忽略择业中的个人因素，只去尽社会责任。这样不利于个人的发展，我们反对的是只为个人考虑的职业价值观，即处处以自我为中心，只顾及自我感受、自我发展、自我实现，毫不考虑国家和社会的需要。在择业时，我们要首先考虑社会需要，必须负起对社会的责任，以此为前提，综合个人的因素进行选择。

价值观是一种基本信念，它带有判断的色彩，代表了一个人对于什么是好、什么是对，以及什么会令人喜爱的意见。每一个求职者由于其所受教育的不同和所处环境的差异，其职业目标和要求也是不同的。在许多场合，我们往往要在一些得失中作出选择，而左右我们选择的，往往就是职业价值观。例如，是要工作舒适轻松，还是要高标准的工资待遇；是要成就一番事业，还是要安稳太平。当两者有矛盾冲突时，最终影响我们决策的是职业价值观。通过本测试，就可以大致了解自己的职业价值观倾向，从而选择理想的职业。

二、提升职业能力

（一）能力

能力是指顺利完成某种活动所必需的，直接影响活动效率的个性心理特征。能力的培养和发展是在掌握和运用知识、技能的过程中完成的，离开学习和训练，就谈不上能力的提高。

任何一种职业都要求从业者必须具备相应的能力，而且能力的强弱决定了人们工作效率的高低。例如，教师要很好地完成教学活动，就需要一些基本能力作保障，如流畅的口头表达能力、严密的逻辑思维能力和熟练的教学组织能力。如果不具备这些能力，就不能胜任教学工作。因此，个人能力是否符合职业要求，直接影响职业生涯的发展。

（二）职业能力

职业能力是指从事某种职业必须具备的在该职业活动中表现出来的多种能力的综合，它是一个人就业的基本条件，是胜任就业岗位的基本要求，是立足社会、取得社会认可、获取生活来源、谋求自我发展的基础。例如，厂长、经理应具备较强的管理能力，教师、律师应具备良好的语言表达能力，作家应具备很强的写作能力等。这表明从事职业时，除了必备的观察力、注意力、记忆力、想象力和思维能力等基础能力，还应具备专门能力。

（三）职业能力的类型

职业能力有以下六种类型。

1. 操作型职业能力

操作型职业能力是指以操作能力为主的职业能力。

2. 服务型职业能力

服务型职业能力主要包括敏锐的社会知觉能力和洞察力。

3. 艺术型职业能力

艺术型职业能力是指运用艺术方法、技巧反映社会生活和塑造某种典型艺术形象的能力。

4. 教育型职业能力

教育型职业能力是指用教育手段和方法传播人类科学文化知识，培育人们具有良好思想品德，使人获得知识、增长才干、发展个性等方面的能力。

5. 科研型职业能力

科研型职业能力是指运用资料查询、社会调查及实验研究等手段，进行革新改造、创作发明、开发新产品等方面的能力。

6. 管理型职业能力

管理型职业能力是指综合运用计划、组织、指挥、协调与控制的管理职业的能力，其核心是决策能力。

人的职业活动能力还可以划分为专业能力、方法能力和社会能力。专业能力一般是指专门知识、专业技能和专项能力等与职业直接相关的基础能力，是职业活动得以进行的基本条件。如果在具备一般专业能力的基础上，又能掌握方法能力和社会能力，就会使职业活动获得事半功倍的效果。因此，国外把这种超越一般专业能力领域以外的，对职业活动的顺利进行以及促进职业生涯发展发挥着重要作用的方法能力和社会能力，称为"关键能力"。关键能力与纯粹的、专业的职业能力和知识没有直接的联系，但又与完成职业所需要的专业任务密切相关。专业能力、方法能力和社会能力是我们做事必备的职业行为能力的三个不可分割的组成部分。其中，专业能力是职业活动得以进行的基本条件，而方法能力与社会能力是我们做事能否成功的基本保证。

因此，了解自己的能力偏向及不同职业的能力要求，对自己合理地进行职业选择具有重要意义。能力的不同，对职业选择就有差异。因此，在选择职业的时候，一定要做到自己的能力与职业相吻合。

三、提升职业能力

具备相应的职业能力，有利于提高自身的生活质量，有利于增强自身的竞争实力，有利于实现自身的人生价值。那么如何提升职业能力呢？

在校学习期间，我们应结合自己的专业，结合自己的实际，有意识、有计划地不断提升自己的职业能力，形成特长。

（一）强化技能操作，夯实专业实践能力

学生在激烈的就业竞争中要努力提高专业实践能力。如何来提高专业操作技能水平呢？当今社会分工越来越细，要求不断提高劳动者的专业化水平，使自己有一手"绝活"，让用人单位对自己刮目相看。

（二）参加社会实践，提高自己的社会能力

社会是一个五光十色、光怪陆离的舞台，职业世界五彩纷呈、变化多端。在校学习的我们，处于相对封闭的小天地，需要通过社会实践、见习、学习、参

观、考察和访谈等途径，接触社会，了解社会，增加对于专业、职业、就业、创业和事业的了解，锻炼和积淀从事职业活动所需要的人际交往能力、公关意识、职业道德意识、环境意识，提高社会能力。

（三）学会学习，主动提高方法能力

方法能力是职业能力的基础，是从事职业活动所需要的工作方法和学习方法，包括制订工作计划的步骤、解决实际问题的思路、独立学习新技术的方法、评估工作结果的方式等。当今社会，知识更新速度加快，"一次学习，终身够用"的时代一去不复返了。学生在学校的求学时间有限，知识、技能等储备相对较少，面对风云变幻的职业生活，唯有不断学习，与时俱进，才不会被淘汰。

这是一个信息爆炸的时代，新理念、新思想、新观点、新方法层出不穷，思维、技术、工艺、规则日新月异，我们只有不断学习，努力提高自己的方法能力，才能适应社会发展和需求。

四、明确职业生涯选择

（一）职业生涯选择的影响因素

学生在职业生涯决策过程中的心理反应是十分复杂的。主要表现在：一是期望值过高。一些人对就业形势认识不清，对用人单位的需求了解不够，对自身缺乏实事求是的评价，主观愿望脱离客观实际，导致对职业和薪水的期望值过高。二是依赖心理。一些人对父母和学校的依赖性过强，往往放弃主动择业的机会，把全部希望寄托于父母和亲友身上。三是急功近利，一些人一心只想到挣钱多、待遇好的单位和发达地区工作，为此不惜抛弃自己的专业和兴趣。四是从众心理。一些人缺乏理性思考，忽视对社会需求和求职单位的了解，忽视对自己特点特长的分析，而是以别的同学的选择作为自己的选择，如此等等。

造成学生职业生涯选择的心理问题的影响因素有很多，大致可分为社会环境因素、家庭因素与学生自身因素三大类。

1. 社会宏观环境对职业生涯选择的影响

每一个人都处在一定的社会环境之中，离开了社会环境便无法生存与成长。因此，在进行个人职业生涯选择时，要分析环境条件的特点、环境的发展变化情况、自己与环境的关系、自己在这个环境中的地位、环境对自己提出的要求以及环境对自己有利的条件与不利的条件等。只有对这些环境因素充分了解，才能作到在复杂的环境中避害趋利，使自己的职业生涯选择具有实际意义。

目前，社会对学生的需求情况如下：一是综合素质过硬的学生总体上供不应

求，但在部分地区、行业，由于竞争激烈，已经出现"供过于求"的现象。二是用人单位对学生挑选趋严，而且对学生各方面的素质和能力要求有所提高。三是非公有制单位将成为就业热点，各种非公有制经济对学生的需求量也越来越大。

相对于社会宏观环境而言，学生难以改变这种状况，最明智的做法是适应环境，并调整自己的择业目标和择业期望。在当前全球经济危机的情况下，就业形势非常严峻，但如果换一个思路来思考问题的话，也许目前这种"没有机会"其实正是一个机会。原因很简单，社会的结构性调整对于处在传统岗位、惯用传统思维的人来说也许是一种困境和危机，但对于有抱负的学生来说，正是机会和机遇大量涌现的时候。如果我们仅仅把眼睛盯在那些传统的就业部门和传统的就业岗位上，那的确会有"今不如昔"的感觉。但是如果我们能突破就业观念上的思维"盲区"，重新审视一下自己对就业部门和就业岗位的目标定位，也许对就业形势的看法就不会那么消极了。因此，学会适应，首先就是要使我们头脑中的就业观念调整过来，适应处在变化中的社会现实。

2. 家庭对职业生涯选择的影响

学生缺乏社会经验，有时也缺乏判断力，家人的选择通常会对他们最终的选择产生相当大的影响。还有些学生则很喜欢攀比，朋友找什么样的工作，自己也不假思索地跟着去找相同的工作。

职业规划专家认为，适当听取家人和朋友的意见是必要的，但最关键的是要有自己的主见。

3. 个人因素对职业生涯选择的影响

（1）自己是职业生涯选择的决定者

职业的道路上，有人选择安逸，有人选择稳定，有人选择刺激……你选择什么？只有你自己最清楚！静下心来，好好考虑一下，你最想要的是什么。当你对自己的能力、兴趣、性格了解得越多，越清楚什么对自己最重要时，我们选择的方向就会越明朗，就越容易作出决定。有一句老生常谈的话：最适合自己的就是最好的。自我评估的目的是认识自己、了解自己。因为只有认识了自己，才能对自己的职业生涯作出正确的选择，才能选定适合自己发展的职业生涯路线，才能对自己的职业生涯目标作出最佳抉择。自我评估包括自己的兴趣、特长、性格、学识、技能、智商、情商、思维方式、思维方法、道德水准以及社会中的自我等。

"认识你自己"是一个千古难题，要实现职业生涯选择的合理性，提高自己的自我认知能力是一个基本的问题。有一个因素对职业生涯选择起着很大的影响，就是"决策风格类型"，即你是习惯怎样做决定的。风格是指不同的人在做事方式上所表现出来的习惯偏好。

①理性型

这一类型的人能够系统地收集职业生涯的相关信息，思考问题逻辑性强，分析各类选项的利弊得失，以作出最佳的决定。理性型的决定包含探索个人与环境的需求，优点是针对不同选项分析利弊得失后得出的结果较为合理，但要考虑时间因素，需要花费工夫在前期资料的收集上，有错失良机的可能。

②直觉型

这一类型的人是以自己在特定情境中的感受，或者情绪反应，作出直接的决定。这种类型的人做决定全凭感觉，较为冲动，很少能系统地收集相关信息，但他们能为自己的抉择负责。直觉型的决定是自发性的，在时间急迫的情况下非常有用，缺点是容易受主观意见影响。

③依赖型

这一类型的人往往等待或依赖他人为自己收集信息并为之作决定，较为被动和顺从，十分关注他人的意见和期望。对于此类型的人而言，社会赞许、社会评价和社会规范是决定的标准，他们的口头禅多是："我的家人希望""他们认为我可以"等。依赖型最省时省力，虽然长辈的意见有时是宝贵的经验之谈，但不见得是最有效、最适合的策略。

④犹豫型

这一类型的人因为选择的项目太多，无法从中作出取舍，经常处于挣扎的状态，下不了决心。例如，"我怕自己一旦作出选择，之后又会改变""我绝不能轻易决定，万一选错了，那就惨了"这样的思路往往会"冻结"自己的职业生涯决策，从而对良好的决策制定产生消极的影响，而好处则是可以充分收集能够对决策产生影响的资料。

(2) 在实践中提升自己的职业生涯选择能力

要积极推进学生到企业等用人单位顶岗实习，努力形成以学校为主体，企业和学校共同教育、管理和训练学生的教学模式。例如，《职业院校试行工学结合、半工半读的意见》就学校学生顶岗实习一年、高等职业院校学生实习实训半年提出操作性指导意见。

顶岗实习是一种将理论知识的学习、职业技能的训练和实际工作的经历三者结合在一起，使学生在复杂且不断变化的社会中更好地生存和发展的教育方法。

学生在企业生产的真实环境、企业管理的规范环境、企业文化的人文环境和人际交往的社会环境中，按照实际的生产项目、工艺、规范和操作要求等进行产品制造，经历从"学校人"向"社会人"的转换过程。在这一真实的互动过程中，学生不仅能进行职业操作技能的训练，还能通过实践认识社会，学会做人，学会服从领导、服从命令，学会团队合作，培养良好的职业意识、职业道德和严谨求实的职业态度。

因此，学生要充分利用好顶岗实习的机会，通过顶岗实习取得以下四个方面的收获，以此提升自己的职业生涯选择的能力。

①认识职场，理解同事

那些善于把握机会的学生，很快就会在实习过程中发现，职场犹如一部高速运转的机器，职场中的人则如这部机器上那些担负着各自任务的零部件，是"螺丝"就要固定在自己的位置上，不能有任何松动；是"轴承"就要保证运转。他们会意识到，用人单位选择新人，看中的就是毕业生所掌握的专业知识及相关技能。

②了解专业，明确方向

学生在自己的实习经历过程中，要去努力探寻、尝试、总结、分析自己的职业能力和职业兴趣之所在，总结哪些类型的工作凸显了自己的优势，哪些类型的工作暴露了自己的劣势，并将这一结果在实践中反复印证。

③积累经验，吻合需求

在实习过程中，学生要有意识地将以往所学的理论知识自觉地融入实际操作之中，而且要主动自学、自训，以弥补自己所学的不足，缩短在实际技能方面的差距，努力使自己在最短的时间内适应岗位需要。

④磨炼自己，全面融入

实习是一个对职场全方位融入的过程。它既能提高学生的专业能力，也能提升自己的综合职业素质，如主动精神、良好的人际交往能力等。

(二) 职业方向的选择

1. 选择职业

选择职业是指求职者根据自己的职业意向、职业兴趣、职业能力以及个性特点、社会需要等，在众多职业岗位中选择适合自己的职业岗位的过程。

在前一章中，我们已经针对职业价值观、职业兴趣、职业能力以及自己的气质特征进行了自我评估，已经根据心理测评的结果初步确定了自己的职业。

在职业选择过程中，要强调的是该职业是否与社会需求相吻合。我想做，我能做，我也适合做，但是社会上有这种需求吗？这也是我们需要重点考虑的问题。

2. 选择行业

选择什么样的行业，就有了什么样的发展空间。对于在校的学生来说，有时也很难马上发现最适合自己的行业，但可以通过实践去尝试。以下是几种常见的选择行业的思路。

（1）结合所学专业

如学机电专业的同学可以先了解制造业等相关行业。要注意两点：一是喜欢所学的专业；二是只能喜欢所学的专业，因为没有其他更好的办法。

（2）结合兴趣能力

如学营销的同学，对旅游业有兴趣，积累了导游经验并考取了导游证。注意两点：一是了解入行门槛，有兴趣也要有资格、有能力；二是只凭兴趣转行的同学要准备承担风险。

（3）结合行业前景

如从所谓的热门行业、朝阳行业切入。注意两点：一是选择热门行业面临的机会多，竞争也更激烈；二是思考自己有何本领可在该行业立足和发展。

（4）结合人际关系

如通过亲戚朋友等关系可以进入某些行业。注意两点：一是就业前要弄清楚该行业的发展状况与趋势；二是思考该行业是否适合长远发展。

不管进入哪个行业，无论你是从事技术还是管理，你的首要目标是要成为这个行业的专家。没有多年的行业经验，很难说你了解了一个行业，比如对于行业的惯例、发展趋势的了解、行业的价值链条、各个层面的细节和人脉的积累等都需要相当时间的积累。失去了行业背景，你的价值就会大打折扣。

3. 选择企业

企业是个人职业的承载平台，是个人职业生涯不断得以拓展、得以精彩展现的舞台。一个好的平台往往能够让人得到成长和锻炼，不断获得职业能力的提升，增强个人对于职业的信心和兴趣，不断促进个人职业生涯的发展。一个不好的平台往往不能够促进个人职业生涯的发展，甚至会让一个人慢慢地丧失职业发展的竞争力，让个人的职业生涯出现停滞或者倒退。从某种程度而言，进入一个好的企业甚至比考上一所好的学校更重要，因为你所获得能力的提升和发展的机会比学校所能提供给你的要多得多，因此，选择一个有助于自己发展的企业非常重要。

很多学生平时较少关心用人单位，往往是看到用人单位来招聘了，才仓促之间去了解用人单位，甚至有的同学看到同学们都在报名，自己想当然就跟着去了，这种临时抱佛脚和从众的做法是不可取的，应该平时就做好对相关企业的了解。

企业选择有两方面的含义：一方面是就业者对用人单位的选择；另一方面是用人单位对就业者的选择。可见，企业选择是一种双向的选择，任何绝对意义上的单向选择都不能构成职业与劳动者的最优化、最有效的结合。

当我们的能力还不够的时候，当我们的优势还不明显的时候，当我们的经历与经验还欠缺的时候，我们没有太多的选择。选择是一种能力，选择越多，代表我们的能力越大。没有选择能力的时候，我们能有一份工作机会就不错了。生存第一，解决了生存，才能谈发展；解决了生存，才有信心规划明天。因此，在确立职业目标后，我们一定要不遗余力地发展自己的职业技能，打造自己的职业品牌。

不同的选择导致不同的生活方式，选择企业更是如此。在选择用人企业时，以下几点可做参考：一是根据自己的价值取向选择用人企业的性质类型。二是根据自己的发展战略选择企业的发展周期。如果希望积累创业经验，可以考虑进入创始期的企业；如果希望快速晋升，可以考虑进入快速增长期的企业；如果希望平平稳稳，那可以考虑成熟期的企业。三是根据自己求职条件选择企业的实力规模。是进入实力雄厚的大企业，还是服务实力一般的中小企业，自身的个人实力是考虑的重点。有的职业咨询师建议：大企业选文化，中企业选行业，小企业选老板。

4. 选择地域

对于一个立志要在某个特定行业发展的毕业生来说，首要的不是考虑去哪个地方就业，而是要考虑对于这个行业而言，最适合去哪个地方就业。这需要考虑到不同地域之间三个方面的差异：一是基础性的综合环境，具体包括人才环境、生活环境等方面，这些因素是跨行业的，与具体性的行业没有直接关系，或者说是该地域所有具体行业的综合；二是自己的意向行业在不同地域的已有发展水平；三是意向行业在不同地域尚未挖掘出来的发展潜力。

当然，理性地选择最适合自己的地域就业，这能最大限度地缩短自己与成功的距离，但是，这并不是成功的充分条件，也不是成功的必要条件。对于一个真正不甘平凡的人而言，不但要善于选择环境，更要善于适应环境、利用环境、改变环境。有机会选择的时候，选择我们想选择的；没有机会选择的时候，把握我们能把握的。机会总是垂青于有准备的人。

（三）职业发展目标的选择

无论生活或者工作，人们都必须有一个目标。没有切实可行的目标做驱动力，人们是很容易对现状妥协的。根据自身的兴趣、能力、价值观和气质等，给自己制定一个切实可行的目标是职业生涯规划的核心内容。所谓规划中的职业生涯目标，是指当前可以预见的最长远目标，如你的目标可以是成为行业的专家或者高管，也可以通过自己职业的发展为将来的创业奠定基础。

1. 确立目标对职业生涯发展的巨大意义

古今中外凡在事业上有所成就的人，无不有着明确而坚定的目标。一切成就的起点是渴望。一个人追求的目标越高，他的才能发展就越快。一心向着自己目标前进的人，整个世界都给他让路。所有成功都必须先确立一个明确的目标，当对目标的追求变成一种执着时，你就会发现所有的行动都会带领你朝着这个目标迈进。目标就是力量，奋斗才会成功。明确而坚定的目标是赢得成功、有所作为的基本前提，因为坚定目标的意义不仅在于面对种种挫折与困难时能百折不挠，抓住成功的契机，让梦想一步步变为现实，更重要的还在于身处逆境能产生巨大的奋进激情，使自己的潜能得到最大发掘与释放。

目标像分水岭一样，轻而易举地把资质相似的人们分成为少数的精英和多数的平庸之辈。前者主宰了自己的命运，后者随波逐流，枉度一生。当一个人下定决心之后，往往没什么能阻止他达到目标。一旦有了成功的渴求，就会产生强烈的使命感与责任感并为之拼搏。西方有句谚语："你想要的尽管拿去，只要付出相应的代价就行。"有位哲人说，"决心攀登高峰的人，总能找到道路。"强烈的动机可以驱使人超越诸多困境。如果你至今仍不清楚自己希望达到怎样的人生高度，那么请把你的目标写下来，矢志不渝地向着心中的目标拼搏进取，如此，你就会敏锐地捕捉到成功的契机，顺利抵达理想的境地。

只有我们给自己的人生设定了目标，我们内心深处那个勇敢、坚定、执着和不畏艰险的我才会走出来，我们才能最大限度地激发自己的潜能，更好地迎接人生路上的各种挑战。

2. 职业发展目标的选择

在选择职业发展目标时，应通过预测、衡量和比较后再作出选择。

（1）预测

设想各种方案，并对设想出的这些方案进行可能性评价，预测其可能导致的结果，其中包括对成功的预测以及对失败风险的预测。

（2）衡量

衡量职业发展目标的可行性，即在预测结果的基础上，对设定的发展目标进行考量，结合自身实际，综合各种因素，遵循一定原则确定最适合自己、最具可行性的目标方案。职业发展目标的选择，需要从以下三方面进行衡量：一是了解发展目标对从业者的素质要求，衡量本人现实条件与之匹配的程度。二是了解发展目标对从业者可能有的回报，衡量本人价值取向得到满足的程度。三是了解发展目标对外部环境的要求，衡量本人可能有的发展机遇与之相符的程度。在衡量过程中，要体现主观与客观相符合、个人与社会相和谐、现实与发展相统一的要求。

（3）比较

在衡量所得结果的基础上，对各种备选方案进行排序，确定最优方案，从而确定最符合本人发展条件的目标。

通过预测、衡量、比较三步的决策分析，可能作出的决定有两种，即终结性决定和调整性决定。终结性决定是选出了最佳方案；而调整性决定是对原有的备选方案均感不满，决定重新探索发展目标，列出几个新的备选方案，再次进行决策分析。对于比较复杂的重大问题，往往需要反复多次分析选择才能作出决策。

（四）职业生涯发展路径的选择

在确定职业方向、目标后，就面临着职业生涯路径的选择问题。职业生涯路径的选择是人生发展的重要环节之一。由于发展路径不同，对职业发展的要求也不同。

1. 职业路径的类型

通常，一个人的职业路径可划分为技术路线、管理路线和创业路线三种类型，在具体动作上表现出三种类型。

（1）单一型

单一型又叫"直线型"。从业者一生只从事一种职业，不断学习和提高专业技能，积累经验和资历，只在这个职业的一系列职位中发展，如只走技术路线或只走管理路线。

（2）平行型

平行型又叫"双重型"。从业者在技术和管理两条路径上齐头并进。

（3）混合型

混合型又叫"螺旋型"。从业者在职业生涯发展中从事两种或两种以上的职业，不断学习和提高多种技能，培养灵活的就业能力，不断积累，提升人力资本，在不同职业甚至不同行业中寻求发展。如先走技术路线，后走管理路线，最后走自主创业路线。

2. 路径选择的方法

在选择职业路径时，首先要对职业生涯要素进行系统的分析。可以考虑以下三个方面的问题。

(1) 希望向哪条路线发展？这是你的价值取向

主要是根据对个人的爱好兴趣、价值观、理想和成就动机等主观因素的分析，计划出自己希望朝哪条路径发展，以便确定自己的目标取向。

(2) 适合往哪条路线发展？这是你的能力取向

这指的是分析个人适合向哪一条路线发展，主要考虑自己的性格、经历、特长、学历和家庭影响等一些客观条件对职业路线选择的影响，确定自己的能力取向，即自己能向哪一条路线发展。也就是说，自己走这一条路线是否具有这方面的特长，是否具有这方面的优势。

(3) 能够朝哪条路线发展？这是你的机会取向

个人能够向哪一条路线发展，主要考虑自身所处的社会环境、经济文化环境、政治环境和组织环境等，确定自己的机会取向。即内外环境是否允许自己走这一条路线，是否有发展的机会。

通过系统地分析自身因素和环境因素，权衡利弊，选择路线，挑选出能实现自己目标的最佳路线。

第二节　企业员工提高自我情绪管理

心理学家发现，快乐其实是一种习惯，不管大环境怎么变，情商高手的快乐决心是不会改变的。当我们能换一种心态去看待自己的生活，并带着愉悦的心情面对生活时，就会发觉自己的内在勇气会大为增长，抗压应变的能力也会大为增强。

只要调整了心态，你就能抛开生活中的各种阴影，这不但容易形成良好的人际关系，而且还易于为自己营造良好的成才环境，从而更容易在职业生涯中取得成就。

因此，每个人都有必要了解和关注情绪。消极情绪若不适时疏导，轻则影响心情，重则使人走向崩溃；而积极的情绪则会激发我们生活的热情和潜能。只有了解了情绪，才能管理并控制情绪，才能发挥其积极作用。情绪管理要求我们要辨认情绪、分析情绪和管理情绪。

一、情绪及情绪管理的含义

情绪就是人对事物的态度，情绪最基本的四种表现是快乐、愤怒、恐惧和悲哀。

情绪包括正面情绪和负面情绪。其中，正面情绪是指爱、感激和希望等；负面情绪是指恐惧、仇恨和愤怒等。负面情绪对我们的健康十分有害。科学家们已经发现，经常发怒和充满敌意的人很容易患上疾病。

情绪管理就是善于掌握自我，善于调节情绪，对生活中各种矛盾和事件的反应能适当排解，以乐观的态度、幽默的情趣及时缓解紧张的心理状态。

二、认识自我情绪的四种方法

（一）情绪记录法

做一个认识自我情绪的有心人。你不妨抽出一天至两天时间，有意识地留意记录自己的情绪变化过程，可以以情绪类型、时间、地点、环境、人物、过程、原因和影响等项目为自己列一个情绪记录表，连续记录自己的情绪状况。回过头来看看记录，你会有新的感受。

（二）情绪反思法

你可以利用你的情绪记录表反思自己的情绪；也可以在一段情绪释放之后反思自己的情绪反应是否得当，为什么会有这样的情绪？这种情绪的原因是什么？有什么消极负面的影响？今后应该如何消除类似情绪的发生？如何控制类似不良情绪的蔓延？

（三）情绪恳谈法

通过与你的家人、老师、同学和朋友等恳谈，征求他们对你情绪管理的看法和意见，借助他人的眼光认识自己的情绪状况。

（四）情绪测试法

借助专业情绪测试软件工具或咨询专业人士，获取有关自我情绪认知与管理的方法和建议。

三、管理情绪的方法

在现实生活中，我们经常可以看到不少人由于情绪激动而丧失理智，在一时冲动之下作出误人误己的事。所以，我们在处理冲突产生的情绪时要正视它，保持冷静的头脑，把不良情绪的强度降到最低的限度，然后以合适的方式来纾解与管理，才能达到冷化冲突、促成有效沟通的目的。

下面介绍六种有效管理情绪的方法。

（一）转移注意力法

一般情况下，能对自己的情绪产生强烈刺激的事情，通常都与自己的切身利益有很大关系。虽然要很快将它遗忘是很困难的，但是可以进行积极的转移，如主动去帮助别人，找知心朋友谈心，或者阅读有益的书籍。要使自己的心思有所寄托，不要使自己处于精神空虚、心理空旷的状态。凡是在不愉快的情绪产生时能很快将注意力转移他处的人，不良情绪在他身上存留的时间就短。

（二）换位思考

换位思考，要求站在对方的立场上考虑问题，理解他人，体谅他人。有一则寓言讲述：有个少年问智者，怎样才能让自己快乐。颇具哲理性的话道出了为人处世的四字真言：换位思考。换位思考是一种哲学思考，也是一种道德观念——"己所不欲，勿施于人"。在学习和工作中，如果遇到负面情绪的时候，有意识地进行换位思考对我们处理负面情绪是有帮助的。换位思考是享受生活的人生态度，更是调整情绪的有力工具。

真正的换位思考是建立在理解他人和了解自我的基础上的。这又对长远的把握和细节的关注提出了更高的要求。试想，没有对细节的理解，如何能真正地站在他人的角度来换位思考呢？因此，换位思考不仅仅是意识问题，更多的是如何从细处去执行的问题。否则，就只能是表面上的换位。

当我们的生活习惯与别人起了冲突时，我们要做的不是先指责别人，而是平静下来，仔细想想，假设你是对方，从对方的角度想想你遇到这样的事会怎样做。

（三）深呼吸法

采用腹部呼吸，将空气吸入下腹部丹田的位置，在不觉得吃力的状况下吸满空气，让空气在体内停留数秒，然后慢慢将空气呼出，腹部随着空气的呼出而往内缩，持续约5秒后，再缓缓吸气，如此循环10分钟。

（四）疏导法

理智地消解不良情绪。首先，必须承认不良情绪的存在；其次，就要分析产生这一情绪的原因，并查清楚究竟为什么会苦恼、忧愁或愤怒，是否确实可恼、可忧、可怒，有时实际上并不是这样，那么不良情绪就会得到消解；但如确实有可恼、可忧、可怒之处，那么就要寻求适当的方法和途径来解决它。

（五）语言暗示法

当你为不良情结所压抑的时候，可以通过言语暗示法，来调整和放松心理上的紧张状态，使不良情绪得到缓解。语言是一个人情绪体验强有力的表现工具。通过语言可以引起或抑制情绪反应，即使不出声的内部语言也能起到调节作用。例如，林则徐在墙上挂有"制怒"二字的条幅，这是用语言来控制调节情绪的好办法。再如，你在发怒时，可以用言辞暗示自己"不要发怒""发怒会把事情办坏的"；陷入忧愁时，提醒自己"忧愁没有用，于事无益，还是面对现实，想想办法吧"。在松弛、平静、排除杂念的情况下进行这种自我暗示，对情绪的好转将大有益处。

（六）请人引导法

有时候，不良情绪光靠自己独自调节是不够的，还需借助于别人的疏导。心理学研究认为，人的心理处于压抑的时候，应当允许有节制地发泄，把闷在心里的苦恼倾倒出来。因此，当你产生苦闷的时候，可以主动找老师、亲人或同学诉说内心的忧愁，以摆脱不良情绪的控制。

管理好自己的情绪，争做情绪的主人，当喜则喜，当悲则悲。在想要发怒时，一思发怒有无道理，二思发怒后有何后果，三思有何其他方式替代。这样就可以变得冷静，就可在快速变动的生活中应付自如。

第三节　企业员工培养吃苦耐劳精神

一、企业呼吁加强吃苦耐劳精神教育

一些学生走上工作岗位后，希望工作轻松，待遇优厚。当现实与期望值有着巨大反差时，他们便轻易放弃，于是在职场中出现了几个月就跳槽的现象。曾有一些学生，千方百计地挤进了一家条件很不错的单位后又很快跳槽了，其原因是受不了单位严格的管理。用人单位反映，当今青年学生普遍缺乏吃苦耐劳的精神。

二、吃苦耐劳是成功的阶梯

在今天这个充满机遇与挑战的社会里，要想脱颖而出，自己就要付出比其他

人更多的勤奋和努力，积极进取，奋发向上，才能够达成愿望。所以，不管我们现在从事什么样的职业，都应该在自己的岗位上勤勤恳恳地工作。宝剑锋从磨砺出，梅花香自苦寒来。能吃苦是一个人最基本的能力，不能吃苦就不会有事业的成功。

随着社会的不断进步，竞争越来越激烈，来自方方面面的压力也就越来越大，若同学们不养成吃苦耐劳的精神，那么，面对今后的困难就会无所适从，甚至走向消极绝望的道路。

三、培养吃苦耐劳精神

开展吃苦耐劳精神教育，并不是说拒绝享受现代的物质文明给人类带来的便捷和舒适，而是一种追求卓越的人生态度、一种敬业认真的职业精神。怎样才能培养自己具有吃苦耐劳的精神呢？

（一）正视职业，把职业当事业

你是否问过自己"为什么要工作？"有人把职业当成谋生糊口的手段，有人把职业当事业，而一名优秀的员工是把职业当事业的人。

身在职场，你首先要认清自己，你所从事的职业完全由自己的职业取向决定。你的职业取向是把职业当作收入的来源来对待，还是把职业当作自己一生的事业来对待，其结果将有天。

在就业岗位竞争越来越激烈的今天，往往是工作选择你，而你却很少有机会选择热爱的工作。工作很难选择，但是，对待工作的态度却完全由你自己掌握。是像甲、乙一样，在消极应付中消耗掉自己的生命以至于一事无成呢，还是像丙一样选择卓越，直面现实吃苦耐劳，打造生命的辉煌呢？相信你能作出正确的回答。

（二）选择职业，从基层做起

大多数的人未必一开始就能获得非常有意义的工作，或非常适合自己的工作。有相当一部分的人，刚开始都被派做一些非常单调呆板和貌似毫无意义的工作，于是认为自己的工作枯燥无味或说公司一点都不能发现自己的才能，因此马虎行事，以至于无法从该工作中学到任何东西。

（三）重视职业，勤奋工作

天道酬勤。一个勤奋不畏艰苦、做事认真踏实的人，通常成功的概率要大一些。一家企业工作效率的高低，工作质量的优劣，在很大程度上取决于员工不辞辛苦地工作。

一个优秀的人应该懂得，只有"干一行，爱一行"，才能干好一行，在这一行作出成果。即使这项工作有违初衷，但一旦接手，就要毫不犹豫地担负起责任，尽职尽责，干出成绩，而不是天天抱怨。

（四）把小事做好

能够安下心来埋头苦干，这是人们成就事业的一个基本条件，企业也需要踏实、努力工作的人。虽然每个人都想成就一番伟大的事业，但有些人不愿意在职场中脚踏实地地把自己的本职工作做得更好，认为埋头苦干过于辛苦，要想成功还不如另外寻找那些更加"轻松"的捷径。不积跬步，无以至千里；不积小流，无以成江海。一颗铆钉足以倾覆一列火车；一根火柴足以毁掉一片森林。服务人员的一个微笑和温馨问候，可能会留住一个客人；产品的细微瑕疵，可能会令你在竞争中失败。真正的成功没有捷径，要想实现它，只有一步一个脚印地向前迈进。

年轻人或多或少有浮躁的毛病。在一个岗位上待了没多久，自认为全部学会了，就想着换岗位，甚至换工作。难道真的是这样吗？你能执着地把手上的每一件小事做到完美的境界吗？

世界上能做大事的人，都能把小事做好、做细。据世界心理协会测试，愿意从小事做起、从基层做起的人，往往最不怕曲折，最能忍耐，抗打击能力极强。因为从基层做起，从小事做起，更需要扎扎实实、勤勤恳恳的精神。能把小事坚持做到最好，必须具备一种锲而不舍的精神，一种坚持到底的信念，一种脚踏实地的务实态度，一种发自内心的责任。

第四节 企业员工塑造个人品牌

一、个人品牌的魅力

当今时代，很多人的事业已经从做一份工作、追求一个职业、实现一个愿望发展到要建立个人品牌。人们通过不同的途径和方式获取更高发展的能力，而这种职业能力的不断延续和向更高层次的发展就需要建立个人品牌。那么，从现在开始，你要建立个人品牌。管理专家提出，有了个人品牌，才会在职场中成为"不倒翁"。

品牌是企业、产品或个人与顾客双向互动的过程中形成的，如果没有客户的信赖和支持，品牌就会失去价值和意义。

即便打工，只要拥有了自己的品牌，便会被猎头公司紧紧盯住，身价也会水涨船高。

个人品牌就是个人在工作中显示出独特的价值。它就像企业品牌、产品品牌一样，要有知名度，更要有忠诚度。具体而言，个人品牌有几个特征。

（一）个人品牌的最基本特征是质量保障

它体现在两个方面：一方面是个人业务技能上的高质量。精深的专业技能是个人品牌建立的核心内容，在职场，能力不强的人是不可能树立个人品牌的，就像一个产品，客户服务再好，如果三天两头出故障，也会让客户避而远之。彼得·德鲁克在著作中指出，现在个人专长的寿命比企业的寿命长。将自己的技能融入作品形成风格特色，则具有不可替代的价值，这是建立个人品牌的关键。所以，学生要通过不断学习和实践，提高自己的专业技能——提升自己解决某方面实际问题的能力，如平面设计、计算机编程或数控操作等。因此，从一进职校门，学生就要开始有意识地积累能力。许多学生在毕业写简历时突然发现职校三年居然是一张白纸，人生经历非常苍白。这些学生在用人单位面前颤颤巍巍，表现得非常不自信，就业自然就成为泡影。另一方面是人品质量。也就是说既要有才，更要有德。一个人，仅仅工作能力强，而道德水平不高，是建立不起来个人品牌的。有德有才破格录用，有德无才培养使用，有才无德限制使用，无德无才坚决不用。对于商业社会来说，职业道德品质是非常重要的。因此，学生在完成学业、掌握知识、提高技能的同时不能忽视品质的培养。一个优秀的职业人应该具备的品质包括诚信、敬业、责任感、注重细节、坚韧力和团队协作精神等。

（二）个人品牌讲究持久性和可靠性

建立了个人品牌，做事态度和工作能力就有了保证，也一定会为企业创造较大的价值，企业使用这样的人是可以信任和放心的。

（三）品牌形成是一个慢慢培养和积累的过程

任何产品或企业的品牌不是自封的，而要经过各方检验、认可才能形成。对个人品牌而言，也不是自封的，是为大家所公认的。

个人一旦形成品牌后，跟职场的关系就会发生根本性变化。像一个企业一样，如果有了品牌，做任何事就会相对容易一些。同样对个人来讲，一旦建立了品牌，工作就会事半功倍。

二、塑造自己的品牌

具体来说，塑造个人品牌包括以下三个步骤。

（一）认识自己，确定自己要做什么

认识自我，包括性格、专业、爱好、经历和健康状况等。在自我认识的基础上，找到符合自身性格、喜好和专业等的发展目标，即自我理想。在我们的生活中经常有人抱怨自己不知道做什么，感觉前途一片茫然。也有人在不同的岗位或职业之间跳来跳去，到最后还是不知道自己要做什么。所以，自我定位是个人品牌树立过程中至关重要的环节。

（二）精益求精地完成它

在确定一份工作值得做以后，应当认真地去做好它。你的能力和服务价值是个人品牌最核心的东西。如果专业内的工作都做不好，品牌宣传和经营都是空中楼阁。在你精益求精、踏踏实实完成一件又一件工作的过程中，你的能力得到了提高，实力得到了增强，品牌也在逐步树立起来。

（三）让你的成绩为人所知

通过各种方法，让别人知道你在干什么，你可以干什么，最重要的是，你可以干好。

如果你在企业工作，还有一个关键途径就是，让你的品牌与你企业的品牌保持同步。只有你的价值观与企业保持一致，你才能获得更大的成功。

每一个成功的人，都是善于经营自己品牌的人。只有把自己的品牌经营好了，他才可能得到别人的承认，才会在公司以至业内有一席之地，也才能有更高的身价。

企业员工形象塑造

第一节 企业员工的自我定位

进入职场度过试用期之后,还有一件非常重要的事情就是准确定位,找准自己的位置。这个定位,既包括进一步审视自己与工作的契合度,也包括弄清楚哪些事是自己应该做的,哪些事是自己无论如何都不能做的,尽量做到在工作中到位而不越位。

一、准确定位

只有真正进入了工作之中,我们才能更彻底地检视自己与之前所作的规划是否契合,才能更明确自己的职业生涯发展。在职业塑形期,找准自己的位置尤为关键。确定位置应该注意以下几方面。

(一)没有准确的定位,跳槽就是盲目的

如果我们不能准确地定位自己,找准自己的位置,频繁跳槽,最后一事无成。因此,如果我们前期的职业规划是科学合理的,那么就一定要懂得坚持,不要因为外界的诱惑而轻易放弃。

(二)缺乏优势,定位不准才是根源

在工作中,很多人找不到自己的优势和专长,东一榔头西一棒子,说到底都是定位不准惹的祸。如果自身定位不准,那么一个人就很难有明确的工作方向。

如此一来，自身优势和潜能自然会被烦琐复杂的日常工作埋没，久而久之便会在职场中失去核心优势和竞争力。

（三）找准方向，专注、持续地努力

在职场中，有一种说法，如果一个人能在一个领域累积工作一万个小时，那么他就可能成为这个领域的专家。这说明了专注和坚持的作用。任何一份工作都需要坚持才能取得优于常人的成绩。在职场中，一旦我们找准了自己的职业方向、确定了自己的职业目标，就应该始终如一、坚持不懈地去努力，这样我们才能在一个正确的方向上越走越远。

当然，对于准确定位来说，这些还不够，在工作中，我们还必须弄清一些事情，比如，哪些领域是我们通过努力可以发挥最大潜能的领域；哪些是我们付出努力却收效甚微的领域；哪些是我们存在不足却对整个职业生涯发展至关重要的领域等。然后根据职业生涯规划和自己的实际情况及时作出调整，使自己的潜能和优势得到有效的发展，同时补齐不足，最终促进整个职业生涯的发展。

二、工作要到位，但不能越位

在职场中，还有另外一种定位不准的表现，那就是认不清自己的角色，不知道自己该做什么，不该做什么。这样做带来的直接后果就是要么工作没做到位，要么工作越位。工作没做到位自然无法获得更好的职业发展；而工作越位则一方面无法保证自己做好本职工作，一方面也会形成糟糕的人际关系。

工作越位常见的几种表现形式如下。

（一）职责越位

在职场中，很多人不懂得岗位不同、分工不同、职责不同的道理，由于热心，不管是不是自己的工作处处都抢着干。这就容易造成职责越位。无论对象是我们的同事还是我们的上级，这都是一种非常危险的行为，甚至常常出力不讨好。如果我们越的是我们上级的位，还有功高盖主之嫌，将自己与管理者对立起来。

（二）表态越位

表态是指人们对某件事表明态度或者作出答复。在职场中，表态一定要注意身份和职责。否则，表态非但是无效的，还可能会给别人的工作带来困扰。通常来说，在职业塑形期的员工，都处于职场迈步阶段，往往还不具备在企业中指挥别人的权力。如果没有领导的授权，千万不要胡乱表态，以免表错态，或者给人留下越俎代庖的印象。

(三) 场合越位

在很多场合，若自己表现太过，就是越位。比如，在比较隆重的应酬场合或者宴会上，如果自己过于积极、热情、抢眼，那么便容易喧宾夺主，抢了领导的风头，很容易引起领导的反感，甚至会认为这是对自己权力的侵犯。即便领导当时不说，也会在心中对我们形成不良印象。

(四) 决策越位

在工作中，虽然有时候领导会主动要求员工对工作决策提出意见和建议，但这不等于员工就有作决策的权利。一方面，员工能力有限、视野有限、宏观战略有限，所作决定未必真正符合企业发展；另一方面，无论何时，决策都是管理者的分内之事，如果领导授权，那么我们可以参与，但不能直接越位作出决定；如果领导没有授权，更是少插言为妙。

无论何时，越位都是职场的大忌。因此，在职场中，要想获得长足的发展，我们就要给自己一个准确的定位，一方面要保证将自己的本职工作做到位，另一方面就要保证自己不越位，进而做到到位而不越位，稳步推进职业发展。

第二节 企业员工良好心态与工作的投入

无论在工作中还是在生活中，心态都尤为重要。在工作中，拥有积极心态，我们便能主动寻找办法，提高工作效率，促进问题的解决，最终优化职业发展；相反，拥有消极心态，我们则会处处抱怨、推卸责任、寻找借口、逃避问题、自我设限等，最终自然会阻碍职业生涯的发展。

一、影响工作的消极心态

消极心态就像一种慢性毒药，刚开始的时候，我们不知不觉甚至习以为常，但长久来看，却是致命的。在工作中，消极心态的影响力同样巨大。一旦我们被消极心态左右，那么我们看到的都将是问题，关注的都将是事物的阴暗一面。整天在这种负面情绪的影响下，工作自然充满千难万险，自然乏味无趣，这种情况下，想要获得成功难如登天。

那么，工作中，我们应该摒弃的消极心态都有哪些呢？

(一) 浮躁

在工作中，有些人常常表现得心神不宁、焦躁不安，凡事不喜欢探究本质，而是浮光掠影糊弄了事；做事毫无耐心，更无恒心，因此常常急功近利、一日三变。这些其实都是浮躁心态的表现。在职场中，这样的人并不少，而这样做带来的一个直接后果就是将自己变成了典型的"职业跳蚤"，频繁跳槽却最终一事无成。

因此，在工作中，我们一定要沉下心、静住气、坐得住，真正将工作做深、做精、做透，提升自己的核心竞争力。

（二）抱怨

在工作中，总有那么一些人，他们不知道想办法解决问题，而是常发牢骚、抱怨不断：工作压力太大抱怨、工资太少抱怨、没有抓住机会抱怨、领导要求严格抱怨、同事没帮忙抱怨……工作中的每一天他们都在抱怨，似乎他们就是天底下最不幸、最倒霉、最被不平等礼遇的人。

这样的人，其实无论换到哪里，无论做什么工作，他们都能找出抱怨的借口。但是这样做结果如何呢？非但问题无法解决，当然有些根本不是问题，还会变得更加悲观，影响整个团队的氛围。这样的员工，不但企业不欢迎，自己也很难获得发展。要想成功，我们就必须转变心态，多怀感恩、知足之心，多看问题好的方面，用积极的心态帮助自己去获取事业的进步。

（三）斤斤计较

为自己的利益考虑，这本来没什么错，但在工作中，若太过斤斤计较，凡事只顾眼前利益，对于职业发展来说却是非常不利的。美国心理专家威廉通过研究证实，凡是太多算计、斤斤计较的人，90%以上患有心理疾病。在工作中，若总是将目光聚焦在蝇头小利上，每天分分毫毫地算计得失，便会错过很多学习知识和技能的机会，不容易取得进步，也不容易形成领导、同事之间融洽的人际关系。

（四）投机取巧

很多人非常善于钻营，在工作中就表现为投机取巧，喜欢用小聪明、偷懒耍滑和旁门左道来获得不正当的利益。这也是职业生涯中必须杜绝的一种心态。任何事情，不经过一番踏踏实实的苦干，只靠小聪明、耍心机都是不会长久的。

投机取巧虽然会使人一时得意，却会让一个人的品格和信誉大打折扣，直至成为大家心目中不可靠的人。

（五）好高骛远

这种心态常常出现在刚进入企业的员工身上。因为缺乏了解、认识不清，所以他们不能正确、客观地认识自身的能力、潜能等实际情况。在工作中，这山望着那山高，总想做大事，争高位，不愿从小事和基层做起。这种心态非常不利于职业生涯的发展，甚至常常要么失去唾手可得的机会，要么因为没有打好根基而功亏一篑。

当然工作中的消极心态还有很多，比如冷漠麻木、消极被动等，以上这些只是职业生涯发展中经常出现的几种。但凡是消极心态，我们都应该努力避免，以便自己能够以最好的心态投入工作中，促进自己的发展。

二、员工需要的积极心态

消极心态是工作的阻力，积极心态则是事业发展的强大助推器。那么，在工作中，我们都应该具备哪些积极心态呢？

（一）感恩

在工作中，最强的能力是负责，最大的动力则是感恩。懂得感恩的人才能更多地关注工作中的积极因素，才能以更阳光、更健康的心理去对待工作和问题，才能对企业忠诚，才能主动对企业和工作负责，才能更好地提升自己、回报企业和社会。也唯有如此，才能成为企业中最被看重和信任的人，才能逐步发展成为一个卓越员工。

（二）热情

一个人若对工作没有热情，则会消极被动，别人不推不动，甚至别人推也不动。相反，一个对工作充满热情的人，则是带着期盼和感恩的心情，第一时间着手工作，尽职尽责对待工作，努力发现问题，积极解决问题。同时，他们也会将自己的这种热情传递给别人，传播到整个企业。这样的人，无疑更容易获得事业的发展、职业的成功。

（三）执着

任何一份工作都不会轻易就获得成功，如果我们遇到困难和问题就推脱，那么永远也成不了企业最需要的卓越员工。相反，在困难和问题面前，如果我们有一种执着的心态，那么坚持下去，事情很可能就会迎刃而解。而拥有执着心态的人，也必定更容易在某一个行业内做到顶尖、做到卓越，达到那些浮躁、浅尝辄止的人永远到不了的高度。

（四）负责

职场中最大的能力其实就是负责。没有对事情、对工作、对企业负责的心态，什么都做不好。相反，如果我们懂得负责，那么我们就会自动自发、积极主动地投入工作中，就会严格要求自己、努力达到工作的要求，时时、事事从责任出发，保质保量地完成工作。懂得负责的人，自然工作更少出错，自然更容易创造出超出别人的成绩。

（五）付出

在工作中，一味地索取、斤斤计较，不但于人无利，于己也是无利。相反，如果我们懂得付出，那么我们不但会收获别人的信任和好印象，还会达到得道多助的效果，获得一种精神上的快乐。

只有积极心态，才能帮助我们以最高昂的热情去对待工作，才能够找到面对困难、解决问题的方法。毫无疑问，当我们以感恩、热情、执着、负责、付出等积极心态投入工作的时候，我们的成长速度、我们的素质和人品，都会得到飞速的提升，而我们的职场之路也将越走越宽、越走越远。

第三节　企业员工良好工作习惯的养成

职业塑形期是良好职业习惯的养成时期。在这个时期，如果能够养成良好的职业习惯，那么这些好习惯对于整个职业生涯的发展都将大有裨益。相反，如果在这一时期养成了不利于职业发展的坏习惯，很可能整个职业生涯都将承受其不良影响，为此付出惨痛的代价。

一、影响工作的坏习惯

要想在整个职业生涯中取得最大的发展，我们就必须杜绝一些会对工作产生负面影响的坏习惯。那么这些坏习惯都包括哪些呢？

（一）拖拉

在工作中，很多人办事拖拖拉拉，时间观念不强，不到最后一刻不完成任务。更有甚者，总以为自己能在最后时刻力挽狂澜，但结果常常是要么没能完成任务，要么将任务完成得大打折扣。

在职场中，工作拖拉的后果非常严重。刚开始这个坏习惯可能影响的是一件事、两件事，但渐渐地它便会变成一种习惯、一种性格、一种做事方式。最后导致我们工作倦怠，懒懒散散，延缓或直接阻碍职业生涯的发展。

（二）依赖

依赖也是一种非常糟糕的习惯，在工作中，一旦养成了这种习惯，那么自己慢慢就会变得没有主见，缺少别人的帮忙自己便无法做成事。寄生从来都是病态。职场不同于家庭、不同于学校。在工作中，我们每一个人都是一个独立的个体，如果我们不能独立地思考问题、解决问题，那么终有一天当"拐杖"失去时，我们会无法独自行走。

（三）独来独往

现在是一个讲究团队协作的时代，任何一个人要想发展，都必须借助别人和团队的力量。但是在企业中，有些员工却习惯于独来独往，非常不合群。这样做的后果，只能是使自己脱离于团队之外，成为一个孤家寡人。

（四）只用自己习惯或喜欢的方式做事

有些人习惯于用自己习惯或者喜欢的方式去做事，在工作中循规蹈矩、一成不变。长期这样做事，会形成思维定式，很难作出创新和改变。这样的人，其实很难适应快速发展的现代社会的需要，并且，因为过于坚持己见，也吸收不到别人的有益的东西，最终只能故步自封。

这些都是工作中常见的并且影响深远的坏习惯。在工作中，我们必须从根本上杜绝，有意识地要求自己避免走进这些坏习惯的误区。只有这样，才能在良好习惯的指引下快速发展。

二、良好的工作习惯

成为卓越员工是所有员工的共同追求，也是实现我们职业生涯规划的最高追求。而能否养成以下一些好习惯则直接决定了我们能否成为高效工作的卓越员工。

（一）今日事今日毕

今日事今日毕的习惯主要针对的便是拖拉的恶习。在工作中，如果我们能够日事日清，那么我们便能更加游刃有余地处理我们的工作，更加完美地完成我们的任务。这一习惯的养成，就会使我们受益终身。

为了做到今日事今日毕，我们可以每天提前10分钟到公司，拿出5分钟制订一个当天的工作计划，然后严格执行。到一天结束的时候，对照计划检查自己是否完成了预定的目标，完成的质量如何，是否还有疏漏，是否还能改善等。最后根据对照的目标，进行补充，直至保质保量地完成当天的任务。

（二）接到任务马上行动

第一时间行动才能第一时间发现问题、解决问题，才能在问题发生时有更大的回旋余地。

因此，无论领导给定的时间有多少富余，无论自己的能力有多么强，我们都要养成接到任务就马上行动的习惯。

（三）精益求精

很多人在工作中，习惯将任务做到合格便停止。在所有人都追求 60 分的时候，如果我们能精益求精，主动要求自己将任务做到 85 分、90 分、95 分，那么我们也必将在众人中脱颖而出。长期这样要求自己，当我们养成精益求精的习惯时，我们会发现这已经变成了一种做事方式，而这种做事方式必将为我们带来更多的机会和信任。

（四）分清轻重缓急

很多人做事没有条理，眉毛胡子一把抓，结果常常是本末倒置、主次不分。而一旦养成分清事情轻重缓急的习惯，就可以有效避免这种情况的发生。在工作中，要分清事情的轻重缓急，将更多的资源放到更重要的事情上，从而保证整体的胜出。这个时候，如果时间以及其他资源还有富余，那么便可以完善细节，做到最好。

好习惯是高效工作、走向卓越的关键，坏习惯则是职业发展路上的绊脚石。因此，在工作中，我们必须养成好习惯，杜绝坏习惯，要在好习惯的引导下，提升自己、完善自己，不断走向成功。

第四节　企业员工构建职业化精神

通常情况下，一个员工只能发挥自身潜能的 40%，但一旦员工经过职业化教育，那么其发挥的潜能将高达 80%，工作效率和竞争力都将大大提高。那么，什么是职业化精神呢？

具体来说，职业化精神就是一个人在工作中所表现出来的精神方面的东西，比如价值观、工作态度，等等。在工作中，职业化精神具体表现为敬业、诚信、负责、专业，等等。它是一个人更好地完成工作的精神动力，也是一个员工的立业之本。

一、职业化精神的要素构成

一个人应该具备哪些职业化精神呢？要弄清楚这个问题，首先要明白职业化精神的要素组成。当我们具备了这些要素的时候，我们就是一个具有了职业化精神的人。职业化精神主要包括以下几个方面。

职业技能：主要表现为个人技能是否标准化、专业化，是否具有时效性等。

职业作风：即个人在工作中所表现出来的一贯作风是否与企业要求相一致。

职业纪律：主要表现为个人是否能遵守企业的各项规章制度，是否有高度的自觉性、自律性。

职业信誉：主要表现在工作中面对同事或者客户的时候是否能言行一致，保持始终如一的信誉度。

职业良心：主要表现为在工作中是否能谨守个人道德底线，是否能遵守企业良心、社会良心。

以上便是职业化精神的构成要素，也是我们在工作中必须具备的素质和品质。只有如此，我们才能一步步走上职业化的道路，帮助自己更好地发展。

二、构建职业化精神

职业化精神的形成并非朝夕之功，需要我们有意识、有计划地去构建、去提高。构建职业化精神需要从以下几个方向努力。

那么我们到底应该如何构建我们的职业化精神呢？

（一）职业标准化

职业标准化体现的是员工对具体工作的要求程度和把握程度。要做到职业标准化，员工必须做到以下几点。

1. 理解职业标准化的意义

职业标准化才能保质保量地完成任务，才能保证企业整体有条不紊地发展和进步，也才能在第一时间预见问题和危机，第一时间解决问题。只有深刻认识到这一点，我们才有可能培养自己的标准化意识，达到职业标准化的要求。

2. 培养自己职业标准化的意识

在工作中，我们要有意识地培养自己的职业标准化意识，无论在工作中还是在培训中，都要反复给自己灌输职业标准化的意识，并在工作中时刻以标准化的要求要求自己。

3. 不断完善

在工作中，我们很少能达到尽善尽美。在一项任务面前，当我们在大体上已经合格完成，并且还剩有一些时间时，我们便可以利用这些时间去完善细节。在这个不断完善的过程中，我们也将不断地向职业标准化的目标靠近。

(二) 职业规范化

职业规范化是指员工要从系统、全面的角度，对工作进行认真的分析和处理，进而规范、有序、高效地完成任务。要做到职业规范化，必须做到以下几点：一是培养自己系统思考的能力，从全局出发看待问题；二是形成一套系统、完备的工作理论体系；三是养成规范化的职业技能，规范做事。

(三) 职业制度化

没有规矩不成方圆，无视制度的人也终将在制度中被淘汰。在进行职业化精神训练的过程中，一定要注意职业制度化，具体来说，就是要做到以下几点：一是遵守公司的作息时间，着装、礼仪等要符合公司规范；二是在具体工作中要确保一切按制度办事，一切行为在制度范围内进行，养成以制度为中心的工作习惯；三是在工作中一旦发生与制度相悖的情况，要及时反映、说明；四是严守公司机密，不做出卖企业的事情。

职业化是一个漫长的过程，在这个过程中，我们必须学会用职业化精神严格约束和限制自己，保证自己的所作所为符合职业化精神的要求。

第六章

企业员工职业成长期的能力提升

第一节 企业员工学习能力的提升

学习能力是指通过方法和技巧把外在的或者别人的知识和技能变成自己的知识和技能的能力。

一、不唯学历,更重学习能力

工作中,需要具备的能力有很多,如团队合作能力、时间管理能力、决策能力、解决问题的能力、抗挫折能力等。但在这所有能力中,有一种能力是基础,没有它,其他能力的提升便无从谈起,那便是学习能力。

在企业中,这种情况很常见。很多人认为学历高是优势,自己已经掌握了非常多的知识,进入企业之后不继续学习也是可以的。实质上,这种想法非常错误。企业虽然重学历,但是更重学习能力。否则,即便我们学历再高,如果没有学习能力,那么也会为日新月异的技术和能力所淘汰,也会为后来者所淘汰。

因此,无论我们是谁,无论有什么样的学历,进入企业之后,要想和企业保持同步发展,或者走在企业和竞争对手的前端,就要不断提高自己的学习能力。如此一来,我们才能以学习能力为基础,不断丰富和发展、提高其他能力,最终综合发展,成为企业中能力出众、不可或缺的人。

二、影响学习能力的因素

学习能力很重要，但学习能力却有高有低，那么都是哪些因素影响和制约了我们的学习能力呢？

（一）自制力

无论是谁，都曾下过要努力学习某种技能和知识的决心，但结果却只有很少人能做到。为什么呢？因为自制力太差。所谓自制力，就是指约束、控制自我行为和思想的能力。自制力强，一旦下定学习决心，便会努力实现目标；相反，则会找各种理由、各种借口去拖延，最终影响学习目标的实现。

因此，为了更好地提高自己的学习能力，我们必须首先提高自己的自制力，这样才能保证我们坚定不移地实现学习目标。

（二）自信心

在开始学习一项技能前，一种人非常坚定，觉得自己一定能学会；另一种人则犹豫不定，甚至不断地在心里问自己："我真的能做到吗？"其实，这就涉及一个自信心的问题。有自信心的人，也就是第一种人，毫无疑问，他们更容易取得成功。因为相信自己能做到，我们才能全力以赴地去努力，才能心无旁骛地向学习目标迈进。而缺少自信心的人，也就是第二种人，自己都经常打退堂鼓，想要成功谈何容易？其实，无论是学习还是其他事情，想要成功，我们首先要做的就是提高自己的自信心，这样我们才能以更加饱满的热情去克服困难，向成功迈进。

（三）学习兴趣

学习兴趣，可以激发起人们学习的热情，调动其积极情绪，产生幸福、愉悦等积极的心理体验，从而让人更容易达到目标。而一旦没有学习兴趣，就会变得被动、消极，这种状态下，学习能力自然低下。

因此，我们应该有意识地培养自己对学习某项技能的兴趣，或者想办法激发出自己的兴趣，这样学习才能事半功倍。

（四）学习方法和技巧

是否有正确的方法和技巧是学习效率高低的关键。掌握高效的学习方法和技巧，则事半功倍；相反，则事倍功半。因此，无论学习什么，我们都不能一开始便埋头苦干，而是要想一想是否有什么方法和技巧。高效的工作方法和技巧，同样是卓越员工必备的特质之一。

三、提升自己的学习能力

学习能力是一切能力的基础，没有学习能力也便没有其他能力的提高。那么，我们应该如何提升自己的学习能力呢？

（一）转变观念，享受学习

如果把学习当成一种兴趣，那么我们就会更容易掌握；相反，如果我们把学习当成一种苦差事，那么不但学习效率低，效果也会非常差。因此，我们必须转变自己的观念，以一种积极、主动的心态去享受学习。只有这样，我们才能更好地提高自己的学习能力。当真正转变了观念之后，我们会发现学习是一件非常轻松、有趣的事情。

（二）养成良好的学习习惯

习惯对一个人做事具有惯性的促进或者阻碍作用。因此，为了提高学习能力，我们必须养成一些良好的学习习惯，比如，每天拿出固定的一个小时的时间去学习，每天向别人请教几个问题，找一个最优秀的人当自己的榜样。这无疑是一种非常高效的提升学习能力的方法。

（三）善于思考和反思

学而不思则罔，思而不学则殆。学习和思考是两个相互联系、相互促进的方面。缺少任何一方面，一个人都无法获得成功。因此，无论是学习前、学习中还是学习后，我们都应该进行一些有益的思考，比如，我怎么学才能更高效，这个问题为什么是这样的，通过今天的学习我都收获了什么。当把学习和思考融会贯通的时候，学习能力自然大大提高。

（四）要将理论和实践相结合

在工作中，不是为学而学，而是为了学以致用，让理论在实际工作中发挥积极的促进作用。这才是真正的学习能力。因此，无论什么时候，我们都必须将理论和实践结合起来，这样我们学习的知识才是真正有用的知识，并且这样学习来的知识和技能也最不容易被遗忘。

（五）保证知识的不断更新

要想提高自己的学习能力，我们就必须将知识变成有源头的"活水"，不断推陈出新，不断更替交叠，这样我们才能始终处于一种"流动"的状态，保证自己的知识和技能都是新的活的，也只有这样，我们才能持续、稳步提升自己。

当然，学习能力非常重要却不是一件可以一劳永逸的事情。在工作中，我们必须长久坚持，将学习变成我们的一种习惯，通过不断提高学习能力进而提高其他各方面的能力，进一步不断丰富和提高自己。

第二节　企业员工团队合作能力的加强

在企业中，团队合作能力就是指团队成员以整个大团队为背景、为核心，在团队中，发挥团队精神，与所有团队成员互帮互助、鼎力合作，以实现团队目标、达到个人和团队共同发展的一种能力。

一、团队合作的关键

什么是团队？几个人在一起并不一定就是团队。只有所有团队成员以整个团队目标为导向、以团队精神为指导，鼎力合作，才算是一个高效、团结的团队。为了让团队内部产生一加一大于二的效果，作为团队成员，我们应该怎么做呢？为了弄明白这个问题，我们首先就应该知道团队合作的关键。

（一）尊重

无论什么样的团队，即便所有的团队成员都有共同的目标和愿景，大家也不可能完全一致。为了保证团队效能最大化，在团队合作之前，我们就必须先做到一点，那就是彼此尊重。尊重对方的工作分工、尊重对方的工作习惯、尊重对方的习俗，等等。

（二）平等

几个人组成一个团队，并不是说这几个人能力一样、智力一样、技能一样。作为团队成员，我们必须明白，在整个团队中，大家都是彼此平等的，只是分工不同而已。只有具备了这种平等意识，整个团队才能保证团结、和谐发展。

（三）信任

没有信任就没有合作。如果团队成员彼此猜忌，那么就会彼此拆台，各自为政。这样的团队，不要说产生一加一大于二的效果，恐怕每个人正常发挥水平都难。相反，有了信任才能放心地将自己薄弱的"后背"交给队友，必须组成一个密不透风的圆环，合力发展。

（四）奉献

如果每个人都斤斤计较，只知索取不想付出，那么团队成员之间便会各自为政，互不关心，甚至为了利益互相陷害倾轧，这样的团队同样不能发挥出应有的作用和效能。相反，如果团队成员之间懂得奉献、付出，那么整个团队氛围将非常和谐，并且充满爱和关怀，这样的团队无疑更容易获得成功。

（五）沟通

中国人向来将"少说话、多做事"奉为圭臬，但在团队合作中，这种思想却未必适用。在团队中，每个人都努力做事自然少不了，但同时团队成员之间也必须敢于沟通、勤于沟通、善于沟通，以便在沟通中互相了解，在沟通中更好地完成任务，在沟通中维护团队氛围和合作。

（六）负责

一个高效的团队应该是一个分工明确，没有冗杂人员的团队。这就决定了在团队中每个人都必须负起自己相应的职责来，否则，一个人的缺失就可能导致整个团队的彻底崩溃。同时，负责也是一个人职业精神、职业素质的要求，因此，无论我们在团队中处于何种位置，做什么样的工作，我们都必须认真负责，不要拖整个团队的后腿。

以上便是团队合作的几个关键要素。个人只要努力做到这几点，才能保证自己成为团队中最被需要的一分子，同时，所有成员都做到这几点，整个团队才能高效发展。

二、在团队中获得发展

有些人进入企业之后，久久不能融入进去，有些人加入团队之后，每天像一只陀螺一样跟着大家"嗡嗡"乱转。很显然，这些都不利于职业生涯的发展，不利于职业规划目标的实现。那么在企业中，我们应该如何既融入团队又获得个人的发展呢？

（一）履行职责，促进团队成长

要想融入团队，首先就要履行自己作为团队一分子的职责。履行职责不仅包括做好自己的工作，还包括尊重团队成员、平等看待团队成员、信任团队成员、奉献、沟通、谦虚学习等。这样才能让团队成员更好地接受自己。同时，这也是提高自身能力的一种很好的方式。

（二）获得支持

要想在团队中发展，就要获得团队成员和整个团队的支持，除了让自己更好地融入团队，让团队成员接受自己之外，还要尽己所能去帮助团队成员，与团队成员互相帮助、鼎力支持。同时，也可以在工作之外多给予团队成员帮助。当然这种帮助必须注意"度"，不要影响别人的生活。这样，当我们在团队中建立起了良好的人际关系时，别人自然会在工作中给予我们更多的支持，让我们在职业路上获得更多的发展。

(三) 资源共享

团队不是几个独立的个体,而是几个人结合在一起组成的整体。要想让这个整体获得突飞猛进的发展,所有团队成员必须学会资源共享。唯有如此,一个人的一点进步都将带动这个团队的进步,团队合力才能大于个人能力之和。因此,作为团队成员,我们一方面要学会资源共享,还要尽量多付出,促进整个团队的发展;另一方面也要学会接纳团队信息,兼收并蓄地吸收团队营养,跟上甚至超过团队的发展。

无论一个人的能力有多强,最终都必须依托于整个团队,同时也只有这样才能带来团队和个人的双赢;相反,如果个人不能很好地融入团队,那么其整个职业生涯的发展必然大大受限。因此,作为团队中的一分子,我们一方面要学会把自己更好地融入团队,另一方面也要学会在团队中吸取营养,保证自己获得持续不断的进步,与团队共同成长。

第三节 企业员工时间管理能力的培养

时间管理是指通过技巧、手段或者时间管理工具更好地管理时间,以便更高效、更轻松地实现工作目标的能力。很多人认为时间管理就是花最少的时间做完所有的事情,其实事情并非如此。时间管理并不是让我们做完所有事情,实质上我们也做不到这一点,而是告诉我们哪些事情应该在什么时间做、该用多长时间做,哪些事情是根本不必花费时间去做的。这样才能真正实现高效、实用的时间管理,才能更好地利用时间。

一、影响时间管理的因素

时间对每个人都是公平的,对员工也同样如此。但为什么有的员工能在有限的时间内完成更多的任务或者将任务完成得更好,取得更大的成就,而有的员工即便做着一样的事情,效率和结果却大打折扣呢?其中就涉及一个时间管理的问题。

卓越员工常常都是最懂得时间管理的人,同样的时间,他们常常可以比别人创造出更多的价值,并且他们的工作完成起来也很轻松。而那些不懂时间管理的员工，却不自觉地在浪费着时间。那么，在工作中，都有哪些因素影响了我们的时间管理，浪费了我们的宝贵时间呢？

（一）不良的工作习惯

好习惯可以提高工作效率，坏习惯则会大大地浪费工作时间。这些坏习惯都包括哪些呢？比如，凡事拖拖拉拉，非得等到最后一刻才开始做；注意力不集中，工作的时候三心二意；优先做自己喜欢的事情，不喜欢的无限期延后，等等。这些不好的习惯都会影响到我们的时间管理。这一方面浪费了我们的时间，另一方面也会导致我们分不清主次，最终该做的事情没做，或者没做好。

（二）凡事亲力亲为

在职场中，有些员工不懂得依靠别人的力量，或者不相信自己的队友，凡事都亲力亲为。认为只有自己才能更好地完成任务，因此，在工作中，他们不仅要做自己的事情，有时还把上一环节和下一环节的工作也包了。这同样不是一种明智的时间管理方式。无论是在生活还是在工作中，无论我们是一个员工还是一个中层领导，我们都不可能事无巨细地做完所有工作。我们必须明白哪些是自己应该做的，哪些是自己不应该做的，这样才能将自己从烦琐工作中解脱出来，真正做好时间管理，做好自己的事情。

（三）对某些工作提不起兴趣

在工作中，有些员工非常随意，喜欢做的就先做，花大力气做；不喜欢做的能推就推，能延后就延后，延不了就糊弄着做。这是一种非常不成熟的职场心态，同时也是一种不科学的时间管理方式。卓越员工都明白，在职场上，只有应不应该做的事、重要不重要的事、紧急不紧急的事，没有愿不愿意做的事、喜不喜欢做的事。在这方面，要想做好时间管理，就不能太纵容自己，而是要督促自己无论如何都要在有限的时间内做好自己应该做的事情。

（四）干扰因素太多

被干扰，恐怕任何一个员工都曾经历过。其中，干扰的因素可能是领导的一个指令、一次谈话，可能是同事的一个求助、一句闲聊，也可能是来自企业外部的一个电话、一个视频。在工作中被干扰是非常自然的一件事，不可避免，但这些干扰却会大大浪费我们的时间，要想做好时间管理我们就必须通过努力去控制它、减少它。

二、更好地利用时间

如何安排时间，直接决定着工作的进程和工作的成果。那么，我们应该如何更好地利用时间，让有限的时间发挥更大的价值呢？

（一）分清事情的轻重缓急

任何工作都有轻重缓急，工作时，按照章法办法，才能更好地利用时间。基于轻重缓急的原则，我们可以将工作中出现的事情分成重要且紧急、重要不紧急、紧急不重要、既不紧急也不重要四类。在工作中，我们完全可以按照以上四类事情的顺序来安排工作。

（二）精简步骤，优化工作

时间管理理论中有个著名的"崔西定律"。崔西定律认为，任何工作的困难度与其执行步骤的数目平方成正比。例如，完成一件工作有 3 个执行步骤，则此工作的困难度是 9，而完成另一工作有 5 个步骤，则此工作的困难度是 25，因此，必须简化工作流程。

精简步骤就意味着提高时间利用率，就意味着效能的增加。因此，我们的工作应该能省就省，能压缩环节就压缩环节，这样不仅能提高我们的时间利用率，而且还可以减少我们出错的概率。

（三）安排一段不被干扰的时间

被干扰的时候，即便硬下心去工作，作出来的成果也未必是最好的。相反，如果我们能每天给自己留出一段不被干扰的时间，哪怕只有一个小时，那么在这一个小时中，我们所创造的价值很可能会高于我们一天的工作价值总和。有人经过试验证明，这一个小时甚至比 3 天的工作效率还要高。

因此，无论是在公司还是家里，都是尽力给自己安排这样一段不被干扰的时间，然后去做那些最重要、最需要集中精力的工作。

（四）严格规定完成期限

时间管理理论认为，你有多少时间去完成某项工作，这项工作就会自动变成需要多少时间才能完成。就是说，假如我们有两个月的时间可以做某项工作，那么这项工作就会耗费我们两个月的时间；但是如果我们只有一个月时间的话，那么我们便可能在这一个月内把所有事情都处理完。

因此，工作的时候，给自己设定一个最后完成期限，当然这个最后期限最好能比实际的最后期限要短一段时间，同时，留出一个弹性时间用来处理各种突发状况，然后让同事或者家人、朋友去监督我们必须在自己设定的这个最后期限之前完成。当然，为了激励自己，我们可以同时制定出相应的惩罚和奖励措施，这些都是非常不错的时间管理小方法。

（五）做好时间计划和日志

每天有个计划，我们才能知道自己到底有没有完成预定的工作，到底有没有更高效地利用时间。在一项工作结束后，或者一天工作结束后，我们应该做好时间日志，把自己用了多长时间做了什么事情，都一项一项地记下来，甚至聊天的三五分钟也不要漏掉。这样一段时间下来，我们就会发现自己的时间都浪费在了哪里，就能有的放矢地作出更好的时间规划和管理了。

（六）用好黄金时间和零碎时间

什么是黄金时间？自然就是我们思维最活跃、精力最旺盛、工作效率最高的那一段时间。这段时间最好用来处理最重要的工作。同时，我们也应该注意一下做某些事情的最佳黄金时间，比如约见客户与上司交流的黄金时间。然后根据这些要求作好时间规划和管理。

对于时间管理来说，零碎时间也是非常重要的一部分。上下班坐车时间、业余时间，甚至去卫生间的时间等。我们都可以对此作出一些安排。当然，这些安排绝不能仅仅局限于都是繁重的工作，否则，效果同样不会好。

卓越员工必定都是时间管理的高手，对于他们来说，没有完不成的工作，只有没规划和管理好的时间。只有时刻以卓越员工为目标、为榜样，向他们学习时间管理的方法和技巧，我们才能不断地提高自己的时间利用率，从而提高工作效率，创造出更多的价值，成为企业中最需要的人。

第四节　企业员工解决问题能力的提高

解决问题的能力就是指员工运用智慧、方法和技巧完成一项任务或者解决一项难题的能力。在工作中，解决问题的能力不同于执行力。执行力是听令行事的能力，而要想解决问题却必须发挥更多的主动性和积极性，甚至在问题还没出现之前就必须预见问题，解决可能出现的问题。处于职业成长期的员工，在这一阶段必须提高自己解决问题的能力，而不仅仅是听令行事，这样才能获得更好的职业发展。

一、影响解决问题能力的因素

企业雇用一个员工为了什么？说到底就是为了解决问题。但在实际工作中，很多员工解决问题的能力却并不强。

企业花钱请员工是为了解决问题，而不仅仅是打杂、做小跟班，特别是已经发展到了职业成长期的员工，更是要提高自己解决问题的能力，而不是提问题的能力或者把问题丢给别人的能力。

那么，从个人角度来说，影响一个人解决问题的能力的因素都有哪些呢？

（一）解决问题的动力

解决问题的动力主要包括在问题面前，员工的内心渴求、愿望和自我定位。事实上，员工只有拥有强烈的问题解决愿望，才会有最大的激情和动力，才会全力以赴地为解决问题而努力。

（二）解决问题的能力

在工作中，很多员工也有解决问题的意愿，但最终却没能将问题很好地解决，这就涉及一个解决问题的能力的问题。能力是解决问题的关键。没有能力，即便有再强的意愿，也只能是望洋兴叹，对于问题的解决来说也是丝毫无益的。因此，要想解决问题，进而获得更多的机会，我们一定要提高自己解决问题的能力。

二、解决问题的流程

在问题面前，我们不仅要知道应该做什么，还要知道应该如何去做，按照什么顺序去做。在工作中，不管我们有没有注意到，我们解决问题时其实都是有一定的流程和步骤的。而有些人之所以忙乱无措、首尾难顾，就是因为流程出了问题。那么，正确解决问题的流程应该是什么样的呢？

（一）观察预见

无论面对什么样的问题，我们都不能盲目地拿起来就做。而是应该留出一定的时间去观察一下整体的情况，找出问题的根源，分清问题的轻重程度，然后科学地预见出是否还会有别的问题连带发生。在观察到并且分析好之后，我们才能真正开始解决问题，才不至于因为没有看清全局而导致出现预料之外的问题。

（二）确定目标

任何问题的解决都必须确定一个目标，否则整个过程都将是盲目的。因此，在解决问题之前，我们必须明确自己要解决的问题都有哪些，这些问题要解决到何种程度，要达到什么样的目标，用什么标准去衡量等。这样我们才能以目标为导向，有的放矢，时刻不忘解决问题的初衷。

（三）计划管理

在工作中，任何缺少周密、合理计划的行动都不会取得好的结果。而一个卓越员工高出常人的工作效率首先就得益于他们出众的计划管理能力。解决问题的计划应该包括参与人员、职责分工、时间安排、实施方案、所需工具等方面。这些一方面可以保证整个过程有章可循，另一方面也可以提高解决问题的效率和质量。

（四）具体实施

做好了前期所有准备工作之后，接下来就进入了具体实施阶段。在这个阶段，员工应在前几个流程的基础上，按照计划行事。在实际工作中，有些员工虽然也制订了计划，但是到了实际操作阶段，依然不按计划操作，会出现手忙脚乱、紊乱无序的情况。这些是我们一定要避免的。同时，在这个过程中，还要保证每一步都做到位，达到预期标准，这样一次做到位才能避免以后返工。

（五）结果评估

具体工作做完之后，并不意味着结束。为了真正解决好问题，保证万无一失，我们还必须对实施的结果进行评估，按照事先设定的标准逐一对照，找出做得不到位的地方，然后及时查缺补漏，保证完成质量。

三、提高解决问题的能力

解决问题的能力是一个员工非常重要的能力，它直接决定了员工在职场上的工作成果和竞争力。那么，我们应该如何提高自己解决问题的能力，以便应对越来越激烈的职场竞争呢？

（一）注重实效

工作就是为了实实在在解决问题的，因此在解决问题的过程中，我们一定要深入、彻底、注重实效，而不是做一些表面文章，更不能敷衍、将就。这样我们才能真正解决问题，才能真正提高自己解决问题的能力。

（二）结果导向

在工作中，以结果为导向，才能凡事从结果出发，找到问题根源。以结果为导向，在解决问题的过程中，我们便会时刻以结果思维要求自己，以解决问题约束自己，这会大大提高解决问题的效率，并保证问题解决的质量。

（三）在实践中不断提高

工作便是一个问题接着一个问题，没有人能一蹴而就直接获得职业的飞速发展。即便是那些最优秀的员工，他们也是在具体工作中一点一点地提高自己的能力。因此，在工作中，我们一定要作好积累，在实践中稳步提高自己解决问题的能力。

解决问题的能力是任何一个职场员工都必须具备的能力，而要想获得职业生涯的发展，我们就必须不断提高自己解决问题的能力，这样我们才能在别人茫然无措的时候挺身而出，进而获得更多的机会，成为企业中最不可或缺的人。

第五节　企业员工抗挫折能力的提高

任何一个人的职业生涯都不会是一帆风顺的，困难、挫折、压力是谁都避免不了的，我们要想战胜以上种种困境，就必须努力提高自己的抗挫折能力。所谓抗挫折的能力，就是指当员工遇到困难、挫败时，积极转变情绪并积极作出应变最终战胜困难和挫折的能力。

一、职场挫折的类型

在企业中，虽然每个人都会遇到大大小小的挫折，但有些员工却不能正确地认识挫折，甚至单方面地认为遇到挫折是自己能力低下的表现。那么，工作中的挫折主要有哪几种类型呢？

（一）人岗不匹配导致的挫折

人岗不匹配即员工个人能力、素质、兴趣和擅长的方向与岗位要求不符合或者相悖。在企业中，这种情况并不少见，比如有些人不喜欢与人打交道却做了销售，不擅长管理却当了经理，等等。在这种情况下，自身真正的能力没有发挥出来，却在和自己素质相悖的岗位上耗尽心智，更糟糕的是还没有取得任何成效，如此一来，必然在工作中遇到重重阻碍，进而产生"自己能力不行"的挫败感。

（二）才能不能得到充分发挥

很多职场人士都会遇到的挫折，具体来说，就是自己有七分才能，企业却只给了一个三分的位置，结果导致大材小用。导致这种情况的原因自然有很多，比如领导的有意打压、企业用人不公、企业内部存在小团体等。有能力而得不到展现价值的机会，员工自然会产生明珠暗投、"被埋没"的挫败感。

（三）因企业原因导致的挫折

任何企业都不会是十全十美的，而那些不完美的地方就可能使一部分员工遭遇职场挫折。比如晋升机制不明朗，全凭老板一人决定，这就可能使那些兢兢业业、有能力但不会做表面文章的员工遭遇挫折，产生挫败感。

（四）因人际关系不佳导致的职业挫折

人际关系问题也是工作中经常会出现的问题。毕竟那种合作愉快、彼此没有利益纷争的团队并不多，甚至是一种理想状态。职场中的人际关系问题，既可能出现在自己与同事之间，也可能出现在自己与上级之间、自己与下属之间。无论其中的哪一种，都会或多或少地给我们带来一些挫败感。

（五）因个人能力问题而来的挫败感

这种类型的挫折在职场中也经常出现，甚至其杀伤力比以上所有类型的都要大。当我们对工作力不从心，特别是很清楚地知道是自己的能力的原因时，自然会非常具有挫折感。

二、提高抗挫折能力

对于员工来说，挫折不仅会影响我们的身心健康，也会影响我们工作激情和工作成果，进而影响整个职业生涯的发展。那么，我们应该如何提高自己的抗挫折能力呢？

（一）正确认识挫折

有的员工仅仅将挫折看成一种精神折磨，有的员工将挫折看成自己能力低下的表现。这些其实都是对挫折的不正确的认识。在工作中，挫折虽然会给我们带来一些不好的心理体验，但遭遇挫折也未必全是坏事。如果我们能在战胜挫折的过程中提升能力、积累经验，那么挫折实则是我们进步的有力阶梯。并且，当我们能怀着这种积极、达观的心态去认识挫折、面对挫折时，我们常常也能更轻松、更容易地战胜挫折。

（二）及时疏解挫折情绪

任何一种情绪积压过久得不到宣泄，最后都会变成一颗爆炸的炸弹，伤人伤己。挫折情绪也是一样，如果我们不懂得疏解，那么它也会变成工作中的一种隐患，甚至逐步走向失控。那么，我们应该如何疏解挫折情绪呢？一方面我们要有合适的人或者合适的方式将我们这种受挫折的情感表达出来，以减轻由此带来的心理压力；另一方面我们也可以试着作一下比较，比如想一想那些比自己遭遇的挫折更多、更大的人，再看一看他们后来的成就，然后调整自己的心态，心平气和地面对挫折。

（三）调整自己的职业生涯规划

检查一下，如果确定是因为自己的职业规划目标定得太高，或者是因为人岗不匹配而给自己带来了过多的挫折，甚至已经影响了自己的职业生涯发展。那么不妨冷静思考一下，是否应该调整自己的职业生涯规划。有时候错误地坚持只会让自己与成功背道而驰、南辕北辙，不如调整一下方向，重新给自己选择一条正确的路，这样反而更容易成功。

(四) 提高挫折商，坚持下去解决问题

人有情商、智商，同样也有逆境商、挫折商。为了战胜逆境、挫折，我们可以正确认识自己，坚定对自己的信心，同时看到挫折可能给我们带来的机遇和挑战，然后坚定战胜挫折的决心和信心，而不是一开始就被挫折吓倒。这个过程，我们可以寻求别人的帮助，可以转变思维，思考更多的解决问题的办法。这样我们才有可能真正战胜挫折，让挫折为我们整个职业生涯的发展加分。

对于员工来说，成功固然值得欣喜，失败却不能一蹶不振。挫折是磨难，也是成长的机会。在工作中，我们一定要正确认识挫折，提高自己的抗挫折能力。这样，我们才能逢山开路、遇水搭桥，而不是一遇挫折便缴械投降。唯有如此，我们才能获得更好的职业发展。

第七章

企业员工职业生涯管理的问题与挑战

第一节 工作与家庭角色的冲突与平衡

工作和家庭是一个人一生中的两个重要领域。随着经济社会的发展和社会文明的进步,人们的家庭结构和工作环境发生了巨大变化。然而经济的发展不均使得劳动者迁移率的增加,进而使他们远离核心家庭和扩展家庭的支持。同时,经济环境的全球化、科学技术的日新月异和高绩效的组织文化使得工作的竞争压力愈演愈烈。随着社会的进步,劳动者的期望也发生了变化,更注重生活的质量,也就意味要承担更大的责任,从而在有限的时间和精力条件下,个体更可能经历工作—家庭冲突。

一、工作—家庭冲突的含义及形式

(一) 工作—家庭冲突的含义

工作—家庭冲突或家庭—工作冲突(Work Family Conflict,简写为 WFC)表示的是家庭与工作二者之间的相互冲突。工作—家庭冲突表示的是由于工作原因所导致的对家庭方面的冲突;家庭—工作冲突表示的是由于家庭的原因导致的对工作产生的冲突。

将角色理论应用到工作—家庭冲突中,可能导致不满意的角色经历角色模糊和角色冲突两个方面。由于缺乏时间和精力有限,角色间可能存在的不相容的情形，个体的多重角色可能导致冲突。

工作—家庭冲突是一种角色的交互冲突，是由于在某些方面，家庭角色和工作角色的要求不相容而产生的。个体在扮演某个角色时，很难或者无法再扮演另一个角色。明确了基于时间、行为、情绪紧张的三种工作家庭具体冲突形式。

(二) 工作—家庭冲突的形式

工作—家庭冲突包含三种形式：即基于时间的工作—家庭冲突（Time Based WFI），基于精神的工作—家庭冲突（Strain Based WFI）和基于行为的工作—家庭冲突（Behavior Based WFI）。

由于在工作领域和家庭领域时间分配不合理而产生的工作—家庭冲突，就是基于时间的工作—家庭冲突，如晚上要出席重要的工作会议，不能出席家庭成员的生日宴会而产生的冲突。因为在工作领域（或家庭领域）而产生的紧张、焦虑、疲劳、郁闷、易怒、冷漠等精神状态，使得个体难以顺利履行家庭角色（或工作角色）的职责因而产生的工作—家庭冲突就是基于精神的工作—家庭冲突；由于工作角色（或家庭角色）要求的行为与家庭角色（或工作角色）要求的行为不一致而产生的工作—家庭冲突就是基于行为的工作—家庭冲突，如工作要求比较客观、情绪化程度较低的行为，而家庭则要求温柔、情感反应丰富的行为。

二、工作—家庭冲突研究的基础理论与模型

(一) 工作—家庭冲突研究的基础理论

作为工作—家庭关系的极端表现，对工作—家庭冲突的研究离不开工作家庭关系理论。从个体水平上来说，工作—家庭关系理论主要有"分割理论""溢出理论""补偿理论""关系动力学""边界理论"。

1. 分割理论

工业革命之后，工作和家庭相分离，两个系统在不同的场所和不同的时间与不同类型的人处理事情，行为和感情表达也有着不同的规范。从传统的性别角色意识和责任分工来看，早期的研究者把工作和家庭系统看成两个独立运行的系统，男性在外承担养家活口的责任，女性则承担家庭主妇的责任，个体可以清楚地将工作部分的感情、态度和行为与家庭部分的分割开来。因此，分割理论认为工作与家庭两个系统不会相互影响，也不会相互冲突。

2. 溢出理论

溢出理论是指工作和家庭的结果互相影响，导致两个领域的相似性。溢出理论认为工作和家庭之间在满意度和价值观方面存在正向关联，并且个体能完整地

转移分别从这两个领域获得的经验。虽然在工作和家庭两个领域之间存在着边界，但一个领域的感情和行为仍然可以溢出到另一个领域。这种溢出包括积极溢出和消极溢出。积极的溢出包括满意和激励，如工作中的积极溢出会扩展到家庭中带来高水平的能量；消极溢出则可能是工作中的问题和冲突消耗了个体的时间和精力，使他们很难充分参与到家庭生活中。

3. 补偿理论

补偿理论是指个体为抵消在某领域产生的不满意而到另一领域寻找满意的行为，包括对照、补充、再生、异化和参与。首先，个体在不满意领域和潜在满意领域之间重新分配重要性、时间和注意力，如减少对不满意领域的参与来增加对可能使他满意的领域的投入。其次，个体通过从另一领域获得报酬的方式来减少对某领域的不满意。补偿又可分为互补性补偿和反应性补偿。互补性补偿是指当个体觉得在某一领域获得的报酬不够、不充分时，个体从另一领域寻求补充，通过累积补偿来满足自己的欲望。而反应性补偿则是指个体通过到另一领域寻找相对立的经历来重新解决在某一领域发生的令其不满的事情，如工作累了回家休息。两种补偿的区别在于：前者行为是由不充裕的正面经历所驱动，而后者行为则由过剩的负面经历所引发。

有学者发现溢出理论和补偿理论可以同时在个体内发生，这就无法预测或解释为什么个体选择这种反应而不是另一种。而溢出理论和补偿理论虽然指出了工作和家庭生活是相互影响的，但仍然存在一些局限。这两种理论仅仅阐述了工作和家庭生活之间的情感联系（如满意度、挫折），而很少承认或不承认工作和家庭之间空间性、时间性、社会的和行为上的联系。此外，这两种理论把个体看作反应性的，而不是能动的、可以塑造环境的。溢出和补偿理论因此在工作家庭平衡问题上漏掉了许多关键因素，比如：员工与家庭和工作组织成员的关系。

20世纪80年代末到90年代，许多学者又对工作—家庭冲突的附加变量进行了研究，如主管在缓解冲突方面的作用，个体在家庭和工作中的角色确认问题，允许弹性的工作和家庭因素等。虽然这些附加变量增加了对工作和家庭相互作用的理解，但仍然没有一个理论能够全面地解释冲突和平衡出现的过程。

4. 关系动力学

上述三种观点都是对工作—家庭冲突进行的静态分析，关系动力学则是采用工作—家庭冲突的发展观对一个人或一对夫妻的生活范围内的工作—家庭联系进行纵向的动态分析。该观点认为，家庭和职业要求的波动依赖于个体所处的职业（家庭）生涯发展阶段。而男性和女性的成长模式又不同，因此在不同的人生成长阶段，个体的工作—家庭角色间关系也会有所不同。换而言之，工作和家庭的关系是处于不断发展变化的、动态的生活范围。

5. 边界理论

工作—家庭边界理论（Work-Family Border Theory）描述冲突和平衡为什么会产生，预测可能导致冲突或平衡的情形和个体特征，提供个体和组织可以用于促进工作责任和家庭责任平衡的框架，以弥补以往工作—家庭理论的缺陷。其主要观点是工作和家庭构成不同的范围或领域，并且互相影响。该理论解释了个体应该怎样管理和协调工作和家庭范围和二者的边界，以图达到工作—家庭平衡。

工作—家庭边界理论的主要概念和特征是，工作和家庭可以被称为两个不同的范围，人们在其中以不同的规则、思维方式和行为发生联系。边界用来定义与不同范围相关的行为的开始或结束，是两个范围之间的划分线，这些边界主要采用三种形式：物理的、时间的和心理的。物理的边界界定相关边界在哪里产生，像工作场所或者家庭场所的墙壁。时间的边界将何时工作和何时照顾家庭责任分开，如工作时间标准。心理边界是个体创造规则，规定哪些思维方式、行为方式和情感什么时候对一个范围而不是另一个范围是适当的。边界的强弱取决于可渗透性、灵活性和混合性这三个特点。不能渗透的、不灵活的、不允许混合的边界称为强边界。对于那些频繁在工作和家庭之间转移的个体称为边界跨越者，边界跨越者可以根据其跨越的程度被描述为在一个范围内是外围的参与者或是中心的参与者。而那些在定义边界和范围上特别有影响的个体被认为是边界维持者。边界维持者和其他范围成员在边界跨越者管理范围和边界的能力上发挥着重要作用。

工作—家庭边界理论把工作与家庭之间的冲突解释为一种边界冲突，他主张人们是边界跨越者，每天跨越于工作和家庭之间，工作便捷与家庭便捷的渗透性和弹性导致了工作和家庭之间的冲突和平衡。罗宾斯（Robbins）把角色冲突定义为：当个体面对分歧的角色期望时所长生的不平衡状态。个体如果顺从某个角色的要求，就很难达到另一个角色的要求，当无法同时满足各种角色的要求时，角色的冲突就出现了。

（二）工作—家庭冲突研究模型

1. 角色间冲突模型

工作与家庭生活的研究早期，以角色理论为基础，定义角色是由个体以特定社会身份被期望的一连串行为所组成的，是配合社会组织或社会结构的某个位置所应有的行为表现。由于角色之间同时存在多种不相容的压力，使得一方顺从另一方更加困难，因而产生了角色冲突；角色冲突是由客观环境因素及主观期望或心理因素构成的。主观角色冲突是角色个体内在心理所感受的冲突，客观角色冲突发生于角色个体环境中实际可验证状况。

卡恩提出角色间冲突来源于一个角色的压力与另一个角色压力无法相容时，导致个体内在的角色冲突；提出了工作与家庭间的冲突是角色冲突的一种形式，由于在家庭（工作）角色上的参与，使得在工作（家庭）角色上参与困难，因而在工作或家庭领域的某些方面产生角色压力。

工作冲突是指在工作领域中不相容的角色压力；家庭冲突是指在家庭领域中不相容的角色压力；角色间冲突是指因一个角色压力与另一个角色压力的不相容造成的。工作冲突和角色间冲突会共同影响工作满意感，家庭冲突和角色间冲突会共同影响家庭满意感，最终影响生活满意感。

2. 工作家庭冲突的性别差异

"传统"的家庭是男主外，女主内，丈夫在外工作，妻子在家主持家务。而现代生活则有各种多样化的生活方式，双职工家庭非常普遍，双方的工作收入不仅可以带来经济上的安全感，还可以通过双方的收入维持自己所希望的生活标准，提高生活水平。

（1）工作投入与工作冲突有显著的正相关关系，并且男性比女性相关程度更高；家庭投入与家庭冲突也有显著的正相关关系，女性的相关程度比男性的更高。

（2）工作投入与工作—家庭冲突有显著的正相关关系，并且女性比男性相关程度高；家庭投入与工作—家庭冲突亦有显著的正相关关系，男性比女性相关程度更高。

（3）在工作期望与工作冲突的相关程度方面女性比男性高；家庭期望与家庭冲突的相关程度方面女性也比男性高。其原因主要是：一方面工作领域和家庭领域的双重角色导致角色负荷过重；另一方面可能由于个体实现一个角色期望所占据的时间干扰另一个角色期望而产生基于时间的压力。

（4）工作期望与工作—家庭冲突的相关程度是男性比女性高；家庭期望与工作家庭冲突的相关程度也是女性比男性高。

（5）在工作冲突与家庭冲突的相关性方面是男性比女性高。社会期望为这一结论提供了解释，男性是被允许将工作外溢到家庭冲突中，男性的家庭期望因此被修正以适应男性工作角色的需求；而女性则是被期望调整自己的事业期望，以减少工作需求从而满足家庭需求。

(6) 工作冲突与工作—家庭冲突的相关性方面是男性比女性高；家庭冲突与工作—家庭冲突的相关性方面是女性比男性高。从社会规范的角度来讲，对女性而言，更容易使家庭角色的需求干扰工作角色，家庭冲突是工作—家庭冲突的来源，所以更容易造成工作—家庭冲突；对男性而言，男性是被允许工作角色的需求干扰家庭角色，许多男性带工作回家，利用家庭时间来减少工作角色的压力。

3. 工作—家庭冲突的双向模型

工作—家庭冲突是一种双向的概念认为，如果个人因工作上的问题和责任干扰家庭义务的履行，这些未完成的家庭义务便会干扰工作情况；同样，当个人因家庭的问题和责任干扰工作任务的完成时，这些未完成的工作任务亦会干扰其家庭生活。

以工作压力源与工作投入作为工作—家庭冲突的前因变量，以家庭压力源与家庭投入作为家庭—工作冲突的前因变量，研究表明，工作—家庭冲突和家庭—工作冲突，二者呈正相关。工作压力源与工作—家庭冲突是呈正相关的，其中工作压力源包括工作负荷及责任、工作缺乏自主性及角色模糊；工作投入与工作家庭冲突是呈正相关的，工作投入是指个人关心、重视工作的程度。

家庭压力源与家庭—工作冲突呈正相关，而家庭压力源主要包括来自父母的压力源和来自婚姻的压力源。在家庭中面临父母与婚姻的双重压力，个人的时间和精力遭受压迫，与家人的相处处在紧张状态，既影响正常的家庭生活，又影响工作表现。

工作压力源、家庭—工作冲突与工作苦恼为正相关，工作投入与工作苦恼是负相关的；家庭压力源、工作—家庭冲突与家庭苦恼呈正相关，家庭投入与家庭苦恼是负相关的。当个体为了满足某一角色需求而努力时，又常遭受另一角色的干扰，此时个体会有高水平的心理苦恼。

三、工作—家庭冲突的表现及影响

（一）工作—家庭冲突在个人层面的表现

1. 角色的紧迫感

角色的紧迫感指的是一个人经历的工作（家庭）问题影响到了其家庭（工作）生活所产生的心理紧迫感。

2. 角色的超负荷

工作和家庭角色难以协调是因为一个人拥有的时间和精力是有限的。

3. 角色的阶段性冲突

角色的阶段性冲突是指当工作—家庭发展不同步时，就会发生角色的阶段性冲突。

4. 角色期望和标准的冲突

通常源自价值观的差异。

(二) 工作—家庭冲突在组织层面的表现

1. 组织的角色变化

意识到员工的工作、家庭冲突对其工作可能造成的影响，组织开始重新审视自己的角色。

2. 性别冲突

组织必须面对的另一个变化是杰出的职业女性不断增多，工作中的性别冲突因而也变得更加尖锐。

3. 管理者的两难境地

对于管理者，尤其是对一线经理而言，他们时刻面对着员工的工作—家庭冲突带来的压力，常常因此陷入两难境地。

(三) 工作—家庭冲突的影响

1. 工作—家庭冲突对员工个人的影响

（1）可能影响员工的健康状况

长期的工作—家庭冲突让人心情郁闷，在高工作压力与高生活压力的双重作用下，很多员工都在不同程度上患有疾病，这对于个人及家庭而言都是十分痛苦的。

（2）可能影响员工的幸福感、生活满意度和家庭归属感

工作领域和家庭领域两个领域肩负过多责任的职业女性，常常会因为无法同时满足工作角色和家庭角色的双重需要而产生工作家庭冲突，进而产生烦躁、紧张、焦虑、消沉、沮丧、冷漠的情绪，这种消极情绪会消耗个人的情感，降低员工的幸福感。

（3）对组织而言，工作—家庭冲突还与事业满意度呈负相关

员工作为组织众多生产要素中唯一能动的生产要素，对组织的发展有着重要的意义。而过多的家庭角色责任，如照顾老人、抚养子女、教育孩子、做家务等可能会干扰工作角色的扮演，使他们没有足够的时间和精力完成工作任务，甚至还可能会使组织的缺勤率上升、离职率提高、劳动生产率下降。这些对于组织雇用者而言，都是难以令人满意的。因此工作—家庭冲突越大，组织的事业满意度越低。

2. 工作—家庭冲突对组织的影响

（1）时间的分配

因为工作和家庭生活节奏不一致，所以显得员工的时间和精力十分有限。例

如，职业女性可能因要辅导小孩做功课或陪同住院的家人，而没有足够的时间做准备工作。

（2）生产率的下降

当员工可以利用的家庭或社会资源有限时，他们有时不得不支配一些工作时间用于处理家庭事务，因此工作—家庭冲突可能会导致较高的缺勤率、较高的离职倾向。而职业女性可能受家庭责任干扰，无法有效胜任工作角色，这些都会导致生产率的下降，给组织带来损失。

（3）员工的士气

对于职业女性而言，冲突本身和应对冲突的努力会消耗她们的部分时间和精力，从而影响到她们对工作角色的投入程度，进而工作效率、工作质量和任务完成情况也受到影响。此外，缺勤率和离职率的增加还会影响工作氛围，降低员工的士气，并且可能引发员工对组织文化、政策、规则的质疑和重新审视。

3. 工作对家庭生活的影响

（1）职业的性质与家庭的功能是密切相关的。有些职业是允许家庭同职业同步发展的，如种植业、手工业等，而对于许多职业而言，家庭对工作的参与很少，如实验室工作、管理工作等。而像采矿、远洋作业等工作与家庭则无法兼顾，家庭只能作为休养、恢复体力的场所。

（2）工作场所的地理位置、工作行程安排以及工作时间分配，对家庭何时相聚、如何参与孩子抚养，或由此带来的迁居问题有明显影响，是导致工作—家庭冲突的重要原因。

（3）社会声望、职业地位和工作收入等对家庭生活会产生直接的影响。

（4）工作环境如工作压力、工作满意度和工作的感情气氛等会直接影响家庭生活。同时家庭生活对职业生涯发展也有着重要影响。婚姻和父母身份施加于个体的压力会远远超过一项工作或者职业的压力。工作与家庭之间的潜在冲突对职业的影响甚至超过个人发展目标对职业的影响。

四、工作—家庭平衡计划的定义与内涵

工作与家庭就像人的左膀右臂，是人生的两个基本支点。工作、家庭和自我事务在个人生活中强烈的相互作用得以认知，并更清晰地展示出来。工作—家庭关系与平衡计划是解决工作—家庭冲突的重要途径，已成为人力资源管理与职业生涯管理的重要内容。

（一）工作—家庭平衡计划的定义

工作—家庭平衡是指工作和家庭功能同时协调运行的状态，是员工所感知到工

作—家庭冲突可以被接受和不断减弱的状态。工作—家庭平衡计划的定义是指组织职业生涯管理中针对员工各个职业生涯发展阶段面临的工作家庭平衡问题，专门设计的以帮助员工能动地寻找工作家庭平衡模式（点）、提高其自我调控能力为目标的组织支持计划。从管理的角度而言，工作—家庭平衡计划是组织开展的帮助员工正确认识和看待家庭同工作间的关系，调节职业和家庭之间的矛盾，缓解由于工作—家庭冲突而给员工造成压力的计划和活动。其目的在于帮助员工找到满足工作和家庭需要的平衡点。要想达到这一目的，组织必须了解员工职业生涯不同阶段的特点、目标以及家庭各阶段的需求、工作情境对家庭生活的影响，然后给予员工适当的帮助。从个人的角度而言，制订工作—家庭平衡计划也是十分必要的，可以采取适当的措施协调个人、家庭成员与职业工作之间的关系。

（二）工作—家庭平衡计划的内涵

（1）工作—家庭平衡计划作用的途径是设计并实施组织支持策略，其关键在于通过交流增加组织对员工的工作—家庭模型范围的理解，从而调节工作或家庭范围和边界以增加工作—家庭平衡。

（2）工作—家庭平衡计划的目标在于帮助员工梳理对待工作—家庭关系的正确态度，提高调解工作—家庭冲突的技巧。

（3）工作—家庭平衡计划是组织职业生涯管理的技术之一，重点在于提高员工的影响和控制能力，使员工真正成为工作与家庭两个领域的中心参与者，减少工作—家庭冲突可能发生的概率。

五、一般性的工作—家庭平衡策略

组织在制订工作—家庭平衡计划时必须考虑员工的职业生涯周期以及家庭生命周期的变化。一般而言，员工在职业生涯早期面临的主要问题就是寻找配偶和决定是否结婚。在职业生涯中期，抚养和教育子女自然成为首要任务。职业生涯后期，随着子女成人离家建立自己的家庭，这时就要学会适应空巢家庭生活。因此，组织应结合不同阶段的不同需求制订有针对性的工作—家庭平衡措施。目前，组织已开展的工作—家庭平衡计划的主要措施包括。

（一）正式的组织支持策略

1. 组织的价值观

组织需要明确自己的价值观并将之准确地提炼出来传递给全体员工。

2. 建立支持网

建立支持网是指组织利用企业内部网或其他工具在其内部创建的一种信息共

享机制。包括以下几个方面：一是组织价值观和组织文化的载体；二是支持网是组织设计实施工作—家庭平衡计划的工具；三是支持网还是保证培训效果和绩效反馈的工具；四是支持网的另一个重要应用体现在促进支持性交流。

3. 支持性薪酬体系

重点之一是菜单式福利计划。菜单式福利，亦称灵活福利，是指允许员工在众多福利项目中选择，允许每个员工选择一组适合他们需要和情况的福利。支持性薪酬体系的设计思路有以下几点：一是对于职业生涯发展初期的员工而言，他们刚刚离开校园和家庭，需要经济支持，积累财富与资历。因此，应加大报酬中激励工资的比重。二是对于职业生涯发展中后期阶段的员工而言，既要有物质奖励，又要有精神激励。报酬既要稳定又要富有弹性，以满足和谐家庭的需要；同时突出成就工资，加大长期激励的比例。三是菜单式福利计划的基本思路是让员工对自己的福利组合进行选择，但要遵循两个前提：一是管理者必须制定总成本，二是每一福利计划必须包括一些非选择性项目，例如社会保证。

4. 弹性工作制

弹性工作制是指在固定工作时间长度的前提下，可以灵活地选择工作的具体时间的一种工作方式。主要有以下两种形式：缩短每周工作天数；弹性工作时间。目前最易行、最普遍的措施是非全日制工作制或家庭办公。在发达国家，常见的是半日工作制或是每周三日工作制，主要是针对才能出众，又要承担养育子女任务的女性员工而采用的。电脑、传真等现代网络和通信技术的发展也使家庭办公成为现实。

5. 支持性服务

组织可以实施的支持性服务主要有四种：对管理者进行培训；父母假；帮助解决孩子的照料问题；老人的照料问题。

（二）非正式的组织支持策略

除了正式的组织支持策略之外，非正式的组织支持策略也是十分必要的。非正式的组织支持策略大体有以下两个方面。

1. 领导者风格

领导者风格实质是指领导者的行为模式。领导者想影响别人时，会采用不同的行为模式以达到目的。有时偏重表现信任和放权，有时偏重劝服和解释，有时偏重监督和控制，有时又偏重鼓励和建立亲和关系，这些行为模式都是可观察的，可以被感受的。当下属遇到工作—家庭冲突时，更希望领导者风格转变成信任与放权，这样更便于解决工作—家庭冲突矛盾，使工作生活步入正常轨道。

2. 对非正式群体加以引导

非正式群体（informal group）是指人们基于社会交往的需要，在活动中自发形成的，未经任何权力机构承认或批准而形成的群体。在组织中，不少人因为都面临着工作—家庭冲突，而这共同的经历很容易促使这些人成立非正式群体。非正式群体对个体的影响是积极的还是消极的，主要取决于非正式群体的性质以及与正式群体的目标一致程度。对于这群具有相同工作—家庭冲突经历的非正式群体成员而言，如果组织加以正确引导，可以使工作—家庭冲突逐渐消除，提升工作满意度与生产率，反之会影响士气，严重还会导致离职、罢工等情况的发生。因此，对于非正式群体既不能采取高压政策，又不能放任自流，要正确地引导使其发挥积极作用，避免其消极作用。

（三）个人的平衡措施

根据工作—家庭边界理论，个体可以采用交流和中心参与来达到更高工作—家庭平衡。边界跨越者可以经常与其他成员交流他们其他时间做什么，来提高范围内成员对另一范围的了解。比如，与家人共同承担工作任务，和同事、上司交流家庭事务。个体还可以通过提高其在工作和家庭里的中心参与度，提高个人对范围目标和边界的影响力，从而实现更好的平衡。

当然，随着工作要求的不断提高，维持良好的夫妻关系和养育孩子的难度也在与日俱增。对于个人而言，维持工作与家庭平衡的主要方法有如下。

1. 确定优先次序，区分家庭与工作之间的重点

放长眼光，看看未来五年或十年里最要紧的事情是什么。在"鱼与熊掌不可兼得"时，确定工作与家庭的优先次序。

2. 更新观念，消除因传统家庭观念和模式带来的内疚因素

工作与家庭之间的失衡常常会给职业父母带来内疚感，特别是对孩子的内疚。如果妈妈出差了，爸爸只能带着孩子去吃快餐，就会有人认为这个家庭乱套了。这种想法其实是错误的，现代职业家庭的特点决定了其需要有与传统家庭不同的家庭与工作关系标准。要想在家庭和事业这两者之间寻求达到平衡，就必须打消由此而产生的内疚感。

3. 夫妻实用对策

可以采用一些方法以减少家庭对工作的影响，具体的方式为延期生孩子，或雇请保姆等来减少家庭对工作的影响；或者夫妇之间进行恰当的分工，轮流照顾家庭。但无论采取哪种方式，都有必要根据实际情况认真思考工作和家庭之间的关系，且当工作挑战性加强以及家庭结构发生变化时，要不断探索工作和家庭之间新的平衡方式。

第二节　企业员工工作压力

近年来，工作压力已经成为全球性的热点问题。工作压力过大不仅会严重削弱员工的工作能力，而且会危害员工的身心健康。

一、工作压力的定义

压力是由人和环境相互作用而产生的，适当的压力可以提高生产效率，但是大部分时间压力一直都是一个贬义词，它使人疲于奔命而不堪忍受，无力应付。一般来说，当人们面对机会、约束或者要求的时候就会产生压力。这里的"机会"是指处于一种可以使需求得到满足的情境，如职位得到提升；"约束"是指对利益获得的一种限制，如工作升迁被否决；"要求"则是威胁离开当前自我满意的情境，如被解雇。因此，压力的概念是指个人对刺激的生理及心理反应。这里的刺激是指对个体有生理及心理上的要求，并在利害攸关时造成不确定性及个人控制的缺失。

工作压力是压力的重要组成部分之一、工作压力是指在工作情境中由于与工作相关的因素而使个人感到需要未获满足甚至受到威胁而产生的生理心理反应。工作压力是员工与组织都要考虑的主要问题。并且在今天的组织环境中，人们承受着持续升级的来自更多方面的工作压力。激烈的市场竞争，组织并购与宏观经济环境促使组织削减成本，厉行节约以求得生存。这些几乎使每一个员工都要承担额外的工作压力与要求。我们必须清楚地认识到压力在生活中的作用。对于同一个员工来讲，压力与工作绩效的关系呈现倒"U"形的关系，极度的压力会严重伤害其身心健康，降低其工作效率。更何况工作压力并不会自己消失。只有先理解压力的性质和类型，才能合理地控制工作压力。

工作压力的特征如下：一是工作压力是客观存在的；二是工作压力是个体对客观存在的压力的一种主观反映；三是工作压力是在工作情境中发生的；四是客观的工作压力作用于个体而产生的一种刺激和反应。

工作压力的产生必须满足以下条件：一是客观存在的工作压力源；二是个体对压力源有认知评价；三是个体与环境的相互作用中，工作压力影响了个体客观的生理、心理和行为；四是工作压力是在工作情境中发生的。有的学者强调工作压力是在工作场所中发生的，这一点实际上在当今时代已经发生了改变。随着工作柔性化和弹性化的发展，工作这一行为已经不仅仅只是在工作场所中发生了，相应地，工作压力也不仅仅发生在工作场所，在工作场所中起作用。实质上只要是在工作的情境中发生的，对个体造成了生理、心理和行为的影响，都可以算作工作压力。

二、压力的经典模型

压力的经典理论可以分为传统理论和交互理论两种。两种理论的区别主要体现在：第一，传统理论更加注重对工作压力或个体压力感的评价，而交互理论则更加侧重衡量压力源评价、应对资源以及压力症状；第二，传统理论希望找到大多数人都能感受到的压力的特点，多以静态、独立的视角考察压力。而交互理论将压力和应对看作一个变化的过程，注重个体与环境之间的相互影响作用，因此个体对压力的感受会存在着差异。目前，更多的研究都是以交互理论为基础，认为压力过程是个体与环境之间的一种交互影响的过程。基于不同的压力理论，学者们提出了不同的压力研究模型。

（一）个人—环境匹配模型

个人—环境匹配模型来源于社会心理学家卡特（Kurt）的心理互动概念，行为是人和环境互动的结果，当个体有着和组织不同的价值观时，工作压力就会产生。在组织场景中，个人—环境匹配常被细分为三种类型：个人—工作匹配、个人—团队匹配、个人—组织匹配等，这些类型分别对应着从个体、群体到组织的不同环境水平。其中，个人—工作匹配反映个体达到其工作要求的水平，强调员工的知识、技能和能力是否能满足执行工作任务的要求；个人—团队匹配反映个体和其所在工作团队的人际兼容性，强调个体和其他团队成员具有能相互补充或支持的显著特征和属性，或者共享一定的信念与价值观；个人—组织匹配则反映员工和其所服务的整个组织的相容性，强调二者共享一些基础性特征，如人格—工作氛围的一致、价值观—企业文化的相容等。

目前为止，很多研究一致证明高水平的个人—环境匹配可以带来高绩效和高满意度。不同的匹配类型与不同结果变量的相关程度存在着明显的不同：个人—工作匹配与工作满意度、离职意向和整体绩效的相关度更大；个人—团队匹配与周边绩效、组织公民行为、同事满意度和群体凝聚力的相关度更大；个人—组织匹配与组织承诺、组织满意度的相关度更大；这些研究结果表明，企业不应忽视其中任何一个方面，应作到个人特征与组织环境特征的全面匹配。

此模型从匹配的角度来研究工作压力，为理解工作压力的成因提供了新的视角。但此模型的缺点是没有全面考虑到工作生活中到底是哪些构成部分影响了个体的健康状况，而这些影响中又有多少是由于外部工作环境造成的，多少是个体差异造成的，多少是个体与环境的交互作用造成的，在个人的职业生涯中压力的强度和性质如何，工作压力又是如何转化为身体功能不良和疾病的，这些问题都没有得到解决。另外，个人—环境匹配理论的不足之处在于没有很好地回答以下问题：工作环境中哪些构成部分造成了不匹配现象的发生？工作环境中各个因素之间是否有内在的联系？到底什么是关键的工作压力紧张维度？是"控制"还是"威胁"？工作环境对压力紧张体验的影响是不是因人而异的？如果感知到某种不匹配发生了，那为什么个体既不改变工作环境也不调整他们的认知以适应这种匹配？而且，此理论也没有考虑到个体的应对方式可能对工作压力有明显的变量的影响。

（二）认知交互作用模型

认知交互作用模型来自认知交互作用理论。

该理论认为，压力是一个过程，无论在时间上、工作任务或者活动上，个体和环境的关系都是动态关联的，总是在变化的，而不是像传统的工作压力理论那样将两者看作分离的、静态不变的，因此，工作压力是人和环境之间的一种特殊关系。美国心理学家理查德·拉扎勒斯认为，认知评价过程包括初级评价和次级评价。初级评价是指感知环境重要性、评估环境要求及评估刺激事件积极性或消极性的过程，用以解释"我现在是否会遇到或将来是否会遇到麻烦？我是否会有所受益？会有怎样的麻烦或受益"的问题。初级评价又可以分为三种，即无关的、良性的和有压力的。"无关的"是指情境中的事件对个体没有影响；"良性的"是指事件的结果被认定为是积极的；当个体认为事件会对自己构成威胁、挑战或伤害时，就会将事件或情境评价为"有压力的"。次级评价是对选择不同类型行为可能性的反映，它包括对现有社会（如社会支持）、物质（如经济资源）或个人已有资源的评价，用来解答"如果可以的话，能对它做些什么"的问题。次级评价用来评估可能并且可以做什么。次级评价是一个复杂的评估过程，个体在该过程中将要考虑哪种应对选择是可用的，采用这种应对选择的预期结果的可能性有多大，以及个体能够有效地应用某个或某套特定应对策略的可能性。因为压力结果不仅取决于什么受到了威胁，而且还取决于可以做什么，所以次级评价在每个事件中都起着重要作用。

除了初级评价和次级评价，拉扎勒斯还谈到了再评价。初级评价和次级评价是对压力源的评价，而再评价则是以新环境信息为基础进行的变化性评价，可能会降低、增加或改变个体感受到的工作压力及压力反应。再评价本身可能是一个不断变化的过程，很难进行测量，因此在有关认知评价的研究中，研究者的关注点基本上都集中在初级评价和次级评价上，而对再评价缺乏研究。

认知评价和应对之间是相互作用的，工作压力的产生不是仅仅由环境或者是个体产生的，而是两者共同作用的产物，由具有特殊心理特征的个体进行对威胁的认知评价。与此同时，应对由个体使用特殊的想法和行为来管理某个特定的个人—环境相互作用而产生的与个体的福利相关的工作要求。

应对是指个体去管理（减少、最小化、掌控或容忍）内部和外部工作要求的认知和行为努力。而这种内外部的工作要求是个人—环境交互作用时，个体评价为超过自身所拥有资源时产生的。应对主要有两种方式：处理那些引起压力的问题，也称为问题聚焦应对方式；另一种是管理情绪，也称为情绪应对的方式。过去的研究表明了人们通常在遇到压力事件时一般使用两种方法相结合的应对方式。问题聚焦应对方式包括激进地互动努力去改变环境，冷静、理智地努力去解决存在的问题。而情绪聚焦应对方式包括疏离、自我控制、寻求社会支持、逃避、接受责任等方面。

（三）ISR 模型

ISR 模型开始于客观环境或客观压力源，包括在工作环境中可能会被员工知觉到的任何事物，物理因素如噪声、光线等，心理社会因素如人际冲突、角色模糊和角色冲突等。员工会知觉到这些环境因素，并对这些客观环境因素进行评估。但由于人格特质及工作经验的差异，不同的员工可能会对同样的环境作出不同的评价。

对于客观环境的评价的下一步是心理环境，或心理压力，表示的是个体对客观环境的心理反应。例如，所谓的心理压力源是员工所知觉到的心理工作量，换言之，不同的个体对相同的工作量会有不同的感知。

心理压力源可能会立即引起个体的心理反应、生理反应和行为反应。心理反应主要是指焦虑、愤怒或抑郁等一系列的负面情绪；而生理反应主要包括头痛、心率加快或容易产生疲倦等生理状态。当然，个体也可能表现出行为上的反应，如迟到或旷工。

这些心理、生理和行为反应可能会对员工的健康和生产力造成不利的影响，如长期的工作压力反应可能会导致个体产生高血压、心脏病或骨骼肌肉系统疾病。当然，该模型对应不同的个体可能会有所不同，如人们可能会有不同的遗传天性（消极情感等），人口特征（性别等）以及人格特质（内外向等）。

三、工作压力的来源

工作压力可能来源于企业的政策、工作本身的要求、工作性质或社会环境性质。此外,不同的职业群体会产生程度大不相同的压力。虽然不同的人对压力有着不同的感受,但潜在的工作压力还是有规律可循的,这就需要我们探索影响压力的因素究竟是什么。但总体来看,工作压力主要有三大来源:社会环境因素、组织因素与个人因素。

(一) 社会环境因素

环境的变化性和不确定性是引起工作压力的重要因素。环境的不确定性不仅会影响企业结构的设计,也会影响企业员工的压力水平。工作压力的社会环境因素主要包括政治、经济的不确定性和危机,社会职业竞争态势加重,知识更新加快并呈现出"加速度"发展态势,股市的大幅度涨跌及金融危机等。这些环境因素不受个体意愿所控制的特点明显地增加了当代人的工作压力。

(二) 组织因素

企业内部也有许多因素会造成员工感到压力,如工作量过大,工作要求过高、工作责任过重,人事竞争,人际关系紧张,领导对自己的不理解和不信任等,都会给员工带来压力与焦虑不安。当然,组织的性质与不确定性也有较大的关系。

总体来看,组织因素主要有以下几个方面:一是工作本身的问题,如工作超负荷。二是管理方面的问题,如管理制度不健全。三是组织方面的问题,如组织结构不合理。四是事业方面的问题,如抱负受挫。五是人际关系因素,如钩心斗角、派系斗争。六是角色压力,如角色冲突与角色模糊,其中角色是指其他人期望一个人完成的一系列工作任务和行为。

在职业生涯管理中,与一个特定的角色相关的期望、行为和结果的不确定性就表现为角色模糊。角色冲突(Role Conflict)是角色模糊的一种结果,是当一个人扮演一个角色或同时扮演几个不同的角色时,由于不能胜任而造成的矛盾和冲突。麦尔斯把角色冲突定义成四种类型:第一种是人与角色的冲突,指个人可能会采取与工作规则要求中规定的完全不同的方法来完成工作任务;第二种为内部传递的冲突,指因实际情况与管理者传递的内容相互矛盾时而产生的冲突;第三种是互相传递的冲突,指当某一员工因对被要求以某种方式从事某项行为感到满意,而另一个人却不满意的时候,就会产生互相传递的冲突;第四种为角色负荷过重,指当员工被分配的工作量超过他的有效能力时而产生的压力。

(三) 个人因素

除了社会环境因素与组织因素之外，个人因素也是引起现代人工作压力的重要因素之一。个人因素又分为外在因素与内在因素，即生活因素与个人问题。其中生活因素主要包括：工作与家庭要求的冲突，家庭问题，经济问题，生活条件，健康状况。

个人问题主要包括：面对困难缺乏自信，不擅长时间管理，问题解决能力不强，不善于处理人际关系，工作生活方式不科学，工作经验或工作能力不足。

职业压力主要是来源于外在现实环境因素，还是当事人的内心？从心理学的角度来讲，虽然内外因素都是导致压力产生的原因，但从本质上说，内因起决定作用，压力的根源来自个体的心理，即来源于当事人的个性与心态等内在因素。

在个人问题中，人际关系紧张是造成工作以及日常生活压力的重要原因之一，人际关系是我们生活中的一个重要组成部分。虽然在现实社会生活中，由于每个人的性格、天赋、生活背景等的不同而产生思想上的一定隔阂是正常的，也是可以理解的。但倘若由此而搞不好人际关系，将对我们的工作、生活及心理健康产生不良的影响。

造成人际关系紧张的原因有很多种，但归根结底是以下五个因素造成的：不善于处理人际关系或难以相处；领导工作方式不当；缺乏沟通，容易产生矛盾；角色模糊与角色冲突；组织中竞争过于激烈。

四、工作压力的结果与管理

(一) 工作压力与工作绩效的关系

压力本身并不一定有害。很多研究人员已经得出结论：适当的压力可以提高工作绩效。压力达到极端状态（即压力过低或者过高）会使人苦恼，因为他们要么对工作刺激不足，要么过度刺激。而理想水平的压力则具有挑战性，并使人产生向上的动力（即积极的感觉和高度投入工作）。对于同一个员工来讲，压力与工作绩效的关系会呈现出倒 U 形的关系。

(二) 三层面压力管理模式

三层面压力管理是指针对在不同的压力状况下，分别对压力进行预防、应对，以及过度压力的治疗。工作压力是一个复杂的现象，压力管理需要采取综合的、有组织性的战略对工作中的压力进行管理。天津大学胡春光在国外有关研究的基础上，结合中国企业的特点，建立并完善了三层面压力管理模型，模型的特点如下：

1. 组织性

应对压力并不是员工个人的事情，组织有责任、有义务来帮助员工应对压力，并且组织在压力管理中发挥着重要的作用。

2. 系统性

压力管理模型的三个层面分别是预防、应对、治疗。

3. 强调预防为主

预防思想体现在消除压力根源、及早干预、控制压力症状以及对员工进行培训使其掌握压力应对的方法上。

（三）支持性组织氛围的获得

众所周知，支持性组织氛围是促使人力资源管理措施达到长效业绩和增长的重要因素之一、对员工期望产生和实际产出都有促进作用。支持性组织氛围主要特点是领导者和员工间的高水平的信任，多向而非垂直的人际沟通，成员的团队合作，下属合理的决策和目标设置参与度，强调自控而非领导强制控制。

在企业中，支持性的氛围可以通过下列途径得以改善：一是在招聘过程中，为了促进建立一个良好的氛围，强调支持性人际关系和人际网络。二是通过举办各种体育文化活动增加员工们交流沟通的机会以增进友谊。三是强调沟通的重要性，很多实际问题在萌芽之际就将其解决。四是对管理者进行释放紧张感和压力这方面的培训，使其能够对下属进行很好的心理支持是很有必要的。五是提供关于工作和家庭中社交支持重要性的教育，使员工与他们的配偶或伙伴都能够理解社交支持的价值，明确支持缺乏的伤害性后果。

五、工作压力的应对

（一）压力应对理论

压力应对理论可以分为特质论和情境论两种理论。早期对压力应对的看法比较倾向于特质论，研究者常称应对为"应对方式"或"应对风格"，即把应对看作个人的一种特质或相对稳定的处事风格，认为个体对事件的应对方式有一定固有的倾向性。后来对应对研究的重点则转入应对过程与应对处理上，由于不将应对视为不变的特质，有该倾向的研究者常称应对为"应对策略"。情境论认为，情境是影响应对的重要因素，环境中存在的应对资源、个人对事件的认知评估也会影响到个体的应对行为与结果。此外，有一些研究认为可以以两种途径共同定义应对，应对风格能预测不同情境下的应对策略，而根据个体不同情境下的应对策略，也可以归类个体的应对风格。

(二) 应对资源

应对资源是指个人、群体、组织和环境的某些稳定特征以一种静止的状态存在，不能被直接或全面控制。准备好对个体的反应作积极或消极的调节，能够帮助人们进行自我管理或提高适应压力的能力，这种应对资源可以分为个体资源和社会资源。个体资源主要是指来自个体内部的稳定特征，主要有负面情绪、控制点、A型行为、自我效能和信念等。社会资源是社会情境中会对压力产生影响的较为稳定的特征。有研究证明，环境的限制和资源与心理紧张和工作满意度有关，目前对于社会资源的研究主要集中在社会支持的作用上。虽然对社会支持有相当多的研究，但至今为止却没有一个统一的定义。一般而言，社会支持是指个体的各种社会关系对个体的心理支持和物理支持。

(三) 压力管理模式

压力不仅影响个人的身心健康，而且对个人和组织的工作绩效也会产生很大的影响。因此，领导者必须充分注意有效应付与管理压力。

1. 预防

预防工作压力可分为三个步骤进行，分别是初级预防、次级预防和高级预防。初级预防是指采取行动来减少甚至消除压力来源，以及提升一个有支持性的、健康的环境，如调整人事政策、诊断压力、发展有支持性的工作气氛、让员工多参与企业决策、开展健康生活活动或课程等。次级预防主要是通过增加个人关注及改变减压技巧，从而测试及管理抑郁及焦虑感，比如开设压力教育及管理压力课程、教导简单松弛方法（渐进式肌肉松弛法）、健康生活方式、时间管理训练（定下目标、优先次序）、锻炼解决问题的技巧。高级预防则关注的是因压力而导致的严重病人的康复及痊愈。一般是外包的临床咨询服务，面对紧急情况，提供的是保密的专业辅导服务和24小时热线服务。

2. 评估

评估过程同样分为初级评估、次级评估和应对策略这三个步骤。初级评估是关注诸如"这个因素是否与你有关，有没有威胁性"这类问题。次级评估关注诸如"个人是否对威胁或挑战的压力充足的评估，可以应付吗"此类问题。应对策略则是指在充分评估后，决定采用的集中处理情绪的应对策略或者集中解决困难的应对技巧，用正面的方法来面对消极行为，如松弛或寻求消遣、社会支持。

3. 调节

调节压力旨在培养身、心、灵三方面的健康，具体因素包括生理保健、培养自信心、保持乐观性格、多和家人沟通、建立真诚的友谊、经常运动等。"身"是指健康生活方式，均衡饮食，适量运动，锻炼身体；"心"是指锻炼良好的心理素质，避免自尊心过低，习惯性的负面想法等；"灵"涉及的境界更高，包括为人处世的价值观，对人生的看法，避免过分侧重对物质的追求等。

尽管每个地区的工作者所承受的压力大小和情况各不相同，但这些受访者都普遍认为弹性工作制是缓解压力的最佳举措，即使在工作时间非常宽松的荷兰，也有超过半数的受访者认为弹性工作制可以减压。

企业如要帮助员工改善生活品质，就必须分析本单位员工所承受的压力情况并在此基础上采取应对措施。工作压力不仅会对员工产生重大影响，也会对企业产生重大影响，因为员工会因工作压力而无法按要求履行职责，需要更多的病休假，因此导致工作效率下降。值得注意的是，随着中国的年轻人为了追求更加平衡的工作和生活，所谓的裸辞现象日益增加。灵活办公是一种缓解工作高度紧张的措施，更有利于改善家庭关系，有助于促进工作生活整体平衡性，提高人们的幸福指数。另外，受访者还认为灵活办公可以帮助改善生产效率，成本比传统办公方式更低。有大量例子表明，提高办公的灵活性能够显著减轻员工的工作压力。

但对于大部分的白领而言，是否能拥有弹性工作时间并不是由他们自己说了算，因此，如何从自己的角度出发，减少工作压力呢？下面是一些建议。

（1）学会自我调适，及时放松自己，保持心理的平衡和宁静

针对精神长期高度紧张，应学会自我调适，及时放松自己。如参加各种体育活动；下班后泡泡热水澡，与家人、朋友聊天；双休日出游；还可以利用各种方式宣泄自己压抑的情绪，等等。另外在工作中也可以放松，如边工作边听音乐；与同事聊聊天、说说笑话；在办公室里来回走走，伸伸腰；打开窗户，临窗远眺，做做深呼吸，等等。

同时在复杂紧张的工作中，应保持心理的平衡与宁静。这就要求白领应养成开朗、乐观、大度等良好的性格，为人处世应该稳健，要有宽容、接纳、超脱的心胸。

（2）合理安排工作和生活，制定切合实际的追求目标，正确处理人际关系

员工之所以精神高度紧张，一方面是由于工作量大引起的，另一方面也和员工自身处理问题的态度和方法有关。如众多员工认为只有拼命干，才能得到上司

的赏识和加薪、晋升；还有的工作缺乏信心，常常担心自己被"炒鱿鱼"，或被别人超过，等等。在工作方法上也有问题，如工作不分轻重缓急，事无巨细都亲自干，工作效率低等。对此应学会应用统筹方法，以提高工作效率。在工作和生活上，应有明确界限，下班后就应充分休息，而不应惦记着工作，多参加体力活动，以作到劳逸结合、脑力劳动和体力劳动结合。

工作中，如果长期感到力不从心，就要重新为自己进行角色定位，重新评估自己的能力和自己的价值目标，如目标过高，就应调整目标，以使自己的目标切合实际。一些有工作狂倾向的人，应经常自问："是工作为了生活呢，还是生活为了工作？""是健康和生命重要呢，还是事业重要？""以健康和生命为成本代价换取事业的发达值不值得？"以使自己意识到问题的严重性，回到正常的生活、工作轨道上来。

复杂的人际关系也是诱发员工心理疲劳的因素，为此员工应积极调整与人、与单位的关系，让自己、同事、单位处于一种良好的状态中，以保持平衡的心态。

(3) 增强心理品质，提高抗干扰能力，培养多种兴趣，积极转移注意力

由于客观原因，员工大多不得不处在一种工作压力较大的状态下，这就要求一方面要积极调试放松，另一方面员工也应积极增强自己的心理品质。如调整完善自己的人格和性格，控制自己的波动情绪，以积极的心态迎接工作和挑战，对待晋升加薪应有得之不喜、失之不忧的态度等，通过这些以提高自己的抗干扰力能力。

个人生活中员工应有意识地培养自己多方面兴趣，如爬山、打球、看电影、下棋、游泳等。兴趣多样，一方面可及时地调试放松自己，另一方面可有效地转移注意力，使个人的心态由工作及时地转移到其他事物上，有利于消除工作的紧张和疲劳。

六、寻求外部的理解和帮助

如果产生心理问题，员工就要经常向家人、知己倾诉，心理问题严重的可去寻求心理医生的治疗。寻找机会，参加有关心理学的培训和学习，如美国和加拿大等国的许多大企业就要求员工参加工作压力管理和减压等心理训练课程的学习，同时这些国家也要求企业提供学习、训练的机会。

第三节　企业员工工作倦怠

一、工作倦怠的概念

工作倦怠是指由于工作对工作者要求过度的能量、力量或资源而导致工作者的工作失败、精力耗竭或身心枯竭。工作倦怠是工作者因工作需求而产生的持久压力感所致；工作倦怠是生理上、情绪上憔悴而呈现精疲力竭的并发症候，包括消极的自我概念、负向的工作态度，以及对工作对象的冷漠；工作倦怠是对工作压力的一种反应方式，大都发生在服务专业的工作者身上，因为在能力、智力与资源方面过度要求，他们无法处理所产生。倦怠是指对特定工作的疏离感，包括无意义感、无权力感、孤独、无规范感，但其中得到最广泛应用的是马斯勒对工作倦怠所作的三维度定义。

马斯勒（Masler）最早用三维度模型诠释了工作倦怠的操作定义，他认为工作倦怠是人们在长期的工作中产生的与个人压力有关的一种心理上的综合病症，主要有三个方面的表现：情绪耗竭（Emotional Exhaustion）、人格解体（Depersonalization）以及个人成就感丧失（Diminished personal Accomplishment）。情感衰竭是指个体感到自己的感情处于极度疲劳的状态，没有活力，没有工作热情，是职业倦怠的核心纬度，具有最明显的症状。人格解体是指个体刻意保持自身和工作对象之间的距离，对工作对象和环境采取冷漠、忽视的态度，对工作敷衍了事，个人发展停滞，行为怪异等。个人成就感丧失是指个体认为工作是枯燥无味的烦琐事物，且不能发挥自身才能，自身工作能力体验和成就体验的下降，倾向于消极地评价自己。

工作倦怠是一种恶性循环的、对工作具有极强破坏力的因素。它起源于工作，直接影响到工作准备状态，进而影响工作，导致工作状态恶化，工作倦怠进一步加深，由此形成恶性循环。因此，如何有效地减轻或消除工作倦怠，对于稳定人心、提高工作绩效有着重要的意义。

通过以上各学者对工作倦怠在不同层面所作的界定，可以发现工作倦怠实际上反映了某些工作者在长期工作压力下，由于个人感知到的资源和现实要求之间不平衡而导致个人资源持续消耗，从而引发的一种消极的心理与行为症状。

工作倦怠理解的主要特点：一是工作倦怠与工作紧密相关。二是工作倦怠是由于工作负荷过大或持续的工作压力而产生的一种身心反应状态，是一个长期的、逐渐变化的过程。其实工作压力本身并不一定会导致倦怠，但如果个体长期处于工作压力之下，且无法得到解决，没有缓冲资源，也没有支持系统，那么这些不可调解的压力就会发展成为工作倦怠。三是工作倦怠是从多维角度来研究压力反应，不仅包括工作压力下的情绪反应，还包括由于工作压力引起的对他人的评价和对自我的评价。四是工作倦怠的典型症状是莫名的疲劳、工作兴趣的缺失、消极情绪的增加、工作动力不足等。五是工作倦怠所产生的消极态度，会导致员工对工作对象冷漠、工作效能感的降低以及对自己的消极评价的增长。

二、工作倦怠的区分和特征

早期研究中，工作倦怠的定义模糊，与工作倦怠相联系的症状表现众多。因此，早期研究中争论的焦点成了工作倦怠是否为一种独特现象，与已有的相似概念（抑郁、工作压力等）是否具有足够的区分度。

（一）工作倦怠与抑郁、工作压力的区别

有学者认为，倦怠的情绪衰竭维度类似于抑郁的沮丧和疲惫等症状，工作倦怠的许多症状如疲倦、疏远、易怒、热情丧失、焦虑等，与典型的抑郁症、疲惫、沮丧、社会退行（social withdraw）、失败感类似，而去人性化维度意味着社会退行。有实证研究表明，倦怠与抑郁虽然相关但有着不同的结构。与抑郁相比，工作倦怠的产生与工作密切相关，更具有工作相关性和情景特殊性；而抑郁则更具有普遍性，它的产生与生活各方面都可能有关系。总体而言，抑郁是比倦怠更为普遍的现象，两者有着不同的诱因和发展顺序。

工作压力是另一种经常被提及的与工作倦怠相关的概念。只有当个体长期处于工作压力之下，无法解脱，其间又没有缓冲资源，且得不到社会支持时，那些不可调和的工作压力才可能发展成为工作倦怠。具体而言，工作压力与工作倦怠主要有三个方面的区别：一是工作压力是一维的，而工作倦怠包括三个维度，工作压力的情绪反应和个体对自我、对他人、对工作的评价。二是工作压力常常源于个体感觉到的能力和工作需求之间的差距，而工作倦怠通常源自个体知觉到工作投入与工作回报之间的不平衡。三是从发生时间上看，工作压力是一种即时的反应，而工作倦怠是一个长期的、逐渐变化的过程。

（二）工作倦怠的特征

随着工作倦怠定义的明确，在研究和开发的过程中，马斯勒提出，工作倦怠有五个重要的特征：一是有显著的烦躁症状，如精神上或情绪上的疲劳、压抑和

衰竭。二是强调心理和行为方面的症状，而非生理上的症状。三是症状是与工作相关的。四是症状发生在正常人身上，而不是接受过心理治疗的人。五是消极的态度和行为导致工作绩效的降低。

工作倦怠的前四项特征与疾病国际分类标准中与工作相关的神经衰弱症十分相似。研究表明，与其他类精神疾病患者相比，与工作相关的神经衰弱症的病理原因很小。

三、工作倦怠的影响因素

工作倦怠的产生受多种因素的影响，概括起来主要有以下几个方面。

（一）工作特性因素

1. 工作量

从工作特性方面来看，工作数量与工作倦怠有着重要关系。研究表明工作量与时间上的压力与工作倦怠存在高相关，特别是耗竭这一维度。这一影响因素在中国的背景下同样适用，我国当前的研究也证实了工作压力同工作倦怠的显著相关性。有学者对银行员工进行调查，发现各工作压力源同工作倦怠的各维度存在一定的相关，工作量的增大对工作倦怠有较强的刺激作用，对护士和中小学教师所作的实证研究也得到了相似的结论。

2. 角色冲突与角色模糊

职业中的角色冲突和角色模糊与工作倦怠存在着中等或高程度的相关性。很多研究都将角色冲突和角色模糊作为预测工作耗竭或工作压力的重要变量。角色冲突容易导致工作满意度的降低，对个人绩效产生不利影响。

3. 支持和资源

四种不同的情绪性社会支持对工作倦怠的作用，有些类型的情绪性社会支持有助于消除工作倦怠，而有些却容易导致工作倦怠。具体来讲，情绪性社会支持主要包括谈话、倾听，以及表达关心或同情。由于谈话内容的不同，情绪性社会支持也有不同内容。情绪性社会支持的内容可分为正面的、负面的或者非工作相关的。正面内容的谈话可能会讨论一些好的内容，如工作中奖励；负面内容的谈话可能涉及工作中的困难和挫折；而非工作相关的谈话则是探讨与工作无关的内容。泽拉斯在他们的研究中还加入了同情性沟通这一种支持类型，结果表明，较多涉及正面内容的谈话与工作倦怠三个维度得分的降低都有显著相关性；较多涉及负面内容的谈话与工作倦怠三个维度得分的增加都表现出相关性；而对对方表示同情的谈话则与增加对方的职业效能感表现出相关性。

4. 信息和控制感

在工作信息方面，缺少反馈与倦怠的三个维度都相关；而在控制感上，参与决策以及自主权的多少也与工作倦怠相关。需求控制模型（Demand Control Model），也叫工作紧张模型（Job-Strain Model）。在这个模型中，决定工作紧张的两个因素是员工自主决定的范围和工作要求。对其工作更有控制感的员工会将改变和问题看成挑战而非威胁，沉着应对，比缺乏控制感的员工面对更少的工作紧张。因此，该模型预测最大的工作紧张源自较高的工作要求和较低的自主范围。除工作量之外，另一个与工作压力相关的工作特征要素就是在工作中的自主程度，即服从自己不认同的决定的压力。

5. 公平感

对于专业技术人员而言，程序的公平性和分配的公平性与工作倦怠有着中等程度的相关性。

6. 工作中的人际关系

工作倦怠最早起源于服务行业。早期研究的假设是那些有情绪压力的、工作对象是人的工作更易产生倦怠。新近的研究也证明：情绪因素确实是除工作压力之外引起职业倦怠的额外变量。美国宾夕法尼亚州立大学一项研究表明，强迫的或伪造的表情，比如要求对一个粗鲁的顾客微笑，对职业倦怠有直接影响作用。

（二）个体特征因素

1. 人格因素

有研究者认为易产生工作倦怠的人总与一定的人格特质相联系，如"不现实的理想和期望，较低的自我价值判断，对自己的优点和局限性缺乏准确的认识和客观的评价"等。在人格与工作倦怠的关系研究中，涉及的变量主要有大五人格模型、A 型人格、乐观、自尊、人格坚韧性。懒惰的、低自尊的、外控型的和消极型的应对策略的人最容易产生工作倦怠。大五人格模型考察人格与倦怠的关系，发现神经质与情绪耗竭、人格解体和自我效能降低相关，宜人性与情绪耗竭和人格解体相关，外向型与情绪耗竭和自我效能降低相关，责任心与情绪耗竭相关。人格坚忍性（Psychological Hardness）主要包括承诺、控制和挑战三部分内容，是一种能够保护个体免于应激伤害的人格特质。人格坚忍性越高，职业应激反应越低，工作倦怠的严重性也就越低。同时，坚忍性和直接应对策略对于个体的倦怠水平效应明显。外控型的人比内控型的人会更多地感到倦怠。个体的应对方式对于倦怠体验也有重要的影响，采用积极应对方式的个体会较少地体验倦怠，而以一种被动的、防御的方式应对应激事件的个体将会较多地体验倦怠。此外,也有研究者发现,工作倦怠的三个维度都与低自尊相关。A型人格个体的职业倦怠发生率偏高,而乐观对工作倦怠有较强的预测力。

四、工作倦怠的后果

工作倦怠会对个体的诸多方面产生消极影响,概括来讲,主要表现在以下几个方面。

(一) 生理症状

生理症状是反映生理能量耗竭的状态。主要表现为疲倦与长期的耗竭、经常性的感冒、睡眠失调、肠胃不适、体重突增或骤减、突发性疾病、肌肉疼痛等症状。

(二) 心理症状

心理症状反映的是情绪耗竭的状态,包括各种矛盾的情绪,例如偏执、无助、情绪控制能力降低、莫名的恐惧、无法专心、容易愤怒、容忍度低、紧张增加等。

(三) 行为症状

这方面的症状主要是表现在人际关系和工作态度上。在人际关系上,变得疏离、退缩,与他人的摩擦增多;在工作态度上,变得机械化、工作能力降低。此外,还有可能采取一些冒险行为,以打破长期以来单调的工作。

(四) 工作绩效

有研究表明工作倦怠与工作绩效、工作满意度呈负相关。工作倦怠会使员工对工作任务产生本能的厌倦之情,对业务指标失去热情,并产生离职倾向。工作倦怠感高的个体在工作过程中极易产生疲倦感,导致其工作绩效降低,缺勤率增加,对新鲜事物的敏感度也降低,同时可能会出现滥用药物、酗酒或过量吸烟等行为。

五、工作倦怠的干预

工作倦怠干预(Job Burnout Intervention)是基于工作倦怠的概念而形成的,其最终目标是为了降低未来发生倦怠的可能性,并降低已发生倦怠的消极影响。工作倦怠干预通过预防、抑制和治疗等手段,帮助员工摆脱工作倦怠所带来的困扰。

目前,关于工作倦怠干预模式的研究主要有三种,即以个体为导向的干预,以组织为导向的干预,以及以个体和组织结合为导向的干预。以个体为导向的干预通过提高员工的工作胜任能力和应对技巧以提高个体的认知行为。以组织为导向的干预通常是降低工作要求，逐渐增强工作控制，提高员工在决策方面的参与程度，包括改变工作程序，工作程序再造，工作监督和再评估，增加社会支持等。这些措施能够有效地提升员工的心理资本，减少他们的倦怠存量，以个体和组织结合为导向的干预则是综合运用上述两种措施，达到两种措施的协同效果。

（一）以个体为导向的干预

这种干预有以下三种途径。

1. 心理辅导

心理辅导者与被辅导者之间应建立一种具有咨询功能的融洽关系，以帮助被辅导者正确认识自己、接纳自己、欣赏自己，进而克服自身障碍，改变自己的不良意识和倾向，充分发挥个人潜能，实现自我价值。

2. 认知行为培训

根据认知过程可以影响情感和行为的理论假设，通过影响员工思维和改变员工行为的方法来改变其不良认知，达到消除不良情绪和行为的效果。通过合理的认知行为培训，倦怠中的核心成分情绪疲惫、个人成就感低落都有明显下降，但非人格化并没有任何变化。

3. 放松训练

此项训练的目的是使整个机体的活动水平降低，使机体保持内部环境的平衡与稳定，以达到消除紧张的作用。比如可以借助按摩椅，或者让员工参加音乐娱乐表演，让其体会到生活的乐趣，都可以降低工作倦怠感。

（二）以组织为导向的干预

这种干预有以下两种途径。

1. 职业技能培训

其主要依据是工作匹配理论。该理论认为员工如果没有足够的专业知识和技能，导致人岗不匹配，造成长期无法适应工作，自然会产生倦怠。个体通过职业技能培训，工作倦怠中的核心成分如情绪疲惫、个人成就感降低等会明显减少。

2. 社会支持

个人如果能得到同事、领导者和家庭的有效支持，倦怠存量会得到有效减少。根据工作要求资源理论，工作资源与工作倦怠是负相关的，如果个体得到这些群体的支持，就丰富了工作资源，而工作资源可以有效降低倦怠存量。

以组织为导向的倦怠干预，虽然持续的时间长且稳定性好，但要求投入的资源较多，因此，应将它与以个体为导向的干预结合起来使用。

(三) 以个体和组织结合为导向的干预

以个体和组织结合为导向的干预主要有以下两种途径。

1. 工作再设计

它可以增强对工作的有效控制，减少角色模糊和工作负荷超载，主要包括工作流程再造、工作时间规划等。工作价值再认识和工作价值评估以及反馈也可以有效降低倦怠存量，使倦怠的核心成分情绪疲惫明显降低。

2. 工作参与

参与度高的员工对所从事的工作会有着很强的认同感，并且可以提高自我效能，增强组织承诺，积极地投入工作，使得倦怠存量明显降低。

以个体和组织结合为导向的倦怠干预效果是最显著的，且积极效果维持时间最长。有研究表明，无论采用哪一种干预模式，对工作倦怠的核心成分情绪疲惫的削弱效果都极为明显。如果有新措施的加入，减少倦怠核心成分情绪疲惫至少可以维持两年的积极效果。工作倦怠干预应该是一个不断实施和创新的过程，必须针对新的具体情况，具体分析，采取新措施，才能取得预期的干预效果。

(四) 企业与个人该如何应对工作倦怠

工作倦怠因工作而起，直接影响到工作准备状态，然后又反作用于工作，导致工作状态恶化，工作倦怠进一步加深。它是一种恶性循环的、对工作具有极强破坏力的因素。因此，如何有效地消除工作倦怠，对于稳定员工队伍、提高工作绩效有着重要的意义。

1. 企业的对策

对于职场因素造成的倦怠，大多可以通过管理上的措施加以解决，企业可以采取的方法主要有以下几点。

(1) 改善工作条件，重新配置员工

对工作进行重新设计和安排，将负担过重的工作适当减轻，由多人分担；将过于枯燥的工作进行扩大化和丰富化，即增加工作内容、赋予更多责任，使员工感受到工作的趣味性和意义性；改善工作的物理条件，如有些企业为此设置了放松室、发泄室、茶室来缓解倦怠；实行更为灵活的工作时间和休假制度。同时，组织也应根据员工的兴趣、能力、偏好等因素匹配岗位，让最适合的人做最适合的工作。

(2) 员工帮助计划

很多公司，特别是像世界五百强中的一些著名的公司，都采用员工帮助计划（Employee Assistance Program，EPA）减轻员工的工作倦怠。员工帮助计划是一种综合性的管理方法，包括为员工提供个人的咨询和指导、在组织内建立和发展一些能使员工保持轻松和新鲜感的服务项目、组织各种健身项目、营养项目、家庭援助计划等。员工帮助计划的内容大体分为三类：一类是以为员工提供信息为目的的，并不直接减轻员工的倦怠情绪，例如利用午餐时间为员工做如何应对倦怠情绪的讲座；第二类是让员工参加一些活动，改变其生活方式，例如一些体育和娱乐活动；第三类主要旨在建立一种环境，帮助员工将健康的生活方式保持下去。中国惠普有限公司通过与同仁医院临床心理科的合作，从最初的心理讲座入手，根据每位参加者填写的问卷，由心理医生给每个人作出科学评价和调理，使得许多员工消除倦怠，重建自信。

（3）为员工设置不同的职业路径

职业路径是企业为内部员工设计的自我认知、成长和晋升的管理方案。它在帮助员工了解自我的同时也使企业掌握了员工的职业需要。职业路径指明了企业内员工可能的发展方向及发展机会。良好的职业路径设计，一方面有利于企业吸收并留住最优秀的员工，另一方面也能激发员工的工作兴趣，有效降低离职率。华为公司为员工职业路径设计两条线：一条是专业线，一条是管理线，管理阶梯从项目经理—部门经理—总监—副总裁—总裁五个等级；技术阶梯分为五级，1—3级之间差别不是太大，但4—5级之间差别较大，而且各级内也分为多个小的级别。

2. 员工自身的对策

个体自身因素是员工对工作环境和工作本身状况的主观感受和评价，所以对由自身因素产生的职业倦怠重在自我调节。当然，这种自我调节同样离不开企业的配合与帮助。

（1）保持积极的心态是对倦怠进行自我调适的关键

承认一个人并不能控制和改变工作中的所有事情，有些工作能够完全胜任，但也有些是自己做不好的。而且，职场因素有些是不可避免或难以在短时间内排除的，如激烈的竞争、失业等。

（2）挖掘工作中有意义的方面，培养自己对工作的兴趣

如果能在看似重复、枯燥的工作中挖掘"创新"的可能性，通常会让人觉得斗志昂扬、精力充沛，比如在大家都周而复始地走同样的流程时，你就可以想想有没有可能通过简化某个环节既达到同样的效果又能加快效率，这个想法如果一旦被采用就会有美妙的成就感。做自己喜欢的工作，就会愿意投入更多的时间和精力而不会感到辛苦和倦怠。而一个人若是积极主动充满激情地去工作，也总能超额、超水平发挥，这是一个良性循环。

（3）进行有效的时间管理

有时，人们觉得有很多事情做不完往往是由于没有安排好时间。有效的时间管理方法包括为所要做的事情设定轻重缓急，假如今天早上有五件事在等着你去处理，请你稍微了解一下事情的内容，把它们区分成"必须做的"和"应该做的"，看看是否真的要你亲自去处理，也许交给别人同样能够完成。在那些你"必须去做的事情"中，简单安排一下主次关系，着手开始做那些排在前面的事；对那些重要的事情分配较多的时间；采取行动，改变拖延的习惯；学会利用一些提示时间和计划的外部手段，如即时贴、日历、提醒器等；完成工作的时候集中精力；不要试图一下子把所有工作做完。

（4）在工作中灵活穿插节奏管理

用开始工作前的半个小时处理一些特别麻烦、你极不情愿做的事情，比如向某个同事或客户澄清问题，就某个工作失误向上级进行解释说明等，不管有多么难以进行，都应该在例行工作之前把它解决好。这个简单的方法很可能决定你一天的"压力指数"，虽然仅仅半个小时，可最难受的时间过去了，你做其他事情就可以轻装上阵。心理学家认为"松散的休息"，也可以有效提高工作的效率和效能，比如在工作中加入一些闲暇活动；每过一小时，同事之间约好了轮流给别人讲一个笑话；准备一些小零食在处理完一件事后慰劳一下自己，都可以为你的大脑充电，也能缓解不间断工作所带来的紧张和厌烦情绪。节奏管理的一种极端方法是干脆停下来，什么也不做。"努力工作"听起来似乎是个非常重要的事，可在你反复琢磨同一问题时也难免落入"思考的深渊"，耗费了大量的精力，却制造出了不必要的焦虑与压力。

（5）正视倦怠

很多人最容易产生倦怠的是工作，这方面，在形成任何有效的应付策略之前，首先要对职业枯竭有明确的认识和接受的态度。我们应认识到自己在压力之下所作出的反应并不是个人能力差的表现，而是人人都可能会有的正常心理现象。不要过于责备自己，有时适度的压力反而是进步的原动力，正是有了压力才会使工作充满了刺激与干劲，压力是毒药还是良药都在我们自己的一念之间，不妨将自己的思想做一个大转变，化消极回避为积极运用，相信压力反而是胜利成功的特效药。

（6）及时倾诉

我们在受到压力威胁而产生倦怠情绪时，不妨与家人或亲友同事一起讨论目前压力的情境，把自己心理的症结点说出来，不要闷在心中，关心你的亲友会给你一个恳切的建议，在他们的帮助下确立更合适的目标，以及对压力的情境进行重新审视。需要某些实际的帮助时，不妨求助于领导和同事。另外，一些消极情感如愤怒、恐惧、挫折等也应及时倾诉，以得到某种发泄，这对舒缓压力和紧张的情绪是非常必要的。

（7）锻炼和放松

注意劳逸结合，足够的睡眠，找理由休息，将闲暇和各种娱乐活动作为工作的必要补充。进行适度的、有节奏的锻炼，持续5—30分钟，就能够缓解倦怠，换来舒畅而平稳的心情。如果长期坚持下去，能够有效地降低倦怠和抑郁感。适时适当的休假，让身心恢复，也可借此机会思考然后再重新出发。如果短期之内没有休假的机会，一些松弛方法，如游泳、做操、散步、洗热水澡、听音乐等也十分有效。

第四节　企业员工职业生涯高原

20世纪70年代，随着组织结构的扁平化发展、机构精简重组、社会经济发展放缓以及大量在生育高峰时期出生的人进入职业生涯中期，越来越多的人在更低的组织结构水平上比他们预期更早地进入职业生涯停滞期（Career Stagnation）。对于在生育高峰时期出生的人而言，职业生涯的不断发展和提升是他们获得成就感、自我价值感和自尊感的一个重要来源。过早地进入职业生涯停滞期通常会使他们产生挫败感，并导致自身效能的下降和组织绩效的降低。由于职业生涯的停滞所引发的一系列问题，职业生涯高原概念很快成为职业生涯管理中一个非常重要的研究内容。

一、职业生涯高原的产生、概念及表现形式

（一）职业生涯高原的产生

当个体知觉无法达到职业生涯更高的阶梯时，他们往往会选择职业中的某一点或某一阶段作为他的职业生涯发展对象，换言之，就是他们不希望能上到更高。因此，他们触碰到了高原，即不能或是不希望通过增加工作职责而使工作有更进一步的发展。员工面临职业生涯高原时可能是满意，也可能是失望。当员工对工作没有额外的要求时，员工个体期望职业高原时，职业高原就会产生积极的

影响。这种高原称为个体高原者，是指员工缺少进一步晋升所需的能力和动机，是因个体自身因素所导致的职业发展高原，使个体职业发展进入停滞状态。为什么那么多人都在经历职业高原现象呢？原因主要有以下几个方面：

（1）很多公司的组织架构是金字塔形，等级越高，可以提供的职位就越少。换句话说就是一个人在组织中的职位越高，可使他晋升的职位就越少。

（2）对于少数职位的竞争越来越激烈。人口基数不断扩大，同龄的人大多做到了公司的中低层管理职位，且公司规模并没有随着人口基数那样扩大而扩大。

（3）在那些成长期缓慢甚至毫无发展的一直要缩减经费经营规模并裁员的公司中，这一问题表现得尤为严重。进一步说，公司的经营战略也能影响晋升机会的数量和类型，使某些职业生涯前程出现"高原化"。

（4）强制退休在实际中很难被有效执行，从而堵塞了职业生涯的发展途径，使较为年轻的员工无法得到提拔。

（5）对于那些毫无准备的员工来说，技术上的变化可能会终止某些职业生涯发展的途径，当然也可能开辟出一些新的发展途径。

（6）有些员工更容易达到职业高原，这主要是因为他们太看重现有的职位，或者是缺乏晋升所需的技术或管理技能，或者是缺乏制定灵活导向策略的职业生涯管理技能。

（7）许多因素会使员工从"快车道"上掉队，职业生涯终止于其职业高原，比如人际关系问题或未达到经营目标等。

（8）处于更均衡的生活模式的需要和向往。越来越多的员工让组织意识到，他们并不希望得到晋升，因为这会和家庭以及他们的闲暇生活发生冲突。

总之，某些员工可能是由于组织外部的原因或由于他们所不能控制的原因，从而达到职业生涯高原，而有些员工则是因为一些内在的原因和需求使自己走向职业生涯高原。当员工决定不再寻找更多的职业生涯发展时，个体高原就产生了。虽然他们有能力，但他们没有职业发展期望。当员工想在组织中有更多的发展却不能实现时，组织高原就产生了。因为组织没有为员工提供进一步发展的机会，或员工被认为缺乏进一步晋升所需的能力，而使员工遭遇职业生涯发展上的高原。

(二) 职业生涯高原的概念

从晋升（Promotion）、流动（Mobility）和责任（Responsibility）三个角度对职业生涯高原进行定义。职业生涯高原主要是指员工职业生涯发展的某一阶段，在这一阶段中员工进一步晋升的可能性非常小。同时他还认为存在以下四种类型的职业高原员工：新员工、明星员工、静止员工和枯萎员工。具体表述如下：

1. 新员工

个人对以后的晋升具有很大的信心，但现有的工作水平却低于组织可接受的标准。

2. 明星员工

工作绩效水平极高，拥有很大的晋升潜力。

3. 静止员工

工作绩效水平很好，但获得晋升的机会很小。

4. 枯萎员工

绩效水平没有达到组织可接受的水平，获得进一步晋升的机会为零。

职业生涯高原不仅包括晋升的可能性很小（垂直流动的停滞），而且还包括水平流动（横向运动）的停滞。职业生涯高原定义为由于长期处于某一职位，从而使得个体未来的职业流动包括垂直流动和水平流动，变得不太可能。从20世纪70年代后期到80年代后期，研究者对职业生涯高原的概念化操作都是从晋升和流动这两个角度进行的。1988年，费德曼（Feldman）和维兹（Weitz）对职业生涯高原的概念又提出了新的见解。他们认为，使用晋升或垂直流动对职业生涯高原进行定义事实上是假设组织层级水平与工作责任有着必然的关系。然而事实上员工可能被授予了更多的责任，但是工作头衔却没有变化。同样，员工可能被授予了新的工作头衔，美其名曰"晋升"，但实际上他们的工作责任在减少，费德曼等将这种情况称为"明升暗降"（Beingkicked Upstairs）。因此，费德曼等对职业生涯高原进行了新的定义，即职业生涯高原是指承担更大或更多责任的可能性很小。

职业生涯高原被看作员工职业生涯中某一阶段的峰点，是向上运动中工作责任与挑战的相对终止，是职业生涯上的一种"停滞期"。但并不是每个人都必须经历职业高原期，有些员工可能在其整个职业生涯发展中都不会达到职业生涯高原。

（三）职业生涯高原的表现形式

职业生涯高原的表现并不只有一种，而是表现为多种停滞状态，具体分类如下。

1. 结构型停滞

即由于组织结构特征而造成的晋升的停止或机会的不断减少。如金字塔形组织，越往高层职位越少，晋升的机会就越少，竞争性越激烈。一个企业中最终只有一人晋升为最高管理者,其他大部分员工都停滞在较低级的层次上,这也称为竞争性停滞。

2. 政策性停滞

即由于人力资源管理政策限制而造成的员工晋升的停止或机会的消失。如人力资源管理政策规定,新提拔者年龄不得高于 35 岁。

3. 生理型停滞

即因为严重疾病而不能晋升。

4. 心理型停滞

也称为满足型停滞,即由于员工的一些满足心理而造成的晋升停止。如某个领域业务娴熟的专家,觉得没有什么值得学习了,在工作上表现为"做一天和尚,撞一天钟"的不思进取状态。

5. 生活型停滞

即员工把工作作为整个生活的重心,由于工作上的单调、停滞和挫折导致其感到生活的沮丧、失意、无聊,无法振作起来,而造成的停滞。

6. 能力型停滞

即由于员工本身日益失去竞争能力而被更年轻、能力更强的人员替代所导致的停滞。

二、职业生涯高原的影响因素

个体、企业和企业文化都会影响个体职业生涯高原状态。许多管理者认为职业生涯高原状态主要来源于竞争。员工普遍想要获得晋升,但在他们退休之前,几乎所有的人都会达到某种类型的职业生涯高原,进而产生一些反应,如想与家庭成员待更长的时间、讨厌额外的责任、不愿从事其他工作岗位等。当管理者认为员工不具备被提升所需的能力时,其职业生涯高原也就产生了。对晋升缺乏期望、不愿意重新对职业定位、对成本或利益的负向评价、上升机会的缺失或对现有职位的高度认知等都会影响个体职业高原状态。职业高原的产生是因为在竞争中肯定行为的规划及增长性。影响员工达到职业高原的因素主要有三个:个人因素、家庭因素与组织因素。

(一)个人因素

包括年龄、教育水平、前任员工的影响、人格因素(特别是控制点与职业高原具有很大的相关)、晋升愿望、上级的绩效评价、工作投入、以前成功的工作经验等多个方面。一般而言,职业生涯高原多发生在处于职业生涯维持期的中年群体身上，但随着竞争的加剧，职业生涯高原也囊括了年轻人。如果员工缺乏进一步晋升所需的技能和能力，就会出现个人职业生涯发展上的停滞期。而对于受教育水平较低的员工群体而言，他们获得晋升的时间较长，更易在心理上产生职业发展上的"静止期"。此外，有研究表明员工个人对晋升的期望越高，其产生职业高原的可能性就越大；而外控型的员工要比内控型的员工更容易发生职业高原。

(二) 组织因素

组织因素包括组织结构类型（金字塔式、矩阵式或扁平式等）与员工所处的职业路径（技术业务路径或行政管理路径）。金字塔式的组织与矩阵式和扁平式的组织相比，员工得以晋升和受重视的可能性更小，因而产生职业高原的人数比例更大。技术业务路径与行政管理路径员工相比，发生职业高原可能性要小。因为行政管理类职业路径类似于金字塔式，越向上职位越少，因此员工职业生涯发展会受到更多限制，更有可能产生职业高原现象。

(三) 家庭因素

家庭因素主要是指家庭满意度、配偶工作情况、个人家庭负担、家庭人员组成情况等。家庭满意度高的员工，生活得更幸福，对工作也就会有更多的兴趣与激情，产生职业高原的可能性要比家庭满意度低的员工小。配偶有工作的员工，因为有人共同分担来自家庭经济上的压力，产生的心理压力和工作负担较小，因而比配偶没有工作的员工产生职业高原的可能性小。有的员工因有更大的家庭负担与家庭压力，相应地对工作报酬与晋升的期望值就会更高，更有可能产生职业高原现象。

三、职业生涯高原模型及结果

(一) 职业生涯高原模型

职业生涯高原动态发展模型。此模型将使员工达到职业生涯高原的原因分为三类：一是员工的工作绩效；二是组织是否能提供承担更多责任的机会；三是员工是否接受组织所提供的机会。其中，每一方面又受到其他因素的影响，如员工的工作绩效会受到员工的内部动机和外部动机、个人的工作技能和能力、角色知觉以及培训机会等因素的影响。

员工的工作绩效、组织能否提供承担更多责任的机会以及员工是否接受组织所提供的机会三者构成了一个连续链，动态地对员工的职业前景产生影响。其中任何一个环节的断裂都会使员工进入职业生涯停滞期。值得提出的是，组织在决策是否向员工提供承担更多责任的机会时，不仅要参考员工当前的工作绩效，而且还要考虑员工当前所从事的工作与将要承担更多责任的工作之间的相似性。

(二) 职业生涯高原的结果

职业生涯高原会影响员工的满意度、期望值及工作积极与主动性，也会影响组织效率、组织成果及组织社会声誉。而且，职业生涯高原对员工士气及组织成果均存在积极与消极的影响，这依赖于员工的职业目标与所处的工作环境。

当然，职业生涯高原也有很多负面影响，且其影响也是多维的。它首先影响到员工的各个方面：生活上、工作上以及心理上。处于职业高原的员工会失去自己职业发展的方向，感到迷茫，看不到希望。在工作中，表现冷漠，没有激情，消极怠工，特别是处于组织型高原的员工，期望获得提升却晋升无望，就对工作缺乏激情，不求上进，消极怠工。而为获得个人职业生涯发展。很多员工会选择跳槽，换个工作环境来解决职业发展高原的问题。

职业高原一定是消极的吗？对于管理者来说这是一种挫折因素。但换个角度而言，职业高原期又是一个健康时期，是员工努力追求工作目标、放松和安全的稳定时期。这一时期的职业高原可以促使员工反省和把握自我能力、技术和专业知识，重新设定职业生涯发展方向和目标，努力追求性目标。同时，它也说明了员工已成功掌握了满足其现任岗位所需的知识、技术和能力，使其在职业上获得了满意感、成功感和幸福感。职业高原可以是有益的也可以是有害的。职业生涯高原的优点在于它产生在企业的日常工作基础之上。国外研究表明职业高原在任何企业、任何时间均可能发生，此外，组织和个体高原在世界范围内是呈增长态势。

四、应对职业生涯高原的策略

(一) 个体应对

一般有四种个体解决职业生涯高原问题的策略。

1. 静心法（Placid Approach）

接受这种状态，尽力克制自己的消极情绪。

2. 跳房子法（Hopscotch Approach）

在原有职位不变的情况下，努力向其他方向发展，以期在其他方向取得较好的发展。

3. 跳槽法（Changeouniform Approach）

离开组织并在其他组织中找到相似的职位，希望通过环境的变换解决这一问题。

4. 创业法（Entrepreneuri Alapproach）

通过尝试、创新等途径努力开发他们现有的工作，成功地与决策者进行互动，而不是被动地接受。这种方法被认为是解决职业生涯高原最有效的办法。

（二）组织应对

自从职业生涯高原这一概念提出以来，就有许多研究者从组织管理的角度提出了许多具体的干预策略。例如，职业生涯高原既是个人关心的问题，同时组织也应该关心这个问题，并尽力控制可能导致职业生涯高原的组织因素。他们还具体指出，组织可以通过工作再设计、项目团队、轮岗、横向转移、带薪休假等人力资源管理措施解决职业生涯高原的问题。从心理咨询的角度，组织可以通过职业生涯咨询、压力管理研讨会、放松技巧训练、与健康有关的讨论会等措施帮助处于职业生涯高原的员工。采用混沌理论对处于职业生涯高原的员工进行干预，并取得了很好的成效。混沌理论能够有助于职业咨询实践者向职业生涯高原员工提供帮助，提高干预效果，具有一定的应用价值。

根据研究结果运用到企业日常运作中，身为组织管理者，为了避免员工遭遇其职业生涯高原，应采取以下行动。

1. 工作轮换与工作内容的丰富化、工作重新设计

工作轮换是指使员工在同一水平职位上的不同岗位上工作。工作丰富化是指工作的纵向扩张，增加员工的工作责任，增加员工对计划、执行以及工作评价的控制程度。工作项目化是指团队成员相互学习、相互协作、共同完成工作任务。

2. 完善培训体系

培训是企业有计划有组织地实施以帮助员工提高与学习和工作相关能力的活动。在人力资本竞争日趋激烈的今天，培训无疑是企业内部培养高素质员工、提升人才队伍并提高企业核心竞争力的重要手段。

3. 提供发展晋升双通道，多通道

企业不仅要提供为技术类型和管理类型员工设计的垂直晋升通道，还要提供水平轮岗的晋升通道，以缓解生产线员工职业生涯高原问题，促进职业生涯发展。

4. 创造学习型组织，通过学习实现突破

企业应为员工提供学习进修机会，促使员工不断学习新知识、新技术，以提

高员工的综合素质,增加其职业发展晋升机会。

5. 提供生涯辅导,进行职业咨询

企业应该为员工的职业生涯发展提供建议,针对每个员工的个体差异,对其进行有针对性的、个性化的职业生涯指导,使其有目标、有规划地实现个人职业生涯的合理调整,促进工作和生活平衡。

第八章

企业员工职业境界的提升

第一节 企业员工职业道德

构建社会主义和谐社会，实现中华民族伟大复兴的"中国梦"，离不开全体公民道德素质的提高。职业道德素质是公民道德素质的重要组成部分，而大学生是未来各行各业的从业大军，他们的职业道德素质不仅关系着高等教育人才培养的质量，还关系着我国未来的发展，应当给予足够重视。

一、职业道德的内涵

所谓职业道德，就是与人们的职业活动紧密联系的符合职业特点所要求的道德准则、道德情操与道德品质的总和，它既是对本职人员在职业活动中行为的要求，同时又是职业对社会成员的道德责任与义务等方面的要求。在人类社会生活中，因社会分工的存在，人们从事着各种不同的职业。在职业活动中，从业人员之间、职业之间、职业与社会之间形成了各种各样的社会关系，即职业关系。职业关系是一般社会关系在职业或行业方面的特定表现。为了调整职业关系，保证职业活动的正常进行，各行业都逐渐产生了一些特殊要求，进而形成了从业者所应遵循的带有职业特点的道德规范和行为准则，这就是我们通常所说的职业道德。它是一般社会道德在职业活动中的具体表现，与一般社会道德相比，它表现出明显的职业化、具体化和个性化。例如，师德要求老师"为人师表""教书育人"，医德要求医生"救死扶伤，治病救人""实行人道主义"，法官要"秉公执法、刚直不阿"，财会人员要"遵纪守法，勤俭理财"，国家公务员要"勤政廉政"等。可见，职业道德是对从业人员在职业活动中的行为要求，又是从业人员对社会所承担的道德责任和义务，调节着各种职业关系。要做一个合格的劳动者，首先必须遵守职业道德。

二、职业道德的特点

职业道德是从职业活动的需要中形成和发展起来的，是社会道德的特殊表现和有机组成部分。作为道德的一个特殊领域和行为调节手段，它除了具有道德的一般特征外，还具有自身鲜明的特点。

（一）专业性和多样性

职业产生于社会分工，任何一个职业都有与其他职业不同的性质和任务，有着各自的服务对象和服务内容。因此，各种职业都有自己的职业规范，甚至各个工种、岗位的职业规范都不一样，表现出很强的专业性。职业的性质、责任义务和专业内容决定了职业道德规范的内容。一定的职业道德规范只适用于特定的职业活动领域，表现出各自不同的个性特征。各种职业生活的不同道德要求，决定了社会职业道德也具有多样性。随着社会生产的不断发展、科学技术的突飞猛进，社会分工越来越细，新的行业不断涌现，与之相适应的职业道德也不断产生。可以说，有多少种社会分工，就有多少种职业道德。

（二）实用性和广泛性

职业道德是适应职业生活而产生的，与具体的职业活动紧密联系。职业道德并不单纯地表现为抽象的理论和一些原则性的规则，而是从各职业从业人员的道德实践、本职业的实际要求出发，通过规章制度、工作守则、公约、誓词和条例等一些简单形式，对本职业的从业人员提出具体明确的道德要求，具有很强的针对性和可操作性。对一切从业人员来说，只要从事职业活动，在其特定的职业生活中，就必须遵守职业道德。它渗透在职业活动的方方面面，具有广泛性。

（三）继承性和时代性

人们的职业生活代代相传，有着历史的连续性和稳定性，因而，职业道德也具有明显的继承性。从事不同职业的人们，从先辈那里学习职业技艺的同时，还继承了与这一职业相联系的比较稳定的职业传统习惯、职业行为准则和比较特殊的职业心理、职业风格和职业习性，这使得不同时代的职业道德具有许多相同的内容。例如，从古至今人们都把"学而不厌，诲人不倦""教书育人""为人师表"等视为教师的职业道德。但是，不同社会形态的职业道德的继承性是相对的，它要受到当时占统治地位的经济关系的制约和道德准则的影响，在一定程度上贯穿和体现着当时社会道德的普遍要求，是反映当时整个社会道德现实状况的一个窗口。因此，任何时代的职业道德都具有鲜明的时代特征。如进入21世纪，随着信息化、智能时代的来临，教育新理念的运用，具有"创新精神""尊重学生人格，发挥学生主体地位""以学生为本"等，丰富了教师职业道德的内涵。同时，随着经济和社会发生的重大变化，新的行业不断发展，新的职业道德规范也将应运而生。

三、职业道德的作用

职业道德是社会道德体系的重要组成部分，它一方面具有社会道德的一般作用，另一方面又具有自身的特殊作用。

（一）职业道德的基本职能是调节职能

职业道德可以调节职业交往中从业人员内部以及从业人员与服务对象之间的关系。它一方面运用职业道德规范约束职业内部人员的行为，促进职业内部人员的团结与合作。例如，职业道德规范要求各行各业的从业人员都要团结、互助、爱岗敬业、齐心协力为发展本行业、本职业服务。另一方面，职业道德又可以调节从业人员和服务对象之间的关系。例如，职业道德规定了制造产品的工人要怎样对用户负责，营销人员怎样对顾客负责，医生怎样对病人负责，教师怎样对学生负责等。

（二）职业道德有助于维护和提高本行业的信誉

一个行业、一个企业的信誉，也就是这个行业或企业的形象、信用和声誉，是指企业及其产品与服务在社会公众中的信任度。提高企业的信誉主要靠产品的质量和服务质量，而从业人员较高的职业道德水平是产品质量和服务质量的有效保证。

（三）职业道德有助于促进本行业企业的发展

行业、企业的发展有赖于高的经济效益，而高的经济效益源于高的员工素质。员工素质包括知识、能力、责任心三个方面，其中责任心是最重要的。而职业道德水平高的从业人员其责任心是极强的，因此，职业道德能促进本行业企业的发展。

（四）职业道德有助于提高全社会的道德水平

职业道德是整个社会道德的主要内容。职业道德涉及每一个从业者如何对待职业，如何对待工作，是一个从业人员的生活态度、价值观念的表现，同时也是一个人的道德意识、道德行为发展的成熟阶段，具有较强的稳定性和连续性。另一方面，职业道德也是一个职业集体甚至一个行业全体人员的行为表现，如果每个行业、每个职业集体都具备优良的道德，那么，对整个社会道德水平的提高发挥着重要作用。

四、职业道德的基本内容

职业道德的基本内容有：爱岗敬业、诚实守信、办事公道、服务群众、奉献社会。其中，爱岗敬业是职业道德的核心和基础；诚实守信、办事公道是职业道德的重要准则；服务群众、奉献社会是职业道德的灵魂，因为它体现了为人民服务的光辉思想。职业道德是社会道德体系的核心，涵盖了从业人员与服务对象、职业与职工、职业与职业之间的关系。随着现代社会分工的发展和专业化程度的增强，市场竞争日趋激烈，整个社会对从业人员职业观念、职业态度、职业技能、职业纪律和职业作风的要求越来越高。大学生作为未来的职业劳动者，不仅要具备一定的专业知识和技能，更要不断提高职业道德素质，在今后的工作中做一个优秀的建设者。

职业精神是有职业特征的精神与操守，主要体现在敬业、勤业、创业、立业四个方面，包含职业理想、职业态度、职业责任、职业纪律、职业良心、职业信誉、职业作风和职业能力等内容。职业精神主要是职业素养中以职业能力为载体的精神方面的内涵。劳模精神、工匠精神和企业家精神，都是特定人物具有的职业精神。

（一）爱岗敬业

爱岗敬业是为人民服务和集体主义精神的具体体现，是社会主义职业道德的基本规范之一，也是社会主义职业道德一切基本规范的基础。爱岗敬业是社会主义职业道德的基本要求，是每个从业者是否具有职业道德的首要标志。

爱岗是指从业人员热爱自己从事的职业，热爱自己的工作岗位，用正确的态度对待各种职业活动，培养对工作的幸福感和荣誉感。我国古代的思想家、教育家孔子把这种对待工作的态度叫作"执事敬"。南宋的朱熹对敬业的解释是"专心致志，以事其业"。爱岗敬业要做到乐业、勤业、精业。

乐业就是喜欢自己的专业，热爱自己的本职工作，把职业生活看成一种乐趣、一份责任。要做到这一点，必须认识自己所从事的职业在社会生活中的作用和意义，认识自己的岗位在整个行业和整个企业中的作用和意义。社会主义建设的每一项工作都需要有人去做，缺了哪一个行业、哪一个岗位都不行。

勤业是指从业人员恪尽职守、勤奋学习、认真负责、奋发努力、坚持不懈地钻研自己的本职工作。要做到这一点，一要勤奋，二要刻苦，三要顽强。

精业就是使自己本职工作的技术、业务水平不断提高，精益求精。精业，需要有严格要求、一丝不苟的工作态度。爱岗与敬业是相互联系在一起的，不爱岗就很难做到敬业，不敬业也很难说是真正的爱岗。爱岗敬业用一句通俗的话说就是：干一行，爱一行，钻一行，精一行。

（二）诚实守信

诚实守信就是忠厚老实，守信无欺，是为人处世的基本准则，是中华民族的传统美德，是从业人员对社会、对人民所承担的义务和职责，是人们在职业活动中处理人与人之间关系的道德准则。

诚实是人的一种道德品质。这种道德品质的显著特点是一个人在社会交往中不讲假话，能忠实于事物的本来面貌，有一说一、有二说二、不歪曲、篡改事实；同时也不隐瞒自己的真实意思，自己的行为光明磊落，不文过饰非，不欺骗他人。守信，就是信守诺言，讲信誉，重信用，忠实履行自己承担的义务，做到"言必信，行必果"。诚实与守信两者有着密切的联系，诚实是守信的思想基础，守信是诚实的外在表现，只有内心诚实，待人诚恳真挚，做事才能讲信用，有信誉。

诚实守信是做人做事的基本准则。一个人要想干出一番事业，必须有诚实守信的品德。一个人是如此，一个单位也是如此。诚实守信作为职业道德，对于企业等单位来说，其基本作用是树立自己的信誉，树立起值得他人信赖的道德形象。一个企业，如果不履行合同，不重视产品质量，不注重为社会服务，只是一味地打经济算盘，为自己捞利益，即使暂时捞到一些好处，也是一种短视行为，过不了多久，就会信誉扫地，使企业萎缩，甚至破产。

诚实守信是维系良好的市场经济秩序必不可少的道德准则。市场经济是竞争经济，也是信用经济。竞争是公开的、激烈的、无情的，反对无序、不择手段、不公平和言而无信。守信是市场经济最直接的道德基础，没有了信用，就没有了秩序，市场经济就不能健康发展。诚信是商品交换和经济交往的纽带，是企业的生命，是市场经济的内在要求。

（三）办事公道

办事公道是从业人员在办事情、处理问题时站在公正的立场上按照同一原则和同一标准办事的职业道德规范，是社会主义职业道德的基本规范之一，是在爱岗敬业、诚实守信的基础上提出的更高层次的职业道德的基本要求，是为人民服务的必然要求。

办事公道要求从业人员在处理问题时，要客观公正。公正是人类社会的美德之一、是几千年来为人所称道的职业道德。客观公正，即遇事从客观事实出发，并能作出客观、公正的判断和处理。不弄清事实情况，就莽撞地作出处理，必然错误百出；而故意歪曲事实，则属于卑鄙了。在现实生活中，许多不公正的事情，往往是由于没有作到客观地判断事实而发生的。要以客观的态度公正地对待当事人，因为许多事情的办理往往涉及的不止一个当事人，例如，体育比赛、法庭审理民事案件中涉及多个当事人，这就需要我们采取一种客观中立的态度，排除情感的因素，坚持客观公正的原则。

办事公道要求从业人员照章办事。照章办事，就是按照规章制度来对待所有的当事人，不徇情枉法、不徇私枉法。规章制度是固定的，现实情况却是具体的、变化的。因此，许多规章制度都包含着给执行者一些灵活处理问题的权限。这时，能否做到办事公道就取决于办事者的职业道德品质。要做到照章办事，还必须努力克服不同的主观感受带来的不同态度。每一个人性情不一、要求不同，作为从业人员是不可能挑选服务对象的，只能去适应。不能因为服务对象的特点与自己不同而采取不同的服务态度。要克服等级观念，对所有的人都应该报以尊重的态度。有些人看人下菜碟，对不同的人采取不同的态度，这样做的结果同样是不公道的。办事公道的核心就是克服私心，做到正直无私，反对徇情枉法、徇私枉法。

真正做到办事公道，一方面与品德相关，另一方面也与认知能力有关。如果一个人认知能力很差，就会搞不清是非标准，分不清原则与非原则，就很难做到办事公道。所以，必须加强学习，不断提高认知能力，能明确是非标准，分辨善恶美丑，并有敏锐的洞察力，这样才能公道办事。

（四）服务群众

服务群众是社会主义职业道德的又一项基本规范，也是为人民服务精神更具体、更集中的表现。为人民服务就要做到服务群众，提高服务质量。

服务群众就是为人民群众服务。服务群众指出了职业与人民群众的关系，指出了我们工作的主要服务对象是人民群众，指出了我们应当依靠人民群众，时时刻刻为群众着想，急群众所急，忧群众所忧，乐群众所乐，一切以人民的利益为出发点和归宿。

服务群众不是仅仅针对服务性行业而言的，也不是只有领导干部才能做。服务群众适用于社会各行各业，是为人民服务思想在职业活动中的具体体现，它表明了社会主义职业活动的目的。

(五) 奉献社会

奉献社会是社会主义职业道德的基本规范，是社会主义职业道德更高层次的要求。新民主主义革命时期，涌现了一批以张思德、白求恩为代表的无私奉献的先进人物，形成了"毫不利己，专门利人"的革命传统。中华人民共和国成立以后，涌现了一批以孟泰、雷锋、焦裕禄、钱学森为代表的先进人物，形成了一种无私奉献的精神。在发展社会主义市场经济条件下，同样也涌现了一大批如孔繁森、李向群等先进模范人物。历史和现实告诉我们，无私奉献精神不仅没有过时，还具有更大的现实意义，必须加以提倡和弘扬。

奉献社会，就是将自己的知识、才能和智慧毫不保留地贡献给自己的国家和人民，甚至生命。为国家、为社会、为人民作出自己应有的贡献，是为人民服务精神的最高体现。

奉献社会是一种无私忘我的精神，是职业道德的出发点和归宿，是每个从业者职业道德修养的最终目标。奉献社会作为职业道德规范，要求从业者能自觉地意识到自己的社会责任和历史使命，切实以自己的职业活动为社会作出实实在在的贡献，并以此作为检验职业道德状况的标准。落实奉献社会的规范需要正确处理两个关系：一是个人利益和公众利益的关系；二是经济效益和社会效益的关系。

与爱岗敬业、诚实守信、办事公道、服务群众这四项规范相比较，奉献社会是职业道德中的最高境界，同时也是做人的最高境界。爱岗敬业、诚实守信是对从业人员职业行为的基本要求。办事公道、服务群众比前两项要求高了一些，需要有一定的道德修养作基础。一个人在职业活动中，不是先为个人利益打算，而是将自己的知识、才能和智慧毫无保留地奉献给社会和公众利益，这就需要更高的职业境界。

五、职业道德的养成

"一个实际的行动胜过一打空洞的纲领"。职业道德养成的最终目的，就是要把职业道德原则和规范贯彻落实到职业活动之中，养成良好的职业行为习惯，做到言行一致，知行统一、进而形成高尚的职业道德品质，并达到崇高的职业道德境界。那么大学生的职业道德行为该如何养成呢？加强职业道德修养的途径有以下几个方面。

(一) 在日常生活中培养

职业道德行为最大的特点是自觉性和习惯性，而培养人的良好习惯的载体是日常生活。首先，大学生要从小事做起，严格遵守行为规范。在社会上有社会公德的要求，在学校中有学生日常行为规范的要求，在职场上有法律和道德的要求，等等。我们要在学习生活中努力培养自身的道德修养。其次，大学生要从自我做起，自觉养成良好的习惯。良好的习惯是一个人终身受用的资本，大学生更要从自身做起，从日常行为中培养良好的习惯，并且持之以恒。

(二) 在专业学习中提高

专业理论知识与专业技能是形成信念和职业道德行为的前提和基础。从业者只有具备了丰富的专业知识、精湛的职业技能，他的职业道德才会随之提高，从而在自己的工作岗位上作出成绩。首先，大学生要增强职业意识，遵守职业规范。大学生要在专业学习和实习中增强职业意识，遵守职业规范，这是做好工作、实现自我人生价值的重要前提。其次，大学生要重视技能训练，提高职业素养。重视技术和技能的培养，是当代大学生的显著特色。大学生作为未来的从业者，应当高度重视实习、实训、技能训练、顶岗实习，培养过硬的专业技能，干一行，爱一行，专一行，不断提高自身的职业素养。

(三) 在社会实践中体验

丰富的社会实践是指导大学生发展和成才的基础，是实现知行合一的主要途径。离开社会实践，既无法深刻领会职业道德的内涵，也无法将职业道德品质和专业技能转化为贡献社会的实际行动。首先，大学生要积极参加社会实践，培养职业情感。大学生应利用课余时间多参加志愿者活动、参观活动、社会调查活动等，进而了解社会、了解职业、体验各种职业对职业道德的不同要求。其次，大学生要知行合一、作到理论与实践相结合，把职业道德应用到实际的工作中，用正确的职业道德观念指导实践，做到言行一致。

培育公益精神可以使大学生养成感恩、互助、友爱、奉献的高尚道德情操，提升大学生思想道德境界，具有积极的社会价值和德育价值。知行合一强调道德认知与道德实践的结合，是大学生公益精神培育的第一要义。我们要通过强化大学生公益认知和公益实践，达到知行合一的道德自觉。

大学生的社会公益活动，作为传播社会主义核心价值观的有效途径和方法，其秉承着超越私利的利他精神，力行知行合一的实践精神，帮助弱势群体将大学的优秀文化、先进的思想观念和高尚的道德情操传播到社会，引领社会文明风尚，促进社会和谐发展。在当前我国经济社会发展的大环境下，彰显大学生的社会公益行动与公益精神，具有重要的社会价值。

大学生不要坐谈道德，而应该坚持知行合一。中国自古以来就有知行合一、身体力行的道德哲学和处世之学。懂得道理算不上难事，难在实行。王阳明是中国古代"知行合一"思想的集大成者。"知"是指人们对于道德的认知，"行"是指人们对于道德的实践，盖阳明之所谓知，专以德性之智言之，与寻常所谓知识不同；其所谓行，则就动机言之，如大学之所谓意。然则即知即行，良非虚言也。就此而言，王阳明所讲的"知行合一"的意思是要人们在道德认知的基础上，紧密与道德实践相结合，不仅要认识到道德的真谛还要忠实地履行、践行道德的要求。

由于知行合一思想在道德认知和道德实践层面的理论特质，因此，知行合一对于我们开展大学生道德教育，尤其是公益精神教育，具有积极的指导意义和现代价值。鼓励大学生们不要坐谈道德，而应该坚持知行合一，把功夫用在实践和日常执行中。

1. 强化大学生的公益认知

"知是行之始"，要推进道德实践，就必须先有正确的道德认知。高校要开设大学生公益活动选修课，推进大学生公益精神教育进课堂，通过科学、系统的课堂讲授，向学生们传播公益思想和公益精神；注重讲深讲透公益精神的思想渊源、理论内涵、伦理意蕴、现代价值和德育意义；注重改革课堂的教育教学方法，采用案例、讨论、辩论等大学生喜闻乐见的形式，增强课堂吸引力。要建立大学生公益精神研究与实践的学生社团，通过社团活动，加强大学生志愿者之间的交流与协作，发挥学生之间朋辈教育、共同提高的作用。大力运用榜样激励，挖掘、宣传身边的大学生公益明星、公益模范和公益典型，增进大学生对公益精神的认可。开展丰富多样的主题教育活动，通过演讲比赛、征文比赛、公益策划方案评比、优秀公益博文评选等形式，增强大学生对公益精神的道德认知。

2. 强化大学生的公益实践

"行是知之成"，道德认知最终要落实到道德实践中，道德教育才是有意义的。要在深刻认识国情、世情的基础上，紧跟国家和社会发展需要，将大学生公益实践和公益行动开展到祖国和人民最需要、最艰苦的基层和一线去，为群众送上公益的温暖。要紧扣时代主题来推进公益实践，可以针对国家精准扶贫、低碳经济、环境保护等时代主题，抓住公益实践项目化的"牛鼻子"，有针对性地设计公益项目方案，在实践公益精神的同时，为国家经济社会发展助力。要注重扩展大学生公益实践的维度，在认真开展好传统的暑期"三下乡"、"四进社区"、志愿服务等公益活动的同时，积极开拓大学生公益行动的新领域、新途径，不断拓展公益实践的维度，吸引更多大学生参与到公益实践中来。要注重发挥教师知行合一的道德示范作用，教师带头参与、组织公益实践，切实起到言传身教的良好作用。

3. 强化大学生的知行合一

知行合一是大学生公益精神培育的最终目的，是大学生春风化雨、润物无声般的道德自觉，是德育教育的最高境界。要鼓励大学生自觉将"知"与"行"结合起来，在获得公益认知、公益精神感悟的同时，反思、修正自己的公益实践；在自己推进公益实践、开展公益行动之后能够及时总结，仔细感悟自己的所思所得，形成心得体会，促进自己的公益认知。通过公益认知与公益实践相互促进、相互融合，达到公益精神知行合一的道德自觉。

（四）在自我修养中锻炼

要把职业道德的基本原则和规范，自觉转化为个人内心的要求和坚定的信念，逐渐形成良好的职业行为习惯，努力使自己成为具有高尚职业道德的人。

1. 大学生要体验生活，学会自我反省

在了解不同职业有不同职业道德要求的基础上，找出自身职业行为与职业道德规范的差距，客观看待自身的缺点，勇于正视自身的不足，扬长避短，在实践中不断完善自己的职业道德品质。

2. 大学生要向榜样学习，努力提高职业道德素质

榜样的力量是无穷的。例如，"忘我工作，感动中国"的杨善洲，绿了荒山，白了头发，志在造福百姓；老骥伏枥，意气风发，他心向未来。清廉，自上任时起；奉献，直到最后一天。60年里的一切作为，就是为了不辜负人民的期望。"最美司机"吴斌，他在肝脏破裂、多根肋骨折断的情况下，忍着剧痛，用1分16秒的标准停车动作，完成了靠边停车、拉手刹、打开双闪灯等保障安全的动作，让行驶在高速上的大巴稳稳停下，并挣扎着站起来，及时疏导24名乘客安全离开，保全了车上乘客的性命。大学生应当以先进人物为榜样，激励和鞭策自己，加强道德修养，努力提高职业道德素质。

（五）在职业活动中强化

职业活动是检验一个人职业道德品质高低的试金石。首先，大学生要将职业道德知识转化为个人信念。信念是大学生职业道德行为的强大动力和精神支持。其次，大学生要将职业道德信念外化为行为。在职业活动中，大学生应始终坚持遵守职业道德规范，履行自己的责任和义务，努力做一个言行一致的有高尚职业

道德的人。

什么是职业道德？简单来说，教师传道育人、学生用功读书、医生救死扶伤、警察秉公执法、法官公正裁决等，都是职业道德的体现。换言之，每个职业都有各自的职责担当，履职尽责就是在实现职业道德。

可见，职业道德不是曲高和寡的阳春白雪，也不是空来空往的坐而论道，而是浸润在社会各个环节的一定之规。在其位谋其政，各行各业犹如相互咬合的齿轮，才能共同推动社会的发展。

不可否认，职业道德正面临着冲击。"收入上去了，职业道德下来了"，这样的忧虑不无缘由。

教育人、塑造人的职业，尚不能独善其身，人们的信任自然无处安放。但同时，我们也要看到这些失德、失范的害群之马只是一小部分。有一则新闻在社交平台上广泛传播：一位医生2天做了25台手术，累计工作时间超过26个小时，长时间站立令脚肿胀不已，以致连鞋子都穿不进去。这种行为，显然不能被金钱至上者、唯利是图者理解。支撑该医生的、感动公众的，正是那一股子精气神儿。

职业道德"糟透了"与"好极了"总是同时存在的。谁占据上风，谁就引领社会风气。社会的发展克服了多少困难、打破了多少障碍、击碎了多少壁垒，才走到今天。公众对各行各业的职业道德有着更高要求，这就是社会自我调节机制，这就是职业道德向好向优的信心。

时代的进步，需要冲刺力，也需要耐久力。融化在日常生活中的职业道德，为社会发展提供绵长的动力。职业道德既是从业者的素质底线，也是不可逾越的红线。唯有拿出奖惩分明、毫不姑息的力度与态度，职业道德水准才能水涨船高。

第二节 企业员工职业理想

一、理想的含义

所谓理想，就是以客观可能性为内在根据的关于未来的美好构思、设计或愿望，是人的心理情感与现实呼唤相结合的产物。就一般含义而言，理想是指人们在实践中形成的、同奋斗目标相联系、符合事物发展规律、有实现可能性的对美好未来的追求与向往。它包含三个基本要素：一是人们的向往和追求，这是理想的本质；二是社会生活发展的现实可能性，是理想的科学性所在；三是人们对社会发展前景的形象化设想，这是理想的表现形态。理想就是这三个要素的统一、缺一不可。理想不是现成的现实，而是将来的现实，即理想具有超前性。此外，理想还具有时代性和阶级性。不同的时代，人们的理想也不同，原始人的理想与现代人的理想肯定不同，工人阶级的理想是消灭剥削和压迫，最终实现共产主义。

二、职业理想的含义

职业理想是人们对未来的工作部门、工作种类以及业绩的向往和追求，它在人的社会生活中占有重要位置，甚至会影响人的一生。职业理想与个人的气质、性格、兴趣、文化修养和生活影响是分不开的，同时又受社会分工和社会需要的制约。随着科学技术的进步，职业分工越来越多，越来越细，人们的职业理想就越来越丰富，选择职业的机会也增多了。同时，在社会主义初级阶段，传统的社会分工还在起作用，正确地对待个人在职业目标选择上的矛盾是大学生需要面对的现实问题，而如何把自我价值的实现同社会需要有机结合起来则是问题的关键。选择职业应以能否发挥专长、服务社会、是否符合社会主义现代化建设需要为标准。正如马克思说过的，在选择职业时，我们应该遵循的主要指针是人类的幸福和我们自身的完美。

三、职业理想在人生中的作用

树立崇高的职业理想，不仅使人生有了明确的奋斗目标，有助于正确地求职择业，还有助于在未来的职业岗位上施展才华，最大程度地实现自己的人生价值。崇高的职业理想在人们改造自然、改造社会的实践中起着重要作用。

（一）确定人生发展目标

人生的发展目标是通过职业理想来确定的，有了职业理想就为自己确定了人生发展的目标。人们常把人生比喻为在大海中航行，如果没有一个明确的目标，就会随波逐流，或被波涛抛往礁石，沉没于大海，或被海水弃于海滩，不能前行。而有了明确的目标，就能扬帆远航，朝着既定的方向前进。

职业理想对确定人生目标、促进人生目标的实现有积极作用，它是人生的知识、意志、情感等因素的综合表现，蕴藏着强烈的力量，促使人们为了实现美好的未来，以坚强的毅力、顽强的斗志，向着既定目标拼搏奋斗。

大学生要根据自身的特点以及社会发展变化的客观事实，树立崇高的职业理想，树立符合时代要求的人生发展目标，并付诸行动，为职业理想和人生发展目标积极地储备知识，经历磨炼，积累经验，孜孜以求深入实践掌握技术和技能。

（二）增强人生前进的动力

一个人只有树立了崇高的职业理想才能在职业活动中产生无穷的力量，创造出无穷的业绩。崇高的理想是焕发劳动者积极性和创造力的内驱力，是培养良好职业素质的巨大塑造力，是成就事业的向心力和凝聚力。一个人只有树立了崇高的职业理想，才能在自己所从事的职业中拥有顽强的毅力和进取精神，才能在平凡的岗位上勤勤恳恳、任劳任怨、创造出不平凡的业绩，同时，也为成就一番事业准备必要的条件。一个人如果缺乏崇高的职业理想，就会失去爱岗敬业的动力，只能浑浑噩噩、庸庸碌碌虚度一生。古往今来，凡是为人类进步事业作出巨大贡献的人，无一不为崇高的职业理想所鼓舞、所激励。

大学生即将步入社会，应该根据自身特点及社会发展的现实需要，确立崇高的职业理想，并为职业理想的实现激励自己，为即将开始的职业生涯作好准备。职业理想既是一种推动人们为了获得理想职业不断提高自身素质的动力，也是推动大学生作好就业准备的动力。职业理想作为可能实现的奋斗目标，是人们实现职业愿望的精神支柱和力量源泉。

（三）激励人生价值的实现

人生价值可分为自我价值和社会价值两个方面。任何个人都是社会的一员，个人的存在和发展是个人适应社会和改造社会的过程。作为一个有志大学生，不仅要实现人生的自我价值，还应当实现人生的社会价值，融入社会、改造社会，在推动社会变革的过程中完善自我。

人生价值可以从多个角度去实现，然而，无论从哪一个角度去体现人生价值，总要依托一定的职业。职业理想转化为现实的道路是曲折的，必须经过足够的努力。我们应当充分认识自我，把职业理想建立在能够胜任的、能够发挥自己优势的基础之上，促成自己人生价值的实现。无论身处顺境或逆境，崇高的职业理想都会时时处处给人以激励，促人奋发向前，赢得壮丽的人生。

（四）树立崇高的职业理想

正确的职业理想要建立在正确的社会理想基础之上，建立在对自己、对社会的正确认识之上，建立在正确的人生观、价值观和职业观之上，并始终植根于社会需要的土壤之中。大学生要树立崇高的职业理想，应该做到以下几点。

1. 正确认识自己

俗话说，知己知彼，百战不殆。要树立崇高的职业理想，就必须全面地认识自己。一要全面认识自己的生理特点,主要包括性别、身高、体重、视力、体质和相貌等。二要全面认识自己的心理特点,主要包括兴趣、能力、气质和性格特点、人格类型以及道德品质等。三要全面认识自己的学习水平和将来可能达到的状态。四要正确认识自己的身心特点、学识能力等与未来职业需要之间的差距。要在全面认识自己的基础上,结合自己的发展潜力,对自己进行合理的定位。只有这样,才能制定出一个适合自己特点的、切实可行的奋斗目标,才能确立一个可以实现的职业理想。

2. 全面了解社会和职业

树立崇高的职业理想,一要了解我国的基本国情,党和国家的路线、方针、政策,社会的经济构成及其发展状况。二要了解各地区的产业结构、行业结构和职业结构。三要了解各种产业、行业和职业对从业人员共同的基本要求和不同的具体要求。四要了解所学专业对应的职业群及其在社会建设中的作用。五要了解社会对人才的总的需求情况,以及当年毕业生的就业政策。只有全面、科学地了解社会、了解职业,才能使自己所确立的职业理想符合社会的要求。

3. 树立科学的人生观

人生观是人们对于人生目的、人生意义的根本看法和根本态度。持不同人生观的人,其职业理想一定不同。正确的人生观会产生正确的职业理想,错误的人生观则会产生错误的职业理想。

因此,大学生要根据时代和社会发展的要求,坚持以辩证唯物主义和历史唯物主义的立场、观点和方法看待人生,坚持以最广大人民的根本利益为核心,坚持以建设新时代中国特色社会主义的共同理想为目标,不断加强学习,不断提高自己的思想觉悟、思想素质、文化素质、能力素质,不断完善自我,做到自尊、自爱、自强、自立,树立社会主义核心价值观。

(五) 在实践中化职业理想为现实

职业理想不仅是一个精神层面的问题,更是一个实践领域的问题。如果说职业现实是此岸,职业理想是彼岸,那么职业实践就是连接两者的桥梁。大学生只有将职业理想与社会需要和自身素质紧密结合起来,树立鉴定的理想信念,并通过脚踏实地、持之以恒的职业实践,才能最终化理想为现实。

1. 将职业理想与社会需要紧密结合起来,达到人与职业的合理匹配,这是实现职业理想的客观条件

职业理想从根本上反映的是个体长远的职业愿景。尽管现实中个体的职业需要是复杂多变的,但它总是无法摆脱社会需要的制约。因此,一个人在确立职业

理想时必须充分考虑到社会的实际需要,努力将两者结合起来,这样才能确保职业理想具有实现的可能性。从实践上看,职业的社会需要表现为职业岗位对从业人员素质的要求。在现代社会中,职业的种类纷繁复杂,每一职业岗位对任职者的素质都有不同的要求。大学生只有根据自身的特长和优势选择相应的职业岗位,达到人与职业的合理匹配,才能顺利而出色地完成本职工作,逐渐实现自己的职业理想。

2. 化职业理想为职业信念,不断磨炼自身的意志和毅力,这是实现职业理想的主观条件

职业信念与职业理想一样,也是人类特有的一种精神现象。它是个体关于职业的认知、情感和意志的有机统一体,是人们在一定的认识基础上形成的对职业奋斗目标坚信不疑并身体力行的心理态度和精神状态。在人的职业生涯中,职业理想和职业信念总是如影随形,相互依存。如果说职业理想是职业信念的根据和前提,那么职业信念则是实现职业理想的重要保障。此外,在追求职业理想的过程中,必须充分认识职业理想实现的长期性、艰巨性和曲折性,努力化职业理想为职业信念。因为职业信念是对职业理想的支持,是人们追求职业奋斗目标的强大动力。一旦人们树立了科学的职业信念,就会激发起强烈的情感和坚定的意志,增强战胜艰难险阻的信心和坚韧不拔的毅力,从而百折不挠地追求职业奋斗目标,直至最终实现自身的职业理想。

3. 勤奋踏实地工作,这是实现职业理想的根本途径

要将职业理想变为现实,首要的一点就是将总体的职业奋斗目标分解为若干易于达到的阶段性目标,并且制订每一阶段具体的实施计划和行动方案。接下来就是按照循序渐进的原则逐步落实计划、方案:先实现小目标和次要目标,再追求大目标和主要目标;先完成近期目标,再实现远期目标;先达到相对容易的目标,再攻克比较困难的目标。当然,在目标实施过程中,要根据实际情况作出调整而不能一成不变。应当经常接受有针对性的教育培训,努力掌握新的业务知识,扎实提高专业技能,不断提升综合素质,这是达成目标的重要保证。还有一点非常重要,就是要始终围绕既定目标采取有效行动而不能偏离目标盲目行动。不能把过多的精力耗费在无谓的事务上,要努力排除外界因素的干扰,集中力量向着既定目标迈进。最后,需要指出的是,在追求职业理想的过程中,应当具有不畏艰难、坚持不懈、奋斗不止的精神。必须脚踏实地、勤奋工作,切忌心浮气躁、急于求成,也不可半途而废、轻易放弃,更不能一遇挫折就垂头丧气、一蹶不振。唯有持之以恒、锲而不舍,才能到达成功的彼岸,实现美好的职业理想。

企业员工职业适应与创业

第一节 企业员工职业适应与发展

一、生涯角色转换

毕业，标志着学生时代的终结，职业人生的开始，个体社会角色将发生重大改变。许多大学毕业生对未来职业心生向往，在跃跃欲试的同时，也对新环境从心理上、生活上、工作上、人际关系上和工作技能上感到诸多的不适。这种破茧成蝶的痛苦，折射的其实就是角色转变问题。人的一生，面临着各种不同的社会角色转换。高校毕业生由学生角色到职业角色的转换，在其一生经历中占有十分重要的位置，角色转换的成功与否直接影响着事业的成功与失败。

人们在关注生涯准备和求职过程的时候，往往忽视了对初入职场的适应与转换过程的了解。生涯角色转换能力的训练是职业生涯适应中非常重要的环节。

（一）生涯角色转换概述

1. 生涯角色转换的概念

社会学认为，角色转换是人们随着身份角色和社会位置的变化而发生的思想观念和行为模式的转换。对大学毕业生来说，角色转换就是从大学生的身份和社会位置转为社会公民（职业者）的身份和社会位置时所发生的思想观念和行为模式的转换。

2. 生涯角色转换的认知

社会是人的社会，人是社会的人。社会生活中的任何人都在不同的时期扮演着不同的社会角色，都会经历角色的转换阶段。任何角色的扮演都要经过角色期待—角色领悟—角色实践三个阶段，同样，大学生生涯角色转换同样要经历这三个阶段。

（1）角色期待阶段

角色期待也叫角色期望，它是指社会对某一角色的期望和要求。角色期待是一种社会意识，是一种外在的力量。

（2）角色领悟阶段

角色领悟是角色扮演者对其角色规范和角色要求的认识的理解。角色领悟是一种个人意识，是角色的内在力量。

（3）角色实践阶段

角色实践也叫角色行为，它是角色扮演者的实际活动和行为，是角色领悟的发展。角色实践是由个人意识转变成个人的社会行为过程。

人们在实现其社会角色和角色转换时，不仅要受制于外在力量——角色期待的影响，更重要的是取决于内在力量——角色领悟，只有将其内化转变成个人意识，并以此来指导自己的行为，才能实现较好的期待效果。

大学毕业生就业后的社会角色转换是一个过程，不是瞬间就能发生和完成的。当角色扮演的三个阶段发生偏差时，就会发生角色不适的问题，严重的甚至发生角色崩溃。应届大学毕业生刚刚告别校园踏上社会，无论是在心理上，还是行为上，还需要相当长的时间才能完成从学生到社会人的角色转换。工作中，无论在业务能力方面还是为人处世方面，都缺乏必要的经验，有待在磨炼中逐渐成熟。

（二）生涯角色转换的心理因素

大学毕业生角色转换不是一帆风顺的，由于受到社会、家庭因素的影响，尤其是自身认知能力、人格心理发展、意志品质以及情绪情感等因素的影响，当角色转换遇到困难时，就会发生角色不适的问题，刚刚走上工作岗位的大学生在角色转换中容易产生以下的情绪和心理障碍。

1. 对原有群体的依恋心理

毕业以后，全新的社会环境、工作要求以及原来形成的价值观念、生活方式、思维模式以及行为规范都遇到了新的问题和挑战。部分大学生因此容易产生对校园生活的怀念，对学生角色的依恋。大学毕业生应尽量减少这一时期的持续性，用一种释然的心态对待过去，把以往的成绩化作一种经验积淀和对未来展望的基础。

2. 对社会现实的失望心理

一些大学毕业生往往把未来生活理想化，对角色的期望值过高。一旦接触现实，往往会对社会万象产生困惑，容易出现情绪低落的现象，如不能及时从这种失望中摆脱出来，将会影响自己尽快进入新的角色。因此，大学生一定要在学生阶段多做社会调查，尽可能多地熟悉社会、了解社会，缩短理想与现实的差距，更好地投入工作中，更快地作出成绩。

3. 自我认识不足的失落心理

高等学校肩负着为社会主义现代化建设培养优秀人才的重任，社会对大学生寄予了很高的期望，这在当代大学生心中或多或少地形成了"舍我其谁"的思维定式。特别是涉世之初的大学毕业生，对自己的角色定位过高，行动中容易以自我为中心，追求自我实现、追求个人价值，总想一夜成名、一鸣惊人。对单位安排的工作挑三拣四，眼高手低，大事做不好，小事又不愿做，这种角色领悟的偏差严重阻碍角色转换。要知道，现实生活中不可能对一个刚刚毕业的大学生委以重任，总需要一个考察培养、锻炼实习的过程。

4. 自卑畏惧的胆怯心理

一些大学生在即将踏入社会时表现出自信心不够，觉得自己处处不如别人。参加工作后又畏首畏尾，顾虑重重，缺乏创新的胆量和参与竞争的气魄，导致工作打不开局面。

5. 随波逐流的盲从心理

一些大学生面对陌生的环境和全新的思维方式，茫然不知所措。工作中随波逐流，遇到问题的时候又希望上级事必躬亲，缺乏主见和责任意识，给用人单位留下开拓性、独立生活能力和工作能力很差的不良印象，严重影响职业生涯发展。

（三）生涯角色转换的有效途径

如果把求职比作职业生活的序幕，那么就业才是正剧的开始。大学生在角色转换过程中有些不适应是自然的，应对这一点有充分的认识，加强角色转换意识，积极缩短适应期，而不应因此而造成职业心理障碍，失去信心。大学毕业生步入社会舞台之初，仍需通过角色期待、角色领悟、角色实践三个阶段来实现角色转换。

1. 在角色期待阶段，立足现实，增强独立意识

刚走上工作岗位的大学生应尽快从对大学生活的沉湎中解脱出来。学生时代

相对单纯、自由，学习生活上依赖教师和家长，工作后大学生要承担一定的社会责任，要在工作中能独当一面，人们也开始把大学生作为一个独立的社会人来看待，这就要求大学生有独立意识。进入职场后，大学生一定要清醒地认识到自己的社会责任、社会角色、社会义务、社会权力及所处的环境，按照新的环境和角色来约束自己，并承担应该承担的责任。

2. 在角色领悟阶段，虚心学习，树立岗位意识

大学毕业生作为职业岗位的新手，必须充分地了解和熟悉工作环境的情况，工作对象的特点和规律，从而对新工作有个较全面的认识和把握。因此，应主动地关心和收集有关信息，比如本职业的传统和现状，本单位的历史和前景等。在工作之余，应主动与单位的领导和同事交往，了解情况；对本职工作所需的知识、技能，尽早有针对性地进行积累，这样才能在适应角色上领先一步。

3. 在角色实践阶段，大胆实践，加强协作意识

大学生虽然在理论方面有了一定的积累，但在具体的实践活动中还是一个新手。面对许多实际工作，缺乏经验和办法。应敢于实践，善于请教，把理论知识和实际工作结合起来，在实践中完善自己的知识结构，并最终充分发挥出知识上的优势。

在角色实现过程中，良好的同事关系是事业成功的重要保证。学生时代的学习任务主要是靠自身的努力，而在社会生产实践活动中，集体协作体现出来的作用越来越明显。如果不能很快适应这种协作关系，处理好同事间的人际关系，就难以在工作中打开局面。增强协作意识，不但有助于更快、更好地完成角色转换，而且对今后的迅速成长，走向成功都具有重要意义。

4. 审慎合理流动，促进角色转换

虽然在我国当前社会体制下，有一些职业岗位是相对稳定的，许多人第一次选择的职业可能成为其长期从事的职业，甚至是终身职业。因此，人们往往立足本职，努力做好工作以求得进一步的发展。但也应看到，随着改革的进一步深化，社会经济的转型，社会分配角色逐渐减少，职业流动也越来越频繁。

职业流动是指劳动者在不同职业之间的变动，也属于角色转换的过程。当个人不适合在原岗位上发展时，也可以另辟蹊径，转换职业，寻求新的目标和新的成才道路，去创造出新的业绩。需要指出的是，并不是所有的职业流动都是合理的。合理的职业流动是指由于个人的能力不能发挥，或确实不适合某一职业而流动。因此，我们在通过职业流动实现职业角色转换时，应该要绝对谨慎。

二、职业角色适应

对于大多数第一次踏上工作岗位的大学生而言，现实中的组织生活最重要的环节就是在组织赋予第一项工作任务及第一位上司时，就能清晰地考虑生涯发展。就业初期的表现往往决定了未来的发展目标是否能够顺利达成。毕业生要迅速适应职场、适应社会，了解职场环境、掌握雇主需求，学习如何与同事及领导相处，如何独立接受任务，快速提升综合能力。

（一）职业适应

职业适应是指从业者进入职业角色，履行职业角色义务，享受职业角色权利，遵守职业角色规范的发展过程。

由校园走入职场，需要了解并正确处理比如人际关系、工作认同、工作价值观、工作压力等多方面问题。总体来说，能够满足个人和组织的共同需要，在个人职业发展的每个阶段都能够认真并持续性学习，平衡理想与现实的差距，进而学会在个人和组织当中保持最佳状态，才有可能达成自己从工作到事业的转变。

（二）了解职场环境

职场新人及时了解真正的实际工作环境，是避免职场震荡的良好方法。

1. 了解单位

初入职场，应当了解真实的公司和工作环境的实际情况，如企业文化、工作氛围、培养途径等，最好的办法是利用寒暑假尽可能地选择进入未来目标公司实习，这样可以大大降低第一份工作的离职率，特别是担任管理岗位等人际关系较复杂的工作。

2. 了解上司

新人和上司之间存在"期待效应"，即新人的第一位上司对他的支持、信任和期望越高，则新人的表现越好。因此，新人的第一位上司是否支持部属、是否提供受训机会、是否给予适当的指导，均可在新人工作的第一年起到相当大的作用，更有可能为其设定较高的工作平台。

3. 了解岗位

有些单位会以第一年轮岗的方式，让新人逐一尝试各种不同的岗位。根据新人在各岗位上的工作表现，结合个人的生涯发展目标和兴趣偏好，确定最终的工作岗位。这样一方面可以让新人有机会尝试不同的工作内容，快速找到自己的职业锚；另一方面则让新人在短期内全方位地了解工作单位，为培养全面了解组织面貌的管理者打下基础。

4. 了解自己

为提高职业选择的适应性，减少职业发展的震荡感，新人必须投入大量的时间和精力进行职业规划，才能真正地掌握自己的命运和前程。个人必须对自己的职业目标负责，努力让自己变成一个有效的"自我诊断者"，借助学习到的生涯辅导、生涯评量工具、自我测验方法、生涯决策工具等，不断澄清自己的目标和价值观，最终确定适合自己的职业发展路径。

总之，由校园走入职场，需要了解并正确处理比如人际关系、工作认同、工作价值观、工作压力等多方面问题。总体来说，能够满足个人和组织的共同需要，在个人职业发展的每个阶段都能够认真并持续性学习，平衡理想与现实的差距，进而学会在个人和组织当中保持最佳状态，才有可能达到自己从工作到事业的转变。

(三) 职场对人才的衡量标准

大学毕业生作为职场新人要想迅速站稳脚，除了具有过硬的专业技能外，还要充分了解职场对人才的衡量标准。

1. 必备技能

(1) 基本技能

基本技能被最频繁提及也是最重要的，它主要包括写作技能、沟通技能、当众演绎技能、总结与汇报技能。尤其是写作能力，毕业生们是否拥有良好的写作能力在很大程度上影响职业晋升速度。

(2) 职业成熟度

职业成熟度主要包括在工作中的职业化成熟程度，例如，与上级、同事和客户的相处表现，对岗位安排和薪水期待的务实态度，商务邮件处理以及工作的接受与反馈情况。

(3) 商务社交技能

商务社交技能主要是指能够以成年人的心态进行沟通，团队融入与协作，与客户、同事和上级之间建立融洽的人际关系。

2. 持续进取

对完美的不断追求是最美的工作品质，是成功者的基本心态。真正的完美主义当然很困难，但具备追求完美主义的态度，可以在工作中最大限度地减少失误。那么从雇主期望的角度看，应该从以下方面力求完美：

(1) 外表

这里的"外表"不仅是衣着和打扮，还包括对职场中许多事情的第一反应，其中，包括是否准时上班、口才表达、形体语言、主动承担、"小问题"的把握能力和其他适应性技能。

（2）可靠性

可靠性是指得到雇主信赖，具有工作责任心，能够为企业创造价值，而不是工作无条理、保守、缺乏主动性。

（3）资格

愿意并经常接受与工作相关的技能、技术及经验培训。一个对自己永不满意的人，一定是一个在学习路上不断追求自我超越的人。

3. 对组织忠诚

能力决定一个人能去哪里，忠诚决定一个人能走多高。对管理者来说，能力重要，忠诚更加重要。

（1）忠于岗位、忠于企业

管理者最不能容忍的是"小团体""站队"，即便能力再强，也没有领导会欣赏。

（2）忠于内心、忠于品行

这也是一种领导力修为，人生的路想要越走越宽，既离不开能力，更离不开人品，无论在哪一个组织，人品的格局高低，决定了领导力品质的高低。

4. 出色的观察能力

观察力对一个人来说非常重要，没有客观细致的观察，就不能进行分析与判断。避免受表面现象的迷惑，能够真正看到事物的本质和变化趋势可以在职场中帮助我们变成一个睿智、严谨、稳重而可信赖的人。

观察力强的人一般视觉敏锐，能快速捕捉到事物的信息；为人细心、不遗漏小细节；情绪稳定，对观察结果客观冷静；很强的自控力，遇到困难能坚持。

其他被雇主提到的技能还包括：办公软件的运用能力（WORD 和 EXCEL 技巧）、实习经验、时间管理能力、职业道德、领导力和项目管理能力等。

（四）职业适应的措施

1. 端正态度，定位准确

作为刚踏入职场的行年人，首先要在思想上和心理上摆脱学生的角色定位，提高社会人、职场人意识，端正工作态度和认知；要有吃苦耐劳的精神，从小事做起，严格遵守单位的规章制度，学会适应艰苦、紧张而又有节奏的职场生活。

2. 重视基层，磨炼自我

应届毕业生应当多参与实践，多积累经验，不断丰富自己的工作经历，不怕从事基层和一线工作。而作为用人单位也愿意吸引高校毕业生在基层工作，这对于学生发展和企业发展都有好处，能在基层的工作岗位上磨炼一年到两年的时间，其学历优势就更能显现出来。

3. 积极主动，及时沟通

初入职场的应届毕业生对工作一定要积极主动，这是年轻人在职场最基本的为人处世法则。体现在态度上要热情主动，做事情不能太斤斤计较，工作每进行到一个阶段，都需要主动向领导汇报；在遇到问题时，应当主动与领导沟通和探讨，以免延误工作。

4. 坦诚相待，和睦相处

在单位和部门要培养自己的"归属感"，主动和同事打成一片，多参加一些集体活动，这样不仅能了解到公众场合难以获得的信息，还能更自然地与同事们融为一体。不以个人好恶去亲疏一部分人，不拉帮结伙，不参与派别之争。非原则问题应尽量宽容忍让，但在原则问题上不应一味退让。

如果能真正尽快地适应职场，那么尽管是刚踏上新工作岗位的毕业生，也能够胜任工作岗位，并且给领导和同事留下很好的印象，也一定会为将来的职业发展打下良好的基础。

第二节　企业员工的自我创业

一、创业概述

当我们面临创业选择的时候，不要犹豫创业起点、时机和领域，而要意识到，当有创业想法并开始为之准备的时候，就已经开始"创业"了。

创业就是创立自己的事业，创立是指从无到有的创造性工作，事业是一个人一生要做的自己认为最能体现自身价值的事情。因此，"创业"的核心内容就是一种行为，以创造自我人生价值为驱动的行为。围绕这一核心内容，可以形成对创业的广义和狭义的理解。

(一) 广义的创业

广义上，创业是基于以创造自我人生价值为驱动的行为。围绕人生的事业目标进行，不同行业背景的人对此有不同的理解，如政治家、实业家、科学家、教育家、艺术家等对事业的理解不同，但都是在开创自己的事业。

(二) 狭义的创业

狭义上的创业是基于商业行为的创业。我们将它严格定义为"包括创造价值在内的，创建并经营一家新的营利型企业的过程，通过个人或一个群体投资组建公司，来提供新产品或服务，以及有意识的创造价值的过程"。

二、创业的基本特征

创业是一个发现和捕获机会并由此创造出新颖的产品和服务，从而实现其潜在价值的过程。创业必须投入必要的时间和付出一定的努力，承担相应的财务、心理和社会风险，并能在金钱和个人成就感方面得到回报。

(一) 创业是创业者、创业构想（创意）和创业资本等要素的组合过程

要创造有价值的新事业，创业者必须投入大量的时间和精力，通过创造性思维提出具有创新内容的创业构想，同时还必须投入必要的资本，为创业活动的开展提供必需的物质基础。

(二) 创业是有目的的行为

创业一般都应当有明确的目的和动机，包括实现创业者满足个人基本的生存需要、追求财富、实现自身价值和理想、寻求更大的自由等目的。创业的目的性，对创业的成败和创业成功后的发展有着重要的影响。

(三) 创业是一个创造某种有价值的新事业的过程

在市场经济条件下，创业活动的成功，取决于它能否满足客观的市场需要，即创造出某种有价值的新事物，不仅对创业者本身有价值（即满足创业者主观动机），而且对其创业活动针对的目标对象，如购买其产品和服务的消费者，也要有价值。例如，当创业者从事商业方面的创业行为时，其目标对象就是市场上的购买群体，是创业企业的客户；当创业者创造的是一个虚拟的信息服务平台的时候，其目标对象就是信息所涉及的需求者；当创业者创造的是一所教育培训机构的时候，其目标对象就是受训者。

(四) 创业过程是风险和收益并存的过程

任何创造有价值的新事业的创业构想，在实现之前都只是一个主观的设想，其在实现过程中会面对许多内部和外部的不确定性因素。因此，创业过程是一个充满风险的过程。这些风险既包括市场方面的、财务方面的，也包括精神方面和社会方面的，它们可能使创业者为创立企业所作的努力和付出付诸东流。但是，如果创业成功，其创造的新事业的价值得以实现，会给创业者带来高于社会平均

利润的更多的超额利润，或使创业者追求独立和自我价值实现的目标得以实现和满足。

对于一个真正开始自己的事业的创业者来说，创业过程将是一个充满激情、忧虑和艰难的过程。如果创业者期望获得更大的利益和满足，就必须同时为得到这种利益和满足承受相应的压力和作出相应的牺牲。

总之，对于一个真正开始自己事业的人来说，创业是一项充满激情、挫折、忧虑和艰难的工作。由于市场疲软、竞争激烈、资金匮乏、管理经验不足等各种原因，创业失败的比例非常高，但是一旦成功，其回报也是非常高的。

三、创业的意义

当今中国提倡大众创业、万众创新。创新已成为时代的最强音符，上升到国家战略层面。提升大学生的创业能力，具有重要的积极意义：一是有助于缓解就业压力，解决就业矛盾；二是有助于实现科学技术向现实生产力的转化，解决因新产品开发不足而导致市场空白大量存在的问题；三是有助于社会高知识群体的高价值输出；四是有助于培养社会自主自强、敢于承担风险的创业精神；五是有助于形成自主自强的社会氛围。

四、影响创业的环境因素

创业环境对于创业者来讲是一个至关重要的因素，通常情况下，创业成败与创业环境有着密切的关系。创业环境包括自然环境和社会环境，比较而言，社会环境对创业的影响往往更加重要。

（一）自然环境对创业的影响

自然环境包括气候环境、地理环境、水源环境、土地资源环境、地形地貌环境、空气环境、生产原料资源环境等。

创业者在创业之初，要充分考虑自然环境对创业的影响。自然环境对创业的影响与创业者所选择的项目相关，例如，创业者拟建一座饲料加工厂，如果远离生产原料资源环境，就有可能创业失败，或虽然将企业建起来，也会使原料的运输成本增加而降低企业经济效益。又例如，生产矿泉水，要求水源环境要符合标准，天然的高质量的矿泉水不仅可以降低生产成本，还可以提高产品的品位，选择水源环境对于生产矿泉水的企业就至关重要。

（二）社会环境对创业的影响

社会环境包括政治环境、经济环境、法律环境、文化环境、人口环境、习俗环境、市场环境、人力资源环境、交通环境等。

社会环境对创业的影响是多方面的、复杂的，创业者要全面考虑。能利用的社会环境要充分利用，不能违反的要严格遵守。创业者对社会环境利用得越好，创业成功的可能性就越大。当前国内创业环境有以下两个特点：

1. 创业政策扶植力度不断加大

为加速群体性创业活动的开展，各地陆续出台了许多鼓励创业、扶植创业企业快速崛起的政策。同时，为了缓解大学生就业的压力，国家出台了针对大学毕业生的创业优惠政策，涉及融资、开业、税收、创业培训、创业指导等诸多方面，各地政府配套政策也正在进一步细化。及时掌握国家政策对创业者的创业活动将具有非常积极的促进作用。

2. 创业孵化器迅速扩展

企业孵化器是20世纪50年代诞生于美国的一种伴随高新技术的兴起而发展起来的新型社会经济组织，其通过提供研发、生产、经营的场地，通信网络与办公等方面的共享设施，系统的培训和咨询，政策、融资、法律和市场推广等方面的支持，降低创业企业的创业风险和创业成本，提高企业培育的成功率。

由于在推动高新技术产业的发展，孵化和培育中小科技型企业，以及振兴区域经济，培养新的经济增长点等方面发挥了巨大作用，引起了世界各国政府的高度重视，在全世界范围内得到了较快的发展。许多发展中国家和经济转轨国家也采取相应措施，大力兴建企业孵化器。

五、创业的利弊

（一）创业的优点

自己独立创业经商，有种长处为被人雇用的职员所不及。凡是独立经商的人，眼光总是比较远大，胸怀总是比较广阔。危机与困难临到的时候，总是要用尽心机予以克服；在不能适应的时候，总是要挣扎努力，以求收支平衡；不景气、市场太糟的时候，要避免失败，要奋斗图存，以免被生存竞争淘汰；要时刻谨慎小心，要有勇往直前的决心；不随意浪费时间、能力与金钱。

通常，人们之所以选择创业，是基于以下某项或多项好处：独立和灵活性、收入和利润、工作安全感、成就感等。

1. 独立和灵活性

创业的好处在于不仅可以获得独立，能够自由发挥自己的知识、技能和才干，按照自己的节奏来进行，还可以锻炼自己的综合管理能力。创业者创办的企业类型和企业规模依赖于他们的能力大小。创业给予个人的是一种成为老板和领导者的工作，而不是作为雇员和追随者的工作，其个人的能力、见解、思想、忍耐力、判断力、创造力、应变力可以得到尽情施展。

2. 收入和利润

创业的主要目的是获得利润。收入减去所有支出就是利润，利润归企业所有者拥有。通常，如果对企业付出更多时间和努力，会获得更多收入。不同类型的企业有不同的收益潜力，企业类型是决定收入高低的重要因素之一。许多企业具有长期的成功潜力，然而，在短期内它们可能难以得到利润回报。

3. 工作安全感

通过创办企业，人们可以获得其他就业方式所欠缺的工作安全感。工作安全感指能够确保持续获得就业机会及收入的一种感受。创业的人不会下岗，也不会在达到一定年龄时被强制退休。

4. 成就感

从某种程度上说，所有的人都在追求社会地位。创业的人通过成功经营和参加社会活动能够吸引公众的注意，获得一定的社会地位，这使他们享受到其他人无法得到的快乐和自豪。

另外，创业者提供好产品和创造就业服务机会，获得社会荣誉，为社会作贡献，都会让创业者获得成就感。

(二) 创业的弊端

创建自己的事业也有很多弊端。如果选择创业，就应当对创业可能给自己带来的不利影响作好心理准备。即使创业成功，也可能不得不在以下方面付出一定的代价。

1. 收入的波动性

替人打工，尤其是一些大公司，每月的收入是固定的，因此可以制订实际的开支计划，如购买衣物、出外旅游等。自己做老板，生意的周期性波动，必然导致收入的波动。这个月可能赚3万元，下个月可能赔1万元。老板必须平衡现金的流入与流出，以确保手上有足够的现金，支付各种费用。

2. 责任繁重

经营企业面临很多的责任，方方面面都要操心，而且必须做自己讨厌的工作，尤其是企业规模扩大的时候。成功的创业者一定是一个超级兼职者，例如企业经理、推销员、采购员、人事主管、杂务员、设备维修人员等。除了责任之外，每天工作的时间还很长，甚至没有固定的作息时间，没有假期，生病也可能得不到休息。

3. 财物损失

创建自己的事业，所有的损失都是老板自己负责，这种感觉太直接。事实上，经营企业可能出现各种各样的失误，如存货太多，质量不好，雇用员工太多等。

4. 精神压力较大

创业的时候，由于老板的勤劳与节俭，经营的成本相对较低一般都可以赚钱。创业成功后的三四年，企业通常面临竞争的威胁，而员工工资需定期发放，债务需按时偿还，企业主需承受的压力较大。同时，繁重的任务也非常费心和劳神，经营企业还要受到很多法律、法规的限制，不处理好这方面的问题，企业可能就是非法经营，不仅赚不到钱，可能还有很大的麻烦。

5. 与员工的关系

老板必须与员工维持良好的关系。本来小企业的吸引力就不大，员工工作的积极性就不高，而经营的业绩又与员工的工作直接相关。例如，开店聘请的售货员不认真工作，销售额至少下降三成；生产现场的工人对老板有意见，成本提高两成是很容易的事情。此外，老板还必须处理好员工之间的冲突，工作分配也是老板必须面对的问题，不同员工的薪资报酬也总是让老板费尽心思。

6. 失败的风险

失败是创建自己事业的最后与最大风险。企业失败将使个人财产遭受巨大损失，甚至背负难以偿还的债务。当然损失的不仅是财产，还有企业主的时间、信心。

六、创业者的素质与能力

创业充满了诱惑，但并非每个人都适合走这条路。在开始真正的创业之前，还有一件非常重要的事情需要做，那就是要清楚地了解自己是否适合创办企业，如果发现自己在创业方面还存在很多不足，就要积极寻找适当的方法来弥补。

（一）创业必备技能素质

1. 自我认知及科学规划能力

这一点对年轻人来说，是不容易实现的。尤其是大学生刚出校门，对社会和自己的认识还非常有限。要想清楚地知道自己以后发展方向在哪里，仅靠自身的苦思冥想是找不到答案的。最好的办法就是通过观察别人，征求"过来人"的意见，再结合自己的实际情况制定一些小的目标，通过确定和实现这些小目标，慢慢实现自己的创业人生。

在创业过程当中,要经常性地提前计划或规划一些事情。在制订计划的时候一定要综合各种因素,形成切实可行的动作分解,要将任何可能的细节都考虑在内。而在实施的过程当中要针对当下的具体情况运营,适时进行调整。运营需要强有力的计划管理能力,只有具备这一能力才能让自己更靠近成功创业之门。

(二) 胆识和魄力

作为创业团队的灵魂。团队运营后,甚至在筹备之初就会面临各种各样的决策,创业者的一举一动都左右着创业的发展走向和兴衰。前期创业者可能会广泛地征求亲朋好友的建议,一旦自己能够独立自主后,就必须通过自己的智慧和胆识去决定各种大小事务。当自主地作出决策时,谨慎是必不可少的,可一旦优柔寡断又可能会失去一个绝佳的商业的机会。同时,决策的胆识和魄力一定是要建立在深思熟虑的基础之上,既要选择小风险又要兼顾利益最大化。

(三) 团队管理能力

任何创业如同经营一家企业一样,需要制定各种制度。制度不在于多,而在于是否让所有相关人都能够明白其道理,并且严格执行。创业者需要针对自己团队实际情况建立各种有效的管理制度,包括店员管理、培训、绩效考核等,同时要针对市场的不断发展变化而改进相应制度。只有这样才能够让创业者及其团队立于不败之地,拥有发展的主动权。在制定和改进管理制度时,一定要基于客观事实,不要想当然,要极力保证制度的可实施性。

(四) 信息管理能力

创业者每天都会通过不同渠道接触各种信息,如竞争对手又开始降价了、明天要下雨、厂家又有新政策等。如何从大量的信息里筛选相关的、有效的信息,需要长时间的锻炼。只有正确有效的信息才能指导自己的企业有序开展各项工作。对于大学生创业者而言,由于缺乏大量的社会实践经验,在接触各种信息的时候,难免会失之偏颇。当大家对信息无所适从的时候,可以向过来人进行请教,加以甄别。同时,要在观察和请教别人的过程中,不断提高自身管理信息的能力。

(五) 目标管理能力

创业必须要有明确的目的性。一个团队要想得到长远发展,那么必须有长远的发展目标,长远的发展目标又可以按阶段分解成不同的小目标,而这些小目标又可以分解到每个相关人。在这个过程当中,作为创业者主导者,就需要对不同的目标进行统筹和管理。

(六) 谈判能力

创业过程中的谈判是必不可少的。杰出的谈判能力能够让创业者在谈判过程当中直接获得更多的利益。谈判对创业者的素质要求是多方面的，如语言表达能力、心理分析能力、逻辑思维能力、人文素养等。

(七) 处理突发事件的能力

在创业过程中会不可避免地遭遇突发事件，"好事不出门，坏事传千里"，任何一件突发事件，稍加不注意，就会使自己的企业形象一落千丈，甚至砸掉招牌。当事情发生的时候，需要积极应对，如果能够化"危机"为转机那就再好不过了。比如，事情发生在创业对象身上，处理得当的话，还能起到广告宣传效果，让消费者更加认同，再借由消费者之口，不断传播好口碑。

(八) 社会交往能力

良好的人际关系，不仅能给人生带来快乐，而且还能助人走向成功。大学生创业者在开始创业后必将会接触到各种不同类型、不同身份的人，而接触的人大多是跟自己的利益相关的，因此，从创业最开始就要学会跟各种人打交道。要尽可能地去拓展人脉，认识朋友。在与前辈们的交流和学习当中不断认识到自己的不足，针对性地加以完善。

(九) 保持身心健康

绝大多数的创业过程并不是一帆风顺的，创业者要学会与孤独和挫折为伴。时下流行一个词"逆商"，也就是人适应逆境的能力。创业者如何保持乐观而稳定的心态，需要在长时间的历练当中找到方法。建议刚毕业的大学生放低姿态，平静地去接受一切可能的打击，做到"胜不骄、败不馁"。

身体是革命的本钱，创业者只有身体健康才能够支撑一切的打拼和奋斗。为事业拼搏而废寝忘食的精神非常值得肯定，但是终究不能视之为常态。创业过程当中一定要注意劳逸结合，切莫因为太拼而让自己的健康状况下滑。

七、创业能力提升途径

通过前面的测试，我们已经大概了解了自己具备哪些能力和素质，哪些是"短板"，下一步就要考虑采取什么积极措施来改变这些弱项，增强创业能力。很多创业成功的人，初办企业时并不具备创业需要的所有素质、能力和物质条件，但素质可以培养、技术可以学习、能力可以提高、条件可以改善，因此，即使发现自己还有很多弱点，也不必灰心。

如果技能是弱项，就要考虑并决定怎样获得这些技能。可以自己参加技能培训，也可以雇用技术工人或寻找一位有适当技术的合作伙伴。

如果企业管理能力是弱项，可以通过阅读企业管理方面的书籍学习更多的知识，也可以参加相关主题的短期培训。

如果行业知识是弱项，则应该找一位有经验的合作伙伴，或在这个行业中找一位能提供咨询服务的人士来帮助自己。

八、创业行动

创办企业是很多大学生的梦想，前面我们已经了解创办企业所必需的基本条件，但是在创办企业之前，还必须清楚地了解创办企业的步骤。

冲动是创业的原动力，少了冲动，即缺少放手一搏、临门一脚的动力。但在冲动的原动力下，创业要成功，还是要按部就班，了解创业的一般过程，按照一定的步骤稳扎稳打，才能提高创业成功的概率。

（一）认识创业过程

作为一个创业者，要从无到有创建自己的企业，必须能够发现和评估新的市场机会，将其发展成为一种创立新企业的构想，并完成新企业的创立。这样一个过程，可以划分为发现和评估新的市场机会、制订创业经营计划、确定并获取创业资源、正式创办并管理新创企业四个阶段。

（二）发现和评估新的市场机会

发现和评估新的市场机会是创业过程的起点，是对于创业成功具有关键意义的步骤。通过对创业领域产业链进行充分分析和研究，识别与评估市场机会，具体包括对市场机会的创新性、实际价值、风险与回报、个人技能和目标、市场竞争形势等方面的分析。

（三）制订创业经营计划

制订创业经营计划，是如何具体利用市场机会的进一步谋划，是真正开始创业的基础。通过制订创业经营计划，主要明确新企业将从事的产品或服务，确定创业所需资源及获得所需资源的途径和方法，制定新企业生产经营的基本战略和策略，设计出新企业的基本体制和管理组织，作好财务规划和进行投资效益分析等。创业经营计划，既是自己创业活动的行动纲领和指导性文件，也是说服投资者提供投资的重要文件。

（四）确定并获取创业资源

确定并获取创业资源，是实施创业计划的第一步。创业者要对现有资源状况进行分析，区别创业的关键资源和一般资源，搞清资源缺口可能造成的影响和可采取的弥补措施，实际筹措和获取创业所需资源，并在整个过程中加强对资源的控制和提高利用效率。

（五）正式创办并管理新创企业

正式创办并管理新创企业，是实际创立企业并开始对企业的运作进行管理的阶段，包括选择适当的企业法律形式和正确的管理模式，明确创业成功的关键，及时发现运作中出现和可能出现的问题，并相应完善管理和控制系统，确保企业的正常运行和健康成长。

九、了解创业政策

（一）民办企业"三证合一"

深化商事制度改革，进一步落实注册资本登记制度改革，坚决推行工商营业执照、组织机构代码证、税务登记证"三证合一"，年内出台推进"三证合一"登记制度改革意见和统一社会信用代码方案，实现"一照一码"。

（二）注册企业场所可"一址多照"

放宽新注册企业场所登记条件限制，推动"一址多照"、集群注册等场所登记改革。

（三）税收优惠

1. 大学生自主创业优惠政策

为鼓励高校毕业生自主创业，以创业带动就业，自主创业的毕业生从毕业年度起可享受三年税收减免的优惠政策。

2. 众创空间税收优惠

落实科技企业孵化器、大学科技园的税收优惠政策，对符合条件的众创空间等新型孵化机构适用科技企业孵化器税收优惠政策。有条件的地方可对众创空间的房租、宽带网络、公共软件等给予适当补贴。

（四）创业担保贷款和贴息支持

对符合条件的高校毕业生自主创业的，可在创业地按规定申请创业担保贷款，贷款额度为 10 万元。鼓励金融机构参照贷款基础利率，结合风险分担情况，合理确定贷款利率水平，对个人发放的创业担保贷款，在贷款利率基础上上浮 3 个百分点以内的，由财政给予贴息。

（五）免收有关行政事业性收费

（1）毕业两年以内的普通高校毕业生从事个体经营（除国家限制的行业外）的，自其在工商部门首次注册登记之日起三年内，免收管理类、登记类和证照类等有关行政事业性收费。

（2）对高校毕业生注册资本在 50 万元以下的公司制企业，允许注册资本零首付，6个月内注册资本到位20％，其余部分两年内到位。

（3）高校毕业生自谋职业或自主创业的，两年内免收劳动人事代理费。

（4）对进入创业孵化园（基地）进行孵化的高校毕业生创业时期，在场所等有关费用方面给予适当资金补助。

（六）享受培训补贴

对高校毕业生在毕业学年（即从毕业前一年7月1日起的12个月）内参加创业培训的，根据其获得创业培训合格证书或就业、创业情况，按规定给予培训补贴。

（七）免费创业服务

有创业意愿的高校毕业生，可免费获得公共就业和人才服务机构提供的创业指导服务，包括政策咨询、信息服务、项目开发、风险评估、开业指导、融资服务、跟踪扶持等"一条龙"创业服务。对基地内大学生创业企业要提供培训和指导服务，落实扶持政策，努力提高创业成功率，延长企业存活期。

（八）社会保险优惠

高校毕业生自谋职业或自主创业的，可比照灵活就业困难人员享受不超过三年的社会保险补贴。对高校毕业生创办的小微企业，三年内可比照个体工商户缴纳养老、失业保险费。自主创业并参加社会保险的困难高校毕业生，按照其当年实际缴纳社会保险费数额的50％给予社会保险补贴，所需资金从当地就业资金中支出。

（九）优先转移科技成果

鼓励利用财政性资金设立的科研机构、普通高校、职业院校，通过合作实施、转让、许可和投资等方式，向高校毕业生创设的小微企业优先转移科技成果。

十、展开创业行动

（一）找专业创业顾问咨询

想要创业成功，事前准备的工作不可少，在创业之前，应该先请教专业的创业咨询机构或顾问。当然，坊间的创业咨询顾问不少，可以花一些顾问费咨询一下，如果不想花这个钱，也可以选择一些免费的咨询机构，如协会及政府机构，多加利用这些免费的咨询资源。

（二）撰写创业企划书

企划书的撰写，对整个创业过程而言，不仅是必要的，而且非常重要。因为通过企划书的撰写，不仅可以让自己更清楚地知道计划是否完整周全，而且让投资人了解企划书的内容。要申请青年创业贷款，也必须附上企划书。

一般来说，创业计划书的内容包括行业分析、同业竞争状况、商品介绍、商圈分析、投资金额分析、人力规划、每月费用分析、获利状况预估、展店计划、中长期发展目标等，其中每一个项目，还都必须有细目分析。企划书撰写得越详细越清楚，越容易发现将来创业的问题点，及早修正以降低失败的风险。

（三）筹措创业资金

万事开头难，资金不够想创业更难。当创业者的创业资金不足时，筹钱的方式，除了向亲友借贷或是民间盛行的标会等方式外，还可以设法寻求政府的相关贷款资源，以解决创业资金不足的问题。这些途径包括青年创业贷款、下岗贷款、微型企业创业贷款以及须具备特定身份的身心障碍创业贷款、特殊境遇妇女创业贷款、农村青年创业贷款，还有由部分银行推出的加盟创业贷款等。

（四）选定行业决定产品

在选定自己想要创业的行业之前，一定要先衡量自己的创业资金。依据资金准备情况，初步筛选可以投入的行业，然后，再依据行业发展的前景、自己的兴趣、专长、相关工作资历、行业竞争性等因素加以评估考量，选择适合从事的最具有竞争优势的行业。所以，摒弃既要投资少，又要回收快的观念，在选择行业时，一定要先考量行业的竞争状况，有多少实力做多少事，千万不要以卵击石。

（五）学习经营技术

选定行业之后，接下来的问题就是经营技术来源问题。如果是选择连锁加盟店，有总部的技术移转教育训练。如果是自行创业，就必须自己想办法学习。就学习途径而言，社会上有很多的技艺补习班，如各类餐饮、小吃、咖啡、泡沫红茶、插花、调酒等各式各样的技艺传授。另外，其他像政府开设的职业训练中心也有开办各类的职业训练课程。总之，在创业之前，最好本身具有该行业的实战经验。以免正式营业时，手忙脚乱频出状况。

（六）评估经营场地

地点的选择对日后企业的营运好坏影响很大。一般而言，在进行商圈评估时，评价的内容应包括商圈属性、店面大小、周遭设施、附近的竞争店及互补店、租金多寡、合法证照取得难易度、附近是否有大型卖场捷运、车站、营业时间、人口（流动、固定）、客源及比例、消费力及消费动机、发展前景（商圈变化）等因素。

（七）与房东签约

找好店面之后，接下来就是要与房东签约。这个动作不能太早，必须在前面几项步骤都完成后才能进行。因为一旦与房东签约之后，就开始支付房租，自然就会有时间压力，因此，在与房东签约之前，一切能做的筹备工作与书面数据，必须先准备好。在与房东签约时，租期最好不要太短，以3—4年较为理想。如果是选择连锁加盟店，则租期不能短于加盟期限。

（八）申请营业证照

在开店营业之前，必须先办理相关证照申请，否则就是无照营业。证照的申请分为两种，一种是申请公司执照，由市场监管局核发；另一种是资本较小的，只需办理营利事业登记，由当地县市市场监管部门核发。多数的店家由于资本不大，都只有办理商行的营利事业登记。除此之外，还要向税务机关请领统一发票，除非是获准免用统一发票，否则，都一律要办理。

除了营业证照的申请办理外，如果想要自己店家所挂招牌不被别人滥用，还必须向市场监管局申请服务标章注册。店门口所挂的招牌名称，除了名称文字或图样，可能有自己特殊的设计，这种属于非商品类的文字及图像，称为服务标章。与自己所申请的公司或商号是两码事，二者名称也可能不同。因此，不想自己将来的金字招牌遭人盗用，就必须先申请服务标章注册，不论是申请公司、行号，或注册服务标章，皆可委托代办公司办理。

（九）装潢店面

店面装潢关系到一家店的经营风格及外观的第一印象，因此，装潢厂商的选择十分重要。所找的装潢厂商必须有相关店面的装潢经验，譬如，开咖啡店就一定要找有咖啡店装潢经验的厂商，开儿童美语就必须找有儿童文教装潢经验的厂商。如果装潢厂商没有同类型店面的装潢经验，到时候所装潢出来的店面，在实务操作上，就未必能完全符合需求。

在装潢前要请厂商先画图，包括平面图、立面图、侧面图、所要用的材质、颜色、尺寸大小等，都要事先注明清楚。为便于沟通清楚自己所要装潢的模样，最好先带装潢厂商到同类型的店去实地观摩，说清楚自己想要装潢的感觉，这样装潢出来的店面，才会比较贴近自己的想法。

（十）准备器具及设备

店面开始装潢之后，接下来就要准备购买店内的各种设备及器具，由于一家店需要准备的东西多而且繁杂，为免遗漏，必须做开店器材设备一览表。从大的设备如冷气、计算机、冷冻柜、冷藏柜、收款机，到音响、保全、刷卡机，乃至笔、名片、店章等小东西，还有第一次的物料进货等，各项大大小小的明细全部列出来，还要注明每样器具的品名、数量及单价，再将各项设备器具的金额加总起来，就知道需要多少金额。

当然，最重要的还是要掌握货品的采购来源，而且最好是货比三家。如果要降低开店成本，有的东西前期可租赁，以节省开店初期的投资成本。

(十一) 开业促销

当一切都就绪之后，就准备择期正式开业。开业当天为招揽顾客，可以办一些促销活动。促销活动不外乎打折、赠品及抽奖等三大类型，再加做一些更创新的变化，只是在正式开业之前，一定要先进行一段试卖期。对初创业的生手而言，往往只是刚刚学会店面的操作技术而已，各项技术都还不够熟练。应该经过一段试卖期，磨炼一下技术，让整个店务的运作更熟悉。如果在开张的第一天，就大肆宣传促销，固然是吸引了一大票人，但是由于技术不够熟练，突然面对庞大人潮的阵仗，必然是手忙脚乱。一旦顾客觉得服务不好引起抱怨，想要顾客下次再来光顾，就难上加难了。

大学生就业难，已经成为不争的事实，创业是高职高专学生就业的一种趋势和途径，大学生在校期间要不断地提升素养，培养创业能力和品格，掌握创业的基本知识，为更好地创业与就业作好准备。

参考文献

[1]　黄波. 职业生涯与发展规划［M］. 长沙：湖南教育出版社，2018.

[2]　姚裕群，曹大友. 职业生涯管理第4版［M］. 沈阳：东北财经大学出版社，2018.

[3]　侯士兵. 职业生涯发展与规划［M］. 上海：上海交通大学出版社，2018.

[4]　叶晓倩. 职业生涯规划与管理［M］. 武汉：武汉大学出版社，2018.

[5]　姜力源，张镝. 职业生涯规划与就业创业［M］. 北京：中国医药科技出版社，2018.

[6]　陈彩彦，兰冬蓉. 大学生职业生涯规划［M］. 北京：航空工业出版社，2018.

[7]　王兆明，顾坤华. 大学生职业生涯规划［M］. 苏州：苏州大学出版社，2018.

[8]　吕明，张小嵩. 大学生职业生涯规划［M］. 西安：西北大学出版社，2018.

[9]　张卿，王孝胜. 大学生职业生涯规划与就业指导［M］. 西安：西北工业大学出版社，2018.

[10]　王林，王天英，杨新惠. 大学生职业生涯与就业指导［M］. 北京：中国铁道出版社，2018.

[11]　迟云平. 职业生涯规划［M］. 广州：华南理工大学出版社，2019.

[12]　张同胜，何嘉，杨洪林. 职业生涯与发展规划［M］. 长春：吉林人民出版社，2019.

[13]　［丹］克里斯·马修. 创意产业的职业生涯［M］. 周光起，孙方红译. 上海：上海财经大学出版社，2019.

[14]　李金亮，杨芳，周欣. 大学生职业生涯规划［M］. 长沙：湖南教育出

版社，2019.

[15] 张晓蕊，马晓娣，岳志春．大学生职业生涯规划［M］．北京：北京理工大学出版社，2019.

[16] 郭成良，范一媚，刘宝坤．大学生职业生涯规划［M］．郑州：河南人民出版社，2019.

[17] ［美］D. W. 布朗（D. W. Brown）．进击的演员！［M］．李伟峰译．成都：四川人民出版社，2019.

[18] 李国庆，孙金一，张源峰．大学生职业生涯规划与就业指导［M］．上海：上海交通大学出版社，2019.

[19] 何具海．大学生职业生涯规划与就业指导［M］．长春：吉林人民出版社，2019.

[20] 刘小庆，王村芳．大学生职业生涯规划与发展［M］．北京：北京工业大学出版社，2019.

[21] 李凯，周建立．职业生涯发展与规划［M］．广州：华南理工大学出版社，2020.

[22] 袁敏．大学生职业生涯规划［M］．北京：北京理工大学出版社，2020.

[23] 石洪发．大学生职业生涯规划［M］．北京：北京理工大学出版社，2020.

[24] 金德禄．大学生职业生涯规划与就业指导［M］．南京：东南大学出版社，2020.

[25] 周瑞金．我的报人生涯撷珍［M］．杭州：浙江人民出版社，2020.

[26] 郭新春．大学生职业生涯规划与就业指导十讲［M］．上海：上海交通大学出版社，2020.

[27] 张革华，陆钰霜等．港澳台高校职业生涯发展教育比较研究［M］．广州：暨南大学出版社，2020.

[28] 杨聿敏．高职生职业生涯规划与就业创业指导［M］．北京：中国铁道出版社，2020.